古典文獻研究輯刊

三四編

潘美月・杜潔祥 主編

第 10 冊

續經義考・周易之部
（第五冊）

周懷文 著

國家圖書館出版品預行編目資料

續經義考・周易之部（第五冊）／周懷文 著 -- 初版 -- 新北市：
花木蘭文化事業有限公司，2022〔民111〕
目 10+238 面；19×26 公分
（古典文獻研究輯刊 三四編；第 10 冊）
ISBN 978-986-518-865-8（精裝）
1.CST：易經 2.CST：研究考訂
011.08   110022682

ISBN-978-986-518-865-8

9 789865 188658

古典文獻研究輯刊
三四編 第 十 冊   ISBN：978-986-518-865-8

續經義考・周易之部（第五冊）

作　　者　周懷文
主　　編　潘美月、杜潔祥
總 編 輯　杜潔祥
副總編輯　楊嘉樂
編輯主任　許郁翎
編　　輯　張雅淋、潘玟靜、劉子瑄　美術編輯　陳逸婷
出　　版　花木蘭文化事業有限公司
發 行 人　高小娟
聯絡地址　235 新北市中和區中安街七二號十三樓
　　　　　電話：02-2923-1455／傳真：02-2923-1452
網　　址　http://www.huamulan.tw 信箱 service@huamulans.com
印　　刷　普羅文化出版廣告事業
初　　版　2022 年 3 月
定　　價　三四編 51 冊（精裝）台幣 130,000 元
　　　　　　　　　　　　　　　　　　　　　　　　　　版權所有・請勿翻印

續經義考・周易之部
（第五冊）

周懷文　著

目

次

L

來爾繩 崇道堂易經大全會解 四卷 存

福建藏康熙二十年（1681）朱采治刻本

國圖藏康熙五十八年（1719）聖德堂重刻本

遼寧藏康熙會文堂木活字印本

乾隆五十二年（1787）來道添刻本

道光二年（1822）來道添刻本

道光十四年（1834）金閶步月樓刻本

道光十七年（1837）姑蘇老桐石山房刻本

道光二十三年（1843）崇文堂刻本

同治五年（1866）書業堂刻本

同治九年（1870）杜經魁刻本（首一卷，范紫登參訂）

光緒刻五經體注大全本

光緒十年（1884）成文堂書坊刻本（范紫登參訂）

◎清朱采治、清朱之澄編訂。

◎易經體注大全序：大《易》者，四聖人純粹以精之書也，其於先天後天之秘固已大無不包、細無不破矣。後之儒者，或觀其象，或玩其辭，或拈其變占，或理其錯綜，旁見側出，戶裂門張，而總背於四聖人之旨。近世明經取士，而易居其一。士之抱經，繁增鑿帨，勢其濫觴，皆未免枝葉之枝葉耳。然枝葉者本根之所發也，鑿井必得其原而後泉水日汲而日新，栽木必培其本而後枝葉日榮而日茂。予家阿咸木臣，從《尚書》改業大《易》，且夕揣摩，口

誦手披，見天根月窟之奧，人工極而天心通。咀之味之，盡遊三十六宮之春，著成《會解》一書。而新安朱建予、朱瀋宗，蓋世守徽國文公之傳者，讀之賞歎再三，遂合訂以命劂工流布四方，亦欲令舉業之家窮探根本，不至將枝葉之枝葉繚繞筆端，江河不返，大有破道之憂耳。昔朱楓林先生著《易經旁訓》，以卦占助鄱湖之戰；吾家矣鮮先生兀坐求溪三十年，恍然有得者，《易經來註》列錯綜諸圖於前，海內傳寶其書，稱為瞿塘夫子。今矣鮮之後有予侄木臣，木臣、楓林之後有建予、瀋宗兩人，斯又談易者源本之源本，懸國門而藏名山，俱稱盛事矣。皆康熙己亥仲春，進士倘湖樵人來集之元成氏書於對山堂中。

◎民國《蕭山縣志稿》卷十六《人物》三：博綜經史，於《易》《四書》俱有解。

◎來爾繩，字木臣。浙江蕭山人。來知德之後，來集之侄，孝廉來騤子。康熙四十七年貢生。又著有《樂山篇地理書》。

來爾繩　崇道堂易經大全會解　四卷　存

　　浙江藏乾隆五十二年（1787）來道添刻本
　　山東藏道光十四年（1834）金閶步月樓刻本
　　山東藏道光十七年（1837）姑蘇老桐石山房刻本
　　北大藏道光二十三年（1843）崇文堂刻本
　　天津藏同治五年（1866）書業堂刻本
　　山東藏同治九年（1870）杜經魁刻本
　　北大藏光緒刻五經體注大全本
　　國圖藏清三讓堂刻本
◎一名《易經體注會解大全》、《易經體注會解合參》。
◎清朱采治、清朱之澄編訂，清來學謙重訂。
◎凡例八則：
　　一、書名《本義》，芟諸儒之繁雜，會四聖之精微，本卜筮以發義理，此《本義》又出《程傳》上也。卦本德體象變，爻分比應乘承，大體先解卦爻，次別象占，并及戒占。易義關要，無容蒙混，茲本悉行標出。間有疑似，俱本《蒙》《存》。旁註一二，解會尤易。
　　一、《大全》羽翼傳義，先儒並參見解，後人一體編訂。閱者炫目，苦無

畔岸；說者藉口，各據津梁。集中朱子外，惟雲峰胡氏、建安丘氏採之最多，餘皆節取，總期符合《本義》，不敢濫次新奇。

　　一、《蒙引》《存疑》《通典》三書，皆以闡明《本義》，實亦折衷《大全》。易學在人，賴茲不墜，若非會通諸書，《本義》尚且兀突，《大全》從何裁定？集中序講，大半本此，未及標出。析講分標，非關要義，即正時訛。他如《集解》《演義》《因指》《來注》，折衷嚴較，出入各存所得，刪重採要，掛漏奚辭。

　　一、易學蒙錮，害由俗解。抹煞象占，顯背《本義》。止顧舉業冠冕，竟忘爻象面目。傳習不察，江河莫返。近得潘子友碩《廣義》，程子曾遠遴長集要，彙集《大全》《蒙引》《存疑》《通典》等書，力闢時說，表彰《本義》，振衰之功，足開盲瞽。訂正之益，寧忘所自？

　　一、易卦全旨融洽殊難，四聖之易不相倚傍，立意貫穿，便多牽強。所載全旨，多本先儒。偶存臆見，祇以略明綱領，非敢過為紐捏。或資初學之貫通，難免大方之粲笑。

　　一、圖書為易之祖，圖學不明，源委莫辨。自舉業、明經視為岐趨，《羲圖》《周易》遂成兩橛。篇首備載《朱子圖說》以旦夕之涉覽，濬《周易》之淵源。有志研經，諒不憚煩。

　　一、蓍策為易之用，首列《筮儀》專明十筮。欲知參兩倚數，當考蓍法變占，存觀象觀變之學，悉開物成務之方，姑載《啟蒙》以備未詳。

　　一、元又朱先生諱錫旂，以朱子後裔思紹先學，與張子搢公纂訂《四書大全》，風行海內。且世學易，所輯說本最富。未及卒業，嗣君建予同年濬宗與予交，尤善說易，偶見家課會解集本，許可付梓，其商確研校多所裨益。非敢矜蠡測之得，亦見建予繼志之大也。

　　康熙辛酉孟夏，來爾繩木臣氏謹識。

　　◎民國《蕭山縣志稿》卷十六《人物》三：博綜經史，於《易》《四書》具有解。

來爾繩　易經體注　四卷　存

　　康熙五十四年（1715）刻本

　　嘉慶四年（1799）刻本

　　道光二年（1822）晉祁書業堂刻本

道光二十年（1840）刻本

上海書局 1922 年據康熙五十四年（1715）刻本影印本

◎一名《增補易經體注大全》。

來爾繩 易經體註大全 四卷 存

天津藏清末聚錦堂刻本

來爾繩 易經體注合參 二卷 存

武英殿刻本（封面題天祿齋易經體注）

◎朱之澄編。

來爾繩 易經體註大全合參 四卷 存

山東藏道光二年（1822）晉祁書業堂刻本

南京藏道光二十年（1840）刻本

來爾繩 易經體注合參 二卷 存

武英殿刻本（封面題天祿齋易經體注）

◎朱之澄編。

來爾繩 易經體註深詮 四卷 存

乾隆二十九年（1764）三多齋刻本

◎扉頁題：苕溪范紫登先生原本、蕭山來木臣先生纂輯。

來集之 讀易隅通 二卷 存

天一閣藏順治元年（1644）黃正色刻本

順治九年（1652）刻來子談經本

浙江、上海、山東、上海師大藏雍正元年（1723）古絳張文炳刻本

◎上卷題：門生陶履卓岸生，弟來榮元啟，男來豹雯、來龍文校訂。下卷題：門生陶履卓岸生，弟來榮元啟，楚浠黃正色美中較。

◎目次：

卷之上：圖書尊一、男女同異、西南東北、妾媵流弊、中庸本於易、小人勿用、兌說、水守火攻（共四條）、月令（共八條）、大過小過之論喪（共二條）、水風火風、疊詞、離為大人（共二條）、乾包坤、雜書尊乾、用四（共二條）、

堯舜湯武、文盛、革之義、水火無兩、生水生火、五行（共十二條）、地不言文、蒙家人（共二條）、畫卦當蒙之時、三代之易（共二條）、根（共二條）、純間（共二條）、圖書無所分別、聖人分治、四靈分治、圖書君子之道、散而入散而收、夫子素王自居、坎離體用、縱橫取圖、日月數、月參日兩、土包四行、逆敷、畫卦三際、詩書兩始、雷電雷雨、損益、觀理、需之微義、得失、不爛不反、聖人轉境、羊虎、堅多心、醫雷巫風、求其屬、蒙智塞仁、山水相依（共二條）、有言有不言、艮成坤无成、陽生為春陽盡為秋、聖賢體易、坤夬交易（共二條）、密雲不雨（共二條）、陰過陽過（共二條）、一陰一陽（共二條）、先怒先猛、壯、釋義不同，陰陽有過尤不及，與求、速久見伏、龜鶴（共二條）、春草冬木、乾咸兩君子、言語飲食、親上觀下、緯卦於五行多木、執一執中、三十六宮所絲生及生生、方圖補圓圖之不足、陰陽南北、坤貞乾悔、後天圖陽全陰半、先一後一、爻之朋類（共二條）、六爻初上之義（共四條）、倚數、古婚姻多用卜、勿用（共三條）。

卷之下：後天卦圖為周家全象、明夷純忠之卦、水火日月、水用事、龍馬、內外動靜、陰陽相應如引繩、古字觀象、少壯老、四十八數為參兩之全、不敢當尊（共兩條）、後世聖人、大壯大過、渙隨、噬盍（共兩條）、愈離愈睽、乾離坤坎、水訟火傷、開泰傾否、夫婦、終夬、革中孚、人參天地、勞土止土、貴少賤多、序卦傳為焦易之祖、物理陰陽、陽木陰木、鼎之養頤之養、四卦言養（共兩條）、變陽變陰、取女、過、一陰升降、泰否兩君子、天道天連、承羞、屯蒙同人大有、止退（共二條）、蒙難、造物功勞、待小人離易、遯井、無悶、出、困後諸卦、思、水教（共一條）、對待流行、通塞聚散、小寇大寇、下泉上泉、易包二氏之學、兩圖險阻、否習坎麗澤、卦位相承、五方應卦、朔望、夏冬分應上下經（共二條）、旦莫、圖中隅正變易、嫡庶姊妹、自高自卑、戰終、八音始金終木取於塗、陰陽分數、奇偶、節、刑、論刑先後之次第、坎水次第、離火坎第、盈不盈、後天圖合先天數、六龍小狐、解綏、飲食、蠱損剝（共三條）、懼不懼、坤戰乾戰、泰否損益、雜卦言損益泰否（共三條）、馬之良者少、乾坎互為一六、姤字義、復之縱橫、反生剛反、夜半之雷日中之雷（共二條）、貨色、人身自有損益、龍亢上應天星（共二條）、人聲大於雷聲、牝馬牝牛、人面準河圖、人面準洛書、長、幾、九卦多用巽十三卦多用震（共二條）、富貴貧賤、六子性情、宮室、惡闇惡動、參兩參伍、陽朋陰比、市井屋廟、木旱之數（共二條）、龍蛇、面陽背陽、用九用六、序卦律天時（共二條）、

君子之德、法雷、誅賞、臨生泰遯生否、親不親進不進、上下經坎離分合、上下經坎離先後、罟網耒耜、後先兩圖同取於橫圖（共二條）。

◎讀易隅通自序：《易》者，四聖人純粹以精之書也。繼四聖人而求之者，或於象，或於辭，或於變占，皓首於其中，而各有以見易之一端。一端者，非易之全也，然而不可謂非易之一端也。謂一端之外無復他端，則誣易；謂易之為道多端，併其一端而盡廢之，則又誣讀易之人，而不可以訓矣。予於易初無所解，先君於理數間微有指論，今去之幾年，塵事茫茫，錮滿胸次，每用自愧。苦李江邊，旦夕裨守，司刑之官，不問刑而問兵，公廨前茂草生綠蝴蝶上堦，而山城落月、江堞酸風，似即所謂取之無禁、用之不竭者。城之北最當扼要，予與郡伯共汛其地，傍城有池曰飲馬塘。城之下、池之上小屋一椽，予退而休息者也。寇信飄忽，疑鬼疑神，時恐睡去則守丁弛儆，於是挑燈危坐讀易，周六十四卦而畢，每至漏盡昧爽，而鈴柝依然、金湯無恙，夫而後喜可知也。坐而假寐，迨日炤東窻，次第而議，櫛沐進朝飧焉。如是者率以為常。大抵城過九里有奇，為雉齒者二千七百有奇，夜漏平分，以其半巡城，以其半讀易。寇近則巡城，時稽督之功密而讀易稍疎，寇遠則讀易時研討之意多而巡城頗速，如是者率又以為常。及寇越江而南防守解嚴，而予於易亦時有通悟處矣。事障理障，墻壁萬重，因其一隙之光而執銳而往、排闥以入，或從易而通之於人情物理，或從人情物理而通之於易，凡積數條，則引紙而書之，彙而名曰《隅通》。觀吾夫子於韋編鐵樋之間，其於易蓋終身焉已。後之儒者戟酒而問、握麈而談，從容講求，庶乎有得。予乃於踉蹌造次之閒為之探索，固知所通者其糠粃塵垢，而所不通者其堂奧神髓矣。然而從其平實者求之，不敢曰玄遠也；從其證據者求之，不敢曰恍惚也，斯則予之寔所以自通者耳。嗟乎！大江以北，千百堅城無不糜碎，而畹伯舊封峨然孤峙，則《讀易隅通》之作，雖未必有功於易，而要未可謂全無功於畹也。同社黃慈雲將取而灾之木。予因誌其本末云。甲申夏日，西陵來集之題於畹署之古栢堂。

◎黃正色序：易也者，備天地之道而時出之者也。聖人之心无窮，虛其心故數得麗焉，公其心故理得入焉，觀化而游，與時偕極，无主於心而有主於物，斯天地萬世賴之，而何數理之斤斤乎？曰：非是不可明也，數也者生乎道者也，理也者因乎時者也，天地備道以待垂人，聖人備理以待萬世，聖凡智愚之士，非其人不知而道則常流矣。五帝二王、周公孔子，舉不外是。特

闡至理為萬世宗，不朽之心在人日用際，四聖功最焉。十翼之形容已極，寧无所獨授。聖人蓋歎顏氏之子庶幾耳，他如商瞿則形而下之士也。私淑之孟，授引《詩》《書》，獨奈何不及易哉！後世關朗、京房輩號稱神明，統屬於陳希夷而大著於邵康節，皆無足異。彼《通書》之作於濂溪周子，无極而太極，遠矣哉其求之也。然而二說卒不可合，閱斯書之奧衍，廣大而无遺，纖細而能入，廣大而无遺，大而非夸也；纖細而能入，精而有據也。觀一象必原其初，析一理務窮其盡。風起於廣漠之野，水流於蕩漾之間，忽相遇而紛以爭，忽相離而悅以解，豈復知所從來乎？今夫貧者之願富也，其初不過飲食之恆耳，不害饑渴則以為大；遂俄焉服飾鮮妍、棟宇壯麗、日充月盈，動而愈上，馴至水菹陸醢，旅進於庖廚珍禽奇獸，日遊於苑囿，富者曷有心哉？因其曼衍條分而派別之，將以為弔詭以驚愚耶？說在乎符契之可杜偽，而刻漏之可知時也。斷斷焉如斯，而後聖人之說神；斷斷焉有所不如斯，而後聖人之說尊。是安分數與理，其內无所靳，其外遂莫之禦爾。來元成先生以《尚書》選於鄉，以麟經成名進士。先生之文，海內家傳戶誦，雖三尺童子无不知有先生者。甲申歲，正色承乏宰蕪，而先生尚司理於皖，一日以公事過蕪，不以正色不肖，出所著《讀易隅通》相示，計洋洋幾十萬言，其義原於河雒，根據於先後天，雜出於六十四卦，而錯綜於一百八十四爻，五行八卦，推之无窮；修齊治平，端端可鏡。微而至於昆蟲草木，莫不順其性情，各歸條理，觀者如泛海楂，如入寶藏，如遊萬花谷，花花解語，如覿四聖人謦欬鬚眉俱躍躍紙上也。恨簿書冗俗，未得下簾讀之，速付剞劂。旋剌旋讀，獲終卷焉。公之誠萬世津梁，功當不在康節、濂溪下矣。抑眾星森羅，管窺者始於樞極，先生不云乎？隅也，通也。先生之微言也，觀者宜反其隅、會其通焉可。不然蠶食之，得一寸未始无益，嘗一臠染一指未始无味，人將自得之。崇禎甲申季夏月，屬吏楚沔後學黃正色頓首拜譔。

　　◎四庫提要：是書多觸類旁推，以求其融貫。自序言一隅之通，故謂「隅通」〔註1〕。其論四時五行多本之《皇極經世書》。又謂後天卦圖為周家全象，龍亢上應天星，皆不免於穿鑿。

　　◎《西河合集》墓碑銘二《故明中憲大夫太常寺少卿兵科給事中來君墓碑銘》：君嘗曰：「《讀易隅通》者，一隅之通也。」然予是時方嬰城，藏燈木橛，每從塹隅旁通之。

〔註1〕周按：自序並無「一隅之通，故謂隅通」此語。

◎來集之（1604～1682），初名偉才，又名鏴，字元成，號元成子、對山堂。因傍依倘湖，人稱倘湖先生，自號倘湖樵人。浙江蕭山長河人。崇禎十三年進士，授安慶府推官，中憲大夫，後改任兵科左給事、太常寺少卿。明亡後，卸職還鄉，隱居故里三十餘年，潛心著述。又著有《倘湖樵書》二卷、《春秋志在》、《四傳權衡》、《倘湖文集》、《南行偶筆》、《南行載筆》、《倘湖詩餘》、《對山堂續太平廣記》、《阮步兵陵廦啼紅》、《來集之先生詩話》、《倘湖近詩七言絕句》、《南行載筆》、《羽族通譜》一卷、《女紅紗》、《碧紗籠》。

來集之 卦義一得 二卷 存

順治九年（1652）來氏倘湖小築刻來子談經本

◎上下經各一卷。上經題：同門周士章吳昉訂，門人顧之俊仲容、王澧楚先較。下經題：同門郭貞一元侯訂，門人戚藩價人、羅漢章公倬較。

◎齊維藩《卦義一得序》：竊謂羲皇，畫耳，初不知何指也。惟自文周出，取殷周當日之時之事，擬合以羲皇之時之事，遂謂象如是、辭如是。而有辭又自宣聖出，取春秋當日之時之事，并合以羲皇文周昔日之時之事，遂謂象辭如是、變占應如是，而更繫以辭。又自天下後世承襲變通鼓舞之說，取斯人當身當日之時與事，上擬於四聖人當日之時與事，遂謂盡利盡神如是、化裁推行亦如是，而不勝用其辭。易乃大行於天下。嗟嗟！易如是已乎？夫三聖之易，辭辭相券，造車合轍矣。若羲皇者，畫耳，非辭也；且畫耳，非字也。畫不若字之顯以淺，一畫不若多辭之繁以縟，謂如是已乎？恐未然也，不知何指云也。是故聖人生當末季，舉凡辭之顯以淺、繁以縟者，斷自唐虞以迄商周，刪為《書》、序為《詩》，一筆一削，九月而成《春秋》，率若無餘義，獨于《易》韋編且絕，猶曰假我數年，五十以學。不知其所學者畫乎？辭乎？如以辭則十翼已贊，惟以畫則佹而連、佹而斷、佹而上、佹而下、佹而六、佹而三百八十四，不知何指云也。雖聖人終身恐未敢以為然也，此寡過意也。漢儒以降，代有表章。楊之玄、京之占、郭之卜、王之清言、邵之象數，奇喙爭鳴，咸尊易為文字之祖。夫書契聿興，易豈非祖？惟曰祖則蒼黃相對、陟降即止，雖墳典丘索，俱屬耳孫，況茲楊、京、郭、王、邵之紛紛趙幟，思欲奪誰氏之席也耶？信乎有言不若無言、煩言不若簡言之為潔淨精微也。來元成老師，永興華胄耳。永興來袍笏滿床，率皆以壁經名家。吾師少傳壁經已勃峚夏黃間，復旁通于麟經，以魁兩闈。壬午借鑑南闈，分房得易，一

以至理皖，於風鶴震蕩之中若寶易為定神珠者。惟能一貫六經，游佚翱翔，譬王大將軍使稍，指殷向劉，神氣越王，直已透脫到無字句處矣。今日之皖，居圍卒荒，何異殷周春秋時履平思陂，何異三陳九卦時乃靜觀動玩欲以有言，觀玩既久又欲無言，言不可已，頃舉一得以自表見。藩展而觀之，其渾而辨、澤而精、約而有本、腴而匪儉，何立言之有體也。反復全經，指據斷節，考竅運會，推測物宜，何標義之永則也。且綜至者不竅，提要者不支，已陳者不再設，疑隱者不玄鈞，又何平切以近、仲雋以親也。參以法象，既不若蠡術之緯讖；質以性命，又不若博士之溓窘。易有功于世，斯言將並之矣。乃師不自訕，標曰一得，謂得者一、失者不啻十百。夫易以冒道，得其一，萬斯畢，非若百子諸家之有卜禘祭川也，又何一之不為千百也哉？時甲申八月，皖上門人齊維藩頓首書。

　　◎提要（題無卷數）：是編於每卦約舉大義，所發明不過數語，故名《一得》。其中頗有精澈之語，然支離處亦復不少。如釋訟謂「天開於子，水歸於壑，見其始而不見其終，此天水訟之，可以謀始，而不可以成終也。」釋師謂「五行之用莫大於水、土，有眾多之義，而五行之用，土又克水，有勝負之義，且土在上者為高，水在下者為深，即兵法之右背山林、前阻水澤也」，亦未免失之纖巧矣。

來集之　易經體注　四卷　存

　　南京藏嘉慶刻本

來集之　易圖親見　一卷　存

　　順治九年（1652）來氏倘湖小築刻來子談經本

　　◎自序：古人左圖右書，心之所維未嘗廢口之所誦、未嘗廢手之所摹也。易書未作，龍馬可以不呈圖。河圖既出，聖人可以不作易。然造化必以圖相示，聖人必以易為教者，斯道之薪傳，天人交有其功焉。讀天地定位章而先天之圖見，讀帝出乎震章而後天之圖見，讀易有太極章而一本雙榦千兒萬孫之圓見，然則聖人有右之書，原不必左之圖也。河圖順以相生，而六府三事取于此。雒書逆以相克，而洪範九疇取於此。八卦成列，因而重之為六十四卦，而參互以變，錯綜其數取於此。然則聖人有左之圖，亦不必右之書也。夫得精而遺麤者，聖賢聞一知十之化，因形而會神者，聖賢下學上達之功，圖書參用，理性互發，庶幾近之。予李皖之時，寇亂于外，兵譁于內，易之作

也，其有憂患。履虎涉川，是不可不取全易而咀讀之矣。龐士元身在百里之內，而譽之曰非百里之才者妄耳。案無留牘，毋攖吾寧，室有圖書，猶不廢吾嘯歌也。則凡羽書蝟午、服短後而說劍者紛紛，公等且退，吾將以易治之矣。許君親見宓義，其孟浪之談乎？其妙道之行乎？甲申歲重九日，西陵來集之元成識。

◎易圖親見目次：大方大圓圖辨說、序卦大圓圖、序卦大圓、圖說序卦大方圖、序卦大方圖說、合上下經卦序分為三節（總目）、序卦三節全圖說、泰否左右翼卦全圖、坎離左右翼卦全圖、震艮左右翼卦全圖（末繫以說）、序卦三節分圖說、泰否左右翼全卦細分之圖、泰否左右翼卦圖說、坎離左右翼全卦細分之圖、坎離左右翼卦圖說、震艮左右翼全卦細分之圖、震艮左右翼卦圖說、依序卦分為上下兩篇（上經總目）、依序卦分為上下兩篇（下經總目）、上下經紀綱卦圖說、序卦上經紀綱總圖、序卦下經紀綱總圖（末繫以說）、各卦相對分圖說、平衡對交角對說、序卦乾體次第（末繫以說）、序卦坤體次第（末繫以說）、序卦次第乾坤相對全圖（第一）、序卦次第乾坤相對全圖（第二）、乾坤相對分圖說、乾坤相對第一層圖、乾坤相對第二層圖、乾坤相對第三層圖、乾坤相對第四層圖、序卦坎水次第（末繫以說）、坎水次第合論、序卦離火次第（末繫以說）、離火次第合論、序卦次第坎離相對全圖（第一、末繫以說）、序卦次第坎離相對全圖（第二）、坎離相對分圖說、坎離相對第一層圖、坎離相對第二層圖、坎離相對第三層圖、坎離相對第四層圖（末繫以說）、序卦震雷次第、序卦艮山次第、序卦巽風次第、序卦兌澤次第（末總繫以說）、序卦四正次第合為方圖、四正合為方圖說、序卦四偏次第合為圓圖、四偏合為圓圖說、偏正合外圓內方之圖、外圓內方圖說、上繫第八章所引七爻之序、七爻貞卦次序、七貞卦次序全圖（末繫以說）、七爻變卦次序、七變卦次序全圖（末繫以說）、三陳九德、三陳九卦之序、三陳九卦全圖、九卦又一圖、三陳九卦圖說、九卦又一圖說、合雜卦傳次序分為三節、雜卦分為三節圖說、萃升左右翼卦全圖、咸恒左右翼卦全圖、豐旅左右翼卦全圖、雜卦次序萃升左右翼卦細分之圖、雜卦次序咸恒左右翼卦細分之圖、雜卦次序豐旅左右翼卦細分之圖、雜卦三節細分圖說、兩圖險阻之圖、先後兩圖同取橫圖之圖（共三圖）、先後兩圖同取於橫圖說、先後天卦義合一圖、先後天卦義合一圖說、先天卦陰陽橫圖、先天卦陰陽縱圖、後天卦陰陽橫圖、後天卦陰陽縱圖、先後天卦陰陽縱橫圖說、圖書內外相加兩奇成偶之圖、圖書內外相加圖說、先後天卦

數相加東南皆陰西北皆陽圖、後天卦數相加圖說、先天卦數加河圖東南皆陰西北皆陽圖、先天卦數加河圖圖說。

◎焦循《易廣記》卷一：蕭山來集之字元成，著《易圖親見》七十二篇，亦詳於序卦，本漢中而充之者也。作序卦大圓圖，以上經三十卦居內、下經三十四卦居外。上經乾坤居南右旋，與坎離頤大過相續，下經損益當之，合八卦而乾坤坎離震巽兌艮備；下經咸恒居東左旋，與中孚小過既濟未濟相續，上經泰否當之，合八卦而乾坤坎離震巽兌艮備。為陰陽大會，損益之會當以大畜，泰否之會當以小畜，乃知小畜大畜之名、所位置之地井井不紊。震艮居亥子之交、艮巽居丑寅之交，由內層乾左旋數至外層，震為第十四卦，至艮為第十五卦；由內層坤右旋數至外層，兌亦為第十四卦，至巽亦為第十五卦。惟家人睽宜對渙節而反得需訟，同人大有宜對需訟而反得渙節，豐旅宜對鼎革而反得謙豫，臨圍宜對謙豫而反得鼎革，其所以相互之故，序卦者必別有深微之旨，難以淺窺，作《序卦大方圖》。以乾坤坎離震艮兌巽八卦不與諸卦例，而以既濟未濟屯蒙需訟師比小畜履泰否十二卦居南，同人大有謙豫隨蠱臨觀噬嗑賁剝復无妄大畜十四卦居東，頤大過二卦居東北隅，咸恒遯大壯晉明夷家人睽蹇解損益十二卦居北，夬姤萃升困井革鼎漸歸妹妹豐旅渙節十四卦居西，中孚小過二卦居西南隅，中孚小過頤大過兩隅相對為兩界，乾坤居界南，六子居界北，乾坤坎離之交列於南之兩旁，震巽兌艮之交列於北之兩旁，既濟未濟與損益對，泰否與咸恆對，其南卦坎多於離，其北卦離多於坎，其東卦震艮多於兌巽，其西卦兌巽多於震艮。以小過為冬至、以大過為夏至、泰否為春分、損益為秋分，大畜小畜為圓圖之綱領，大過小過為方圖之綱領，卦起中孚，於此圖益信。合上下經分為三節，乾坤至尊不在分節之內，第一節泰否為中，前列八卦後列八卦；第二節坎離為中，前列八卦後列八卦；第三節震艮為中，前列十二卦後列十二卦。說云：泰和蕭氏取序卦上下經分作六節，各有妙理。初見之深駁其獨得而服其精至也，及取序卦全圖再一披閱，始覺分為六節未免太碎。夫所為卦者乾坤六子而已，乾坤之尊無偶，不與諸卦隸，而以為交之為泰否者，自立疆域。於是分泰否為一中而諸卦翼之，分坎離為一中而諸卦翼之，分震艮為一中而諸卦翼之，而六十四卦之次序雖有巧手不能為之上下於其間矣。泰否為乾坤之中，坎離為六子之中，其專權制命，分布庶職，誰曰不宜？震艮為長少之男，勢不得不合力以自置一座也。震艮居中則巽兌自當從之，其退而處於一隅，不獨分之本然，

亦理之當然者矣。又云：泰初蕭氏取師至謙豫十卦，則知泰否之足為一中矣，而未及於坎離震艮者，惑於上下經之兩截也。毘陵錢起新先生於泰否則前至師比後至謙豫，於坎離則前至隨蠱後至損益，則既知泰否坎離之各為中矣。而未及於震艮者，惑於震艮巽兌之兩抗不下也。明初劉商卿論易，謂卦名與卦序俱本自伏羲，尋味无窮，獨其所為《大業圖》者未之有見，意其布置必有可觀。朱楓林取泰和蕭氏《讀易考原》置之卷首，而近時何元子先生亦推尊之。《考原》之圖真所謂有功於《序卦》，且有功於後之讀《序卦》者也。黃石齋先生《南政》《北政》《衡交》《倚交》之作，廣細悉該，正變咸備矣。予謂易有天道焉，乾坤是也；有地道焉，坎離是也；有人道焉，震艮巽兌是也。《序卦》之作，且因其次弟而次弟之。乾坤統乎六十二，不當降階與三才分治，於是以泰否之交者代之。混沌之初，天地未交，人不知有天也，天地交而人知有天，故立天之道必曰泰與否矣。天道屬之泰否之交，地道亦當屬之既未之交。然而歸於坎離者，剛柔攸分，南北乃辨，寒暑往來而人民以居，故立地之道必曰坎與離矣。巽兌者震艮之配也，牝主握轡則削色須眉，媼相操國則力無肩荷，故立人之道必曰震與艮矣。夫橫圜自復至乾、自姤至坤一陰一陽、一左一右，自然流出，聖人曷不依此以為序？蓋天無工焉，而惟恃造作雕鏤之巧，聖人不為也；天已定矣而絕無踵事增華之功，聖人不取也。惟夫或錯或綜，或參或伍，治天下之大法，傳天下之大經，盡於此矣。依序分上下兩經，上經以一陽之卦為紀綱，前後中閒各相去六卦，首以師比為紀綱，乾坤屯蒙需訟居前，小畜履泰否同人大有居後；次以謙豫為紀綱，小畜履泰否同人大有居前，隨蠱臨觀賁居後；次以剝復為紀綱，隨蠱臨觀賁居前，无妄大畜頤大過坎離居後。下經以三陽三陰平交之卦為紀綱，前後間以八卦，中間相去十卦，咸恒為紀綱相去遯大壯晉明夷家人睽蹇解八卦；次以損益為紀綱，相去夬姤萃升困井革鼎震艮十卦；次以漸歸妹為紀綱，相去豐旅巽兌渙節中孚小過八卦；而終以既濟未濟。按元成明崇禎庚辰進士，安慶府推官，所撰《易圖親見》外又有《讀易隅通》《卦義一得》兩書。余有其《易圖親見》寫本。其二書見朱氏《經義攷》，載其自序云：「予於易初無所解，迨一官皖口，寇至登陴，司刑之官，不問刑而問兵。城之北最當扼要，予與郡伯共汛其地，傍城有池曰飲馬塘。城之下、池之上小屋一椽，予退而休息者也。寇信飄忽，去來莫定。於是挑燈危坐讀易，周六十四卦而畢，每至漏盡昧爽，而鈴柝依然、孤城無恙，喜可知也。城過九里有奇，為雉齒者二千七百有奇，夜漏

平分，以其半巡城，以其半讀易。寇近則巡城，時稽督之功密而讀易稍疎，寇遠則讀易時研討之意多而巡城頗速，如是者率又以為常。及寇越江而南防守解嚴，而予於易亦時有通悟處矣。或從易而通之於人情物理，或從人情物理而通之於易，凡積數條，則引紙而書之，橐而名曰《隅通》。嗟乎！大江以北，千百堅城無不糜碎，而豌伯舊封峨然孤峙，則《讀易隅通》之作，雖未必有功於易，而要未可謂全無功於皖也。」

◎四庫提要：此書取《序卦》、《雜卦》以及三陳九德、先天後天之義，為圖四十有五而各為之說。用力雖勤，然究不免於牽強湊合。至《上繫》所引中孚等七爻亦為之圖，而《下繫》所引十一爻即不能為說，亦可見其出於臆度而非本自然矣。

來沐之 大易圖說 佚

◎民國《蕭山縣志稿》卷三十《藝文》：《大易圖說》（清來沐之撰）。

來謙益 易解述凡 佚

◎民國《蕭山縣志稿》卷三十《藝文》：《易解述凡》（來謙益撰。時代未詳）。

來嗣尹 周易折中經 四卷 佚

◎民國《蕭山縣志稿》卷三十《藝文》：《周易折中經》四卷（清來嗣尹撰）。

賴任夫 周易管窺 佚

◎郡守吳式芬《周易管窺序》〔註2〕：《易》為卜筮之書，聖人即事寓教，因之推天道以明人事焉。漢魏以降，易說日雜。言數者流為禨祥，言理者雜入佛老。自宋儒專明人事而易始為切於日用之書，顧聖賢之理愈闡愈深，惟觀象玩辭於先儒之說能疏通證明而不流於支離穿鑿，乃為有功經訓。南康賴任夫先生，以名進士歷宰大邑，所至有政聲。退居林下，依然儒素，精研經義，以訓其子若孫。鄉之人推為宿望。予自己亥承乏南安即耳先生名，辛丑之冬有事洪都，道出南康，始識先生。時先生年已逾八十，貌溫言粹，望而知為有得君子。間出所著《易經管窺》問序於予。受而讀之，其析理也近而明，其立言也簡而該，以經解經，盡掃紛紜蟊輠之見。凡吉凶存亡足為人事之鑒別者，多所發明，復博徵古事以證之，洵合乎聖人寓教之旨。然後知先生立

〔註2〕錄自同治《南康縣志》卷十一《藝文》。

身行政，其有得於易者深矣。吁！天下之理備於易，學者苟能由先生之書以進，繹乎聖賢之微旨，則以之行己可以免尤悔，以之應事可以識從違，以之臨民經世隨所處而各當其位，豈僅為經生已哉！

藍煦 易經全解 六卷 存

上海、南京、江西藏同治十三年（1874）忠恕堂刻本

臺中文聽閣圖書有限公司 2010 年晚清四部叢刊第四編影印同治十三年（1874）忠恕堂刻本

◎藍煦（1813～？），字子羲。祖籍湖南。順天府大興縣監生。知江西南康府星子縣。

郎之楷 易經注 佚

◎光緒《分水縣志》卷八《人物志》：讀書深究義理，不為饾飣學。研窮經史，老而彌篤。著有《四書集解》《易經註疏稿》。

◎光緒《分水縣志》卷九《藝文志》：《易經注疏》，（國朝）郎之楷箸。

◎郎之楷，浙江分水（今桐廬）人。乾隆五十七年歲貢。

勞崇光 易圖詳說 佚

◎李元度《天岳山館文鈔》卷十《勞文毅公別傳》：公所著曰《易圖詳說》《常惺惺齋詩文稿》《讀書日記》《居官自省日記》《奉使越南日記》。

◎勞崇光（1802～1867），字辛階，諡文毅。先世藉紹興，客湖南，遂為善化人。道光五年（1825）舉人、十二年（1832）進士，選庶吉士，授編修。歷充國史館協修、纂修、總纂，武英殿纂修，本衙門撰文。十九年典河南鄉試，明年典湖北鄉試，又明年授平陽知府，尋調太原府，擢冀寧兵備道署按察使。道光二十一年（1841）任山西平陽知府，二十八年（1848）任廣西布政使，咸豐九年（1859）任廣東巡撫兼署兩廣總督，十一年（1861）官粵海關監都，同治二年（1863）授雲貴總督。著有《常惺惺齋詩文稿》等。

樂涵 易門 十二卷 義略 一卷 圖說 一卷 存

國圖、南京、浙江、山東、湖北藏道光八年（1828）樂榮、倪鉉息亭精刻本

◎光緒《鎮海縣志》卷三十一《藝文》上：樂涵《易門》十二卷（刊本。

自序略：涵自束髮受書先君子，即命讀《周易》。及長稍通文義，借以潤色於科舉之詞。歲庚辰，北闈報罷，鍵戶不復出。思叩易之門而入焉，不揣讜陋，閱十寒暑，成《易門》一編，海內高明之士，啟予不逮，則幸甚矣）。

◎樂涵，譜名容涵，字澄瀾，一字晴嵐，號海門。浙江寧波鎮海北崙小港墳頭樂人。嘉慶三年（1798）舉人，官景寧縣教諭。又著有《望杏樓詩稿》等。

雷厚昌 周易大義釋說 一卷 佚

◎民國《懷寧縣志》卷十一《文藝》：雷厚昌《周易大義釋說》一卷。

雷乘 周易折衷衍義 六卷 佚

◎民國《寧化縣志》卷十三《藝文志》：雷乘《周易折衷衍義》六卷。

◎雷乘，福建寧化人。

黎定攀 黎氏學易 五卷 首一卷 存

湖北藏同治三年（1864）刻本

◎孫殿起《販書偶記》著錄為木活字本。

◎郭嵩燾《郭嵩燾全集・日記》同治元年七月廿六日：為黎桂舫致書季高中丞，為左楚瑛、畢淳齋致書南坡方伯，為耿馥生致書子壽。桂舫自言能斷獄，予曰：「君木訥如此，必非能訊讞者。」曰：「吾惟耐煩耳。」所著《黎氏易學》八卷多標新義。予識之五年前，蓋亦能讀書深思者也。

◎黎定攀，字桂舫。湖南瀏陽人。又與邱慶善合撰《孔門實紀》十二卷首一卷。

黎世序 河上易註 八卷 附圖說二卷 存

國圖、復旦、上海、南京、湖北、山東、遼寧、天津、中科院、山西大學藏道光元年（1821）謙豫齋刻本

◎周按：南圖又藏□□輯《河上易注》不分卷鈔本，未知即黎氏此書否。

◎凡例：

一、曰上下經孔子作翼，不敢亂經，易必當以古本十二篇為正。且爻辭小象各自為韻，一相比附，則音韻不諧，斷以從古易為是。然王本行之已久，學者便之，且文義不明，聖人之意不可見，以傳附經，則逐卦逐爻疏釋其義，

而有傳以為之證，義便顯然。以義理與音韻較，則義理在所先而音韻在所後也。且孔子不敢以傳亂經，尊經也。今之學者則尊孔子不異於文周矣，故是編仍從王本，以便學者。

一、是編所註之大意，見聖人每卦皆裁為三陽三陰，又變成坎離，為萬物交通之象，所謂交易變易也；其終仍還於乾坤，凡卦皆同，所謂不易也。以乾坤坎離為網，以損過就中、補偏用中為例，此心得也，前此所未有也，故不得不以本註居前，首尾連貫，以便省覽。至先儒舊說，義理有相發明者，開附錄數條於集說之下，互相印證，便於學者。或曰：「以子說列前，而附先儒集說於後，得不嫌於僭乎？」曰：古人著書，以發明義理為主，不在行列之先後也。《中庸》之書，子思子所作，其首章「天命之謂性」則子思子之說，其後雜引仲尼之言以明之，不以先後為嫌也。且朱子之註《四書》，多引程子及先儒之說，列於外註。朱子不以為嫌，予何嫌乎？且本註通體一例，逐卦逐爻相為連貫。先儒之說，條下或有或無，不得不另為集說，識者諒之。或又曰：「子於御纂《周易折中》、御纂《周易述義》既已服膺有年，而於集說中何以不為恭錄？」曰：不敢也。我朝聖聖相承，作為易說，嘉惠士林，賢者識大，不賢者識小，固已戶握靈珠、家藏寶籙矣。至本朝諸儒，名註如林，無不竊取其義，未敢鈔襲其文。夫日月經天，舉世同遊化宇宙，而能支節求之乎？且以聖人之言，節錄而闌入鄙註之中，不敬為甚，故不敢也。或曰：「子於先儒則敢節取之乎？」曰：先儒之於後學，師生之誼也。師生辨論，互相詰難，義無不可。且孔子之言有《魯論》《齊論》《家語》，皆出於門弟子之鈔錄，不必其全也；程朱《語錄》，門弟子各記所得，不必其相兼也。由是觀之，先儒之言，節錄何害？且先儒之言，各有專書行世，卷帙浩繁，又豈能備錄之乎？故不得不節錄也。

一、《周易》經傳，古今傳寫，字句多寡間有不同，字體亦有互易，擇其要者附錄條下，以資考證，未能全也。

一、《周易》經傳，皆有韻之文。初亦間為標出，後見顧氏亭林《音學五書》言之詳而且精，其書已行於世，故書中於叶韻之處，概不多贅。

一、《周易》自宋以後，圖說繁興，互出新奇，紙不勝錄，實亦無甚益處。茲擇其簡而要者存之，間以己意繪為數圖，發明圖書合卦之義。其繁復之圖，概不存錄。

一、道者天下之大公，非人之所得私也。世儒言易，多有漢宋之分，遂

存門戶之見，徒自隘矣。是編惟取義有發明，屏除門戶。河洛之圖，始興於宋，其惠氏棟所著《易漢學》圖說有可採者，亦附錄之。

一、易學源流，及先儒說易大意及己之所見，亦附錄之，以資省覽考證。

◎河上易注敘：《周易》聖人用中之書也，天地之道不外陰陽，陰陽會合則成中德，人受天地之中以生，所謂命也；存之於中，所謂性也。堯之命舜曰「允執厥中」，舜之命禹曰「人心惟危，道心惟微，惟精惟一，允執厥中。」《中庸》曰：「喜怒哀樂之未發謂之中，中也者，天下之大本也。」此言人之中德也。蓋本天地之中以為中也。至人之應事，不外剛柔之兩端，而皆貴得中，則不偏不倚，無過不及，此一事之中也，所謂中無定體，隨時而在也。人之形體陰陽均平則血脈和而無病，人之性情剛柔均平則事理當而無失。六十四卦陰陽不皆均平，則有毗陰毗陽之患，於是裁為三陰三陽，聖人損過就中之道也。六子之中惟坎離剛柔得中，其餘震艮巽兌皆有偏倚之形，於是變為坎離，聖人補偏用中之道也。坎離者，剛中柔中，分而應事則為中道，合以存心則為中德，故易字從日月，謂坎離也。遠在天地之大，近在一人之身，精之在性命之微，顯之在裁制事變。內聖外王之道，皆不出此，故曰聖人之作易也，將以順性命之理，以體天地之撰，以通神明之德。凡卦皆由坎離以還乾坤，卦體不一而其歸則同，故曰天下同歸而殊塗、一致而百慮。彖辭則統示其義，爻辭則分著其時，合於此則吉而无咎，悖於此則凶悔吝隨之，故曰知者觀其彖辭則思過半矣，明乎六爻之變，彖辭已檃括其義也。卦分二體，二五得中，而又有中正之分焉。正者正己以正人，主在位出治者而言，外王之道也。中者自審以處中，主在下自治者而言，內聖之學也。正主范事，中主宅心，故五多言正、二多言中，其曰以正中也，蓋言五以正道，中於其下也。其曰以中正也，蓋言二有中德，後往居五行其正道也。實則中未有不正，正亦不離乎中，一言用中則正在其中矣。中之義貫於六十四卦之中，通行於三百八十四爻之內，明夫天下至纖至悉之事，處之皆有中道，故曰「極天下之至賾而不可惡也，鼓天下之至動而不可亂也」，推而言之，執中之訓發自《尚書》《中庸》之書，成於復聖。詩三百篇不皆中而詩人諷刺之旨則裁之以中，故曰「詩三百，一言以蔽之，曰思無邪。」無邪即中也。春秋二百四十年之事，善惡得失不皆中，而孔子之書褒者褒而貶者貶，亦無不裁之以中。蓋聖人稟中德以為權衡，故能裁制事變也。由是觀之，六經之旨，孰有外於中者哉？聖人之教人也，各因其性情之偏，而約之於中，故曰「不得中行而與

之，必也狂狷乎」，又曰「吾黨之小子狂簡，斐然成章，不知所以裁之」，然則聖人之裁成人才與裁成卦象，皆約之於中，中即性命之理也。易之大用在此，其他則以言者尚其辭、以動者尚其變、以制器者尚其象、以卜筮者尚其占，四者乃易之餘事，占者又止易用之一端。京、焦之徒擅為專門之學，而朱子亦以教人占卜為言，豈朱子未知《說卦》之文哉？蓋性道精微，聖人及門罕有得聞。而筆之於書，為齊民立訓，不得不如此。其人學易而果有所見，知其不止於占卜也。即就朱子之說，亦可由淺以及深，而其進自不能已，此朱子之微意也。自漢以後註者愈多，仁者見仁知者見知，罕有能窺其全者。主象者既穿鑿而難通，說理者又空虛而無據。宋元以來，漢學宋學各相比附，大抵不出此二塗。國朝御纂《周易折中》集諸儒之大成，斟酌至當；御纂《周易述義》推闡精微，殆無餘蘊。易道至此而大明，諸儒涵濡聖化，名註甚多，亦較歷代為盛。世序自幼傳習是經，服膺聖訓，蓋亦有年，因於南河工次之暇，猶觀象玩辭，意欲以象統爻，先審定其象，再發明其理，期於三聖之言皆合。初尚求之而未得其要，因讀《繫辭》曰：「初率其辭而揆其方」，於是逐卦逐爻皆即辭以求其方，研求既久，漸得乾坤坎離之端倪與損過就中、補偏用中之法，則按之三聖之言無一不合，乃知所謂典常也。因就所見疏釋其義，為《河上易註》上下經四卷、上下繫二卷、說卦序卦雜卦二卷，凡八卷，圖說二卷附存於後。淺見寡聞，又以河事倥傯，不能專力，疏陋之譏，知所不免。然用中之說尚不詭於正，存之以備一說云。道光元年辛巳五月，羅山黎世序敘。

◎摘錄卷末《傳易源流》末：宋興，天下承平，名儒輩出。道州周子濂溪作《太極圖易說》《易通》，倡明大意于前，河南程子伊川作《易傳》，發明精蘊于後。于是一洗京焦之災變、荀虞之穿鑿、王弼之玄虛，而歸之于正大。上以明天道，下以該人事，精之為盡性至命之心傳，而顯之為治亂存亡之炯戒。蓋自漢魏以來，易義之博大精深，莫有過于是者。惟當宋之初年，王註孔疏列在學官，為取士之程式，《易傳》雖義蘊各抒，而體制則沿其舊，不屑屑于象數之末，而論說亦頗繁複，學者病焉。後有朱震，本其義作《漢上易》，兼用卦變、互體、伏卦、反卦、納甲之說以取象。朱子譏其太煩，又云：「觀其取象亦有好處，但牽合處多，且不善屬文。」迨至朱子作《本義》，凡義已詳《程傳》者，則曰《程傳》備矣。是本附《程傳》而為之者，乃學者厭《程傳》之繁多，遂刊去《程傳》，獨存《本義》。于是學者不獨不聞漢儒之師論，並

《程傳》亦復罕見。其有好學深思、自成一家之說者，優劣不一，顯晦攸殊。國朝文治休明，超軼千古，御纂《周易折中》道契羲、文，心符周、孔，萃諸儒之大成；御纂《周易述義》融會羣言，擷取精要，易道至今為昭備。于是諸儒繼起，無不涵濡至化，闡述微言，著述亦較歷代為優。雖以世序之愚陋，亦得服膺聖訓，竊附管窺之一得，是則私心之所慶幸耳。

◎姚文田《邃雅堂文集續編》：昔聖人論八卦六爻剛柔相推之法，而即繼之曰天地之道貞觀者也，日月之道貞明者也。夫易囊括古今、包孕萬有，乃其為道實不離此四象。是故上經首乾坤而終坎離，乾坤言其體，坎離言其用也；下經首咸恒而終既濟未濟，咸恒者乾坤之交，既濟未濟者坎離之合也。六十四卦中，四爻互得乾坤剝復頤大過家人睽蹇解夬姤漸歸妹既濟未濟十六卦，而乾坤又互得本卦，既濟未濟交相為互，餘十二卦皆互。得此四卦，則聖人作易之旨亦大明矣。今以天象言之，四時推行，寒暑迭運，非日月而能成此歲功乎？以一身言之，胚胎肇始，百體順常，非水火而能有此軀命乎？此則三才一貫之理，惟易為能盡之。自漢唐宋以下諸儒說易者無慮數百家，其於義理象數之學，闡發幾無遺，惟此一事為方外所竊，學者反置弗道，亦可異矣。河帥羅山黎公負經世之才，究天人之學，每言大禹行水不過五行，故嘗以《洪範》之言施之於河，屢著成績。又於政事之暇，單心學易，手撰《易註》一書，凡漢唐宋諸儒之粹言，靡不兼取而並存之。而其精心妙悟，獨得是書之大用，則猶為漢唐宋諸儒之所未聞者。予既得而讀之，竊喜其學之邃而義之當也，故為細繹其說而書之於卷端。旹道光二年八月既望。

黎世序 周易參同契注 二卷 存

國圖藏清鈔本（卷前附考證及圖）

◎漢魏伯陽原撰，漢徐景休注。

◎一名《參同契注釋》。

黎世序 周易三相類注 一卷 存

國圖藏清鈔本

黎曙寅 周易擬像 六卷 存

國圖、山東、中科院藏道光十年（1830）黎中輔雲中官署刻本

湖北藏道光十五年（1835）刻本

四庫未收書輯刊影印道光十年（1830）黎中輔雲中官署刻本

◎目錄：卷一：序文、圖註、綱領、疑義。卷二：上經（乾、坤、屯、蒙、需、訟、師、比、小畜、履、泰、否、同人、大有）。卷三：上經（謙、豫、隨、蠱、臨、觀、噬嗑、賁、剝、復、無妄、大畜、頤、大過、坎、離）。卷四：下經（咸、恒、遯、大壯、晉、明夷、家人、睽、蹇、解、損、益、夬、姤、萃、升）。卷五：下經（困、井、革、鼎、震、艮、漸、歸妹、豐、旅、巽、兌、渙、節、中孚、小過、既濟、未濟）。卷六：繫辭贊（上）、繫辭贊（下）、說卦贊、序卦贊（上）、序卦贊（下）、雜卦贊。

◎紀昀序〔註3〕：漢易言象數，宋易言理，舊有斯言，其殆循聲而附和歟？夫天地氤氳，是函元氣；氣有屈伸往來，於是乎生數。數有奇耦錯綜，於是乎成象。此象數所由起也。然屈伸往來奇耦錯綜皆理之所寓，而所以屈伸往來所以奇耦錯綜者亦皆理之不得不行。故理其自然，數其必然，象其當然，一以貫之者也。漢易言象數，不能離存亡進退，非理而何？宋易言理，不能離乘承比應，非象數而何？而顧曰言理則棄象數，言象數即棄理，豈通論哉？余校定秘書二十餘年，所見經解惟易最多，亦惟易最濫。大抵漢易一派，其善者必由象數以求理，或舍理者，必流為雜學。宋易一派，其善者必由理以知象數，或舍象數者，必流為俗學。其弊一由爭門戶，一由騖新奇，一由知半解，沾沾自喜，而不知易道之廣大，紛紜輵輵，遂曼衍而日增，殊不知易之作也，本推天道以明人事，故六十四卦之大象皆有「君子以」字，而一百八十四爻亦皆吉凶悔吝為言。是為百姓日用作，非專為一二上智密傳微妙也；是為明是非、決疑惑作，非為讖緯禨祥預使前知也，故其書至繁至賾，至精至深，而一一皆切於事；既切於事，即一一皆可推之以理。理之自然者明，則數之必然、象之當然割然解矣，又何必曰此彼法此我法、此古義此新義哉？乾隆甲寅，黎君健亭〔註4〕所註《周易》相質。余展卷，見其自序曰「易之大綱曰象、曰數、曰理。象數不衷於理，非易之象易之數也；理不合於象數，不能得易之理也。由象數以通理，憑理以參象數，而幽遠繁賾俱不越乎耳目之前矣」云云，喜其洞見本源，知其必能疏通經義。因退食餘暇反覆紬繹，其言於先

〔註3〕又見於紀昀《紀文達公遺集》卷八，題《黎君易註序》。文稍異，又無末句「乾隆乙卯閏二月十六日河間紀昀撰，十年七十有二」。
〔註4〕紀昀《紀文達公遺集》卷八《黎君易註序》「黎君健亭」作「魏子（空兩格）以其鄉黎君（空兩格）」。

儒舊詁不苟異亦不苟同，沉思研悅，務使愜己之心併愜人人之心，以上求四聖之心。蓋無一字不經意，而又未嘗參以一毫之私意，故所論皆篤實顯明，使下學有徑可循，而高明之士亦殫思而弗能過。好學深思，心知其意，其是之謂乎？余前歲得德州李君所註易，喜其裁斷羣言妙有獨契。今復得黎君是書，參互以觀，如驂有靳，豈非聖代崇文、表章古訓，斯響然應運而生歟？摩挲老眼，喜見經籍之道昌，故既為李君作序，亦率書數行於黎君之卷端。乾隆乙卯閏二月十六日，河間紀昀撰，時年七十有二。

◎自序：《易》之為書，天地在指掌也，萬物悉懸鑑也。言一事而庶事具，舉一物而眾物該，標一情一境而萬情萬境無不洽，數聖人以此通德類情。在善學者，於交易變易中得其不易之理而已。夫易之大綱曰象、曰數、曰理，象數不衷於理，非易之象易之數也；理不合於象數，不能得易之理也。由象數以通理，憑理以參象數，而幽遠繁賾俱不越耳目之前矣。是何也？人身亦小天地，而萬物皆備，羲皇所畫、文王周公所繫，以至於孔子之為贊，皆言乎人心之所自有者也。間嘗論之，一言而揭易之體者，無過於蒙莊莊子曰「易以道陰陽」是也；一言而括易之用者，無過於昌黎韓子曰「易奇而法」是也。蓋天地萬物不外陰陽，國家用人行政、兵刑禮樂不外陰陽，與夫人身一動一靜、喜怒哀樂，莫非陰陽之為也。而謂陰陽不足盡易乎？所謂奇而法者，易之為教，中與正而已。然以中責陰陽二陰陽不能齊也，以正律陰陽而陰陽時相詭也。變動不居，周流六虛，上下無常，剛柔相易，可謂奇矣。然而有位有時，以觀卦德之離合；有應有乘與承，以規爻位之當否，故曰愛惡相攻而吉凶生、情偽相感而利害生、遠近相取而悔吝生，皆易之標準有定法也。至其取象繫辭，洪纖幻化，或為天下莫能載，或為天下莫能破，一文一辭，無不駭人之聽聞，而其要總不出於類情通德之外，此非至奇而實至法者乎？特究其垂世立教之大旨，區區鄙見，竊謂又當蔽之「懼以終始」之一言。此聖人吉凶與民同患，展卷遇之，而可以得夫子示人寡過之意見也乎？是為序。皆乾隆五十九年甲寅孟冬之月朔，東鄉黎曙寅健亭氏作於京華之素履齋。

◎後序：從古聖賢仁義中正皆得於易，其垂世章教莫不本易以立言。觀孔子假年之歎、孟子聖智巧力之論可見矣。孔子贊易十篇之旨既明且盡，然就易言易，象數理紛紜揉錯，恐人誤入虛渺，莫獲致用也，於是節署象數，獨撮其精華之理，作《大學》首章，自身及家而國而天下，易道悉在日用飲食間矣。羣弟子或次其行，或記其言，而有《論語》二十篇，莫非孔子之易也。

曾子得之而演《大學》。《大學》十章，曾子之易也。子思得之而作《中庸》，《中庸》一篇，子思之易也。私淑者孟子，歷聘諸邦，所對國君卿大夫；退而講學，無片言引易。及細按之，乃無一章一句非六十四象之旨，則七篇之說非孟子之易乎？何言乎？明德新民為孔子之易，第即一卦而推，苟不明於元亨利貞之義者，能有明新之善乎？不明潛見飛亢之義者，能得至善之止乎？下此六十四卦所示人修齊治平之道，尤彰明較著也。綱領惟二明德新民盡矣。又曰止至善，何也？以大易之所重者中，不止至善，非所謂明新也。其曰格物致知，物者何？象也，數也；知者何？理也。象數充塞天地而理歸日用中也。一名一物，夫婦共喻。及其至，而聖有不能。夫不知不能，不可使知之也。至可使由之，苟任吾偏倚而不求中正，在匹夫為身累，有土者為民殃。特標曰止至善，聖人憂天下來世之無已也。顧中無象，伏羲仍以象定之；中無數，伏羲仍以數紀之。如三畫之卦，中一而過與不及居其二；六畫之卦中二而過與不及居其四，此得止之難也。又有以三四為中、初上為正者，視時勢所值，非中離道，非權不中也。易不言中不言權，而發於夫子，闡於曾子、子思、孟子。微危精一，至矣乎！好學深思，心知其意，則於孔孟之門一以貫之，而典謨訓誥，所命皆合符節矣。甲寅仲冬旬有二日，健亭再識。

◎跋：乾隆戊戌，中輔年二十一，時應試者各習專經，家先輩皆習《尚書》，獨命中輔治易。童年粗識字義，其於易道之廣大精微固未能知。庭訓之下，先舉卦名卦義指釋一二，而彖象十翼亦間嘗於諸儒各家之解義校其異同，而詁以淺近之詞。蓋在初學，未可驟語深遠也。中輔日依講習，側聞緒論，以疑義甚多，欲求善本而終不可得。於是或經旬浹月而箋一卦，或累日而注一爻，必期與經義篤實顯明，乃命中輔手鈔訂為讀本。迨至戊申己酉，則已十數易稿矣。剞劂初竣，刷印甫二三百部，因書肆不戒於火，版盡燬。自後先嚴謁選都門，復攜舊稿日事編摩，至甲寅而始定。時協揆紀曉嵐先生為大宗伯，既作序，且力勸重鋟，會出都未果。丙辰會試後，中輔趨省六安州，則原稿已分散於門下士，皆鈔錄成卷，方冀溫清之餘，受而卒業。又以京中稿本未及隨侍，多向日之所未聞也。不意研朱春去，先嚴痛捐館舍。輔苦茨餘生，日就荒落，固終身之大憾焉。然以先嚴生平殫精竭慮二十年之苦心，寒暑晝夜未嘗一日不在案頭。故中輔自抱遺經三十餘載，舟車南北，惟此寢食與俱耳。今偕邑中諸學侶纂輯《大同縣志》，時歷春冬、周旋几硯，都人士先為借讀，因請再刻以廣流傳。中輔學愧無成，每懼勿克負荷，且益喜諸同人之深心嗜

學也。於校刊既畢，謹識其緣起，附記數言於後。時道光十年夏五月旬有一日，男中輔敬書。〔註5〕

◎同治《江西東鄉縣志》卷十三之一《人物志》一：著有《周易擬像》六卷，紀文達公為之序，稱其洞見本原，能疏通經義，沈思研悅，無一字不經意，而又未嘗參以一毫之私意，故所論皆篤實顯明云。

◎光緒《江西通志》卷九十九《藝文略》一《國朝》：《周易擬象》六卷，黎曙寅撰（《東鄉縣志》）。

◎黎曙寅，原名庶麟，字健亭。江西東鄉縣郭溪人。乾隆二十七年舉人。官都昌教諭，以著書講學自任。

黎遂球 易史 佚

◎黃虞稷《千頃堂書目‧易類》：黎遂球《易史》。

◎查繼佐《美周黎公傳》〔註6〕：通易，精史學。以全史事編入大易卦爻，以爻配事，以事例爻，博於義類。極其數，通其變，名為《易史》，以為經世之書。

◎黎遂球（1602～1646），字美周。廣東番禺人。天啟丁卯（1627）舉人，從朱由榔起兵，後守贛州，城破殉難，諡忠愍。著有《周易爻物當名》《易史》《詩風史刺》《運掌經》《西湖雜記》《花底拾遺》《蓮須閣詩文集》。

黎遂球 周易爻物當名 二卷 存

北大藏崇禎十年（1637）至順治三年（1646）刻本

廣東藏清紅綿詩屋刻本

北大藏道光三十年（1850）南海伍氏粵雅堂文字歡娛室刻嶺南遺書本

上海商務印書館叢書集成初編據嶺南遺書本鉛印本

臺北成文出版社1976年無求備齋易經集成影印道光三十年（1850）南海伍氏刻嶺南遺書本

四庫存目叢書、續修四庫影印崇禎刻本

◎前有《易爻總論》《傳例》各一篇。

◎張溥序：易書寂寥，於今傷之。蓋善者不言，言者未必善也。時義散

〔註5〕序卷末題：雲中同學師文、郭庭槐、黃文傑、楊霖、霍宗文、劉士逵、何應樞、張慶餘、孟師曾、郭百里校刊。

〔註6〕《周易爻物當名》附。

漫，賞音益稀。追踪前人，不如嘿嘿。黎子美周，每為撫膺，欲以東坡海外之文尋山陽枯冢之論，其事誠難。頃者讀《周易爻物當名》，則真仰青天覩白日矣。美周驚才絕代，詩歌古文名書法篆，無不極致。顧其根據冥深，全以道勝。昔人謂春日秋水未可高擬，內則猶徘徊牆外以曹劉自限，烏足與語子雲哉！程子談易，必以身驗。晦翁守之，自知親切，不同河漢。其所持論，比箸燕笑、床第居處，莫不有易。況頻仰興亡、縱觀成敗，文武得之，幽厲失之；周召得之，榮公皇甫失之。孔子，周人也。目擊道存，行事備具，測之以易，直寒暑冷煖，時至立覺。予嘗謂孔子憂時之作，挹損褒諱莫如《春秋》、深切著明莫如《易》，後人以《春秋》言治亂，不若以易言治亂之尤長也。美周天性忠孝，讀史尤詳，遠覽近察，悉寓於易，以爻配事，以事例爻，不煩太卜立筮、詹尹拂龜，吉凶瞭如，其明炳炳。畏正月之震電，懼桃李之冬華，河雒先兆，寧分今古。予次而序之。遑遑求索。非徒損益知止、白賁救奢也。但美周方踽厲獨行，問津瞀者，余欲望為龍門之壺逐，病弗遑矣。社盟弟張博題。

◎章美序：夫聖人之書無隱恠焉，指其事、昭其文，使天下曉然于中正之道，斯已矣。易取乎畫象，則智有所殫、慮有所絕，何也？曰人心之變也，其至此而休乎？《周禮》太卜掌三兆與三易相表裏，凡使人之不誠者歸于誠，所以示天也。乃自商瞿、田何而下，聖人漸遠，真傳流失。二千年以來各自為說無〔註7〕算，而其者者七十餘家，或言象、或言數、或言理、或言占，四者要皆本乎象。然則象固難明而易託者乎？余嘗夜陳一卦，反覆終端，意言屏離，神明難即，慨夫絕學之不繼也。不意當吾世而得一人焉，曰新安程子子上。子上之言曰：易逆數也，數存乎卦爻之後，可得而言；數存乎卦爻之先，不可得而言也。故言乎卦爻之後之數。子雲之《太玄》、司馬之《潛虛》、堯夫之《皇極》，譬跛者之摘植，免乎一人之蹣跚而已焉。言乎卦爻之先之數，則天之所絫生、地之所絫成、人物之所絫懸殊，譬之手握日月，騎龍負雲，將以窮無窮而極無極焉。嗚呼至矣！越十五年而又得一人，曰東粵黎子美周。美周之言曰：卦之有爻，所以效變也；詞之有象，所以像象也。爻交互、研物宜，而當名辨物之書于是乎出。漢京房專守名數，魏鍾會詳互體才性同異，而王弼以理致兼之。黎子殆其人哉？雖然，黎子以為周公之詞凡以明人臣之

────────────

〔註7〕《四庫存目叢書》、《續修四庫全書》影印崇禎刻本此下原缺第二葉，自此下
　　　至「故言乎卦爻」止。

學云爾，又何說也？吾觀天地之數皆五，故人之生也其倫亦五，靡或彊而同也。然而父之與子也、夫之與婦也、兄之與弟也，不待交而交者也。朋也、友也、君之與臣也，必待交而交者也。待交而交，則是非邪正之途不可以不辨，君子小人之等不可以不嚴。黎子察陰陽之質，定吉凶之性，畧置天美，敦舉義合，其亦有憂患之思乎？易曰二與四同功而異位，二多譽，四多懼，亦以臣道槃之。然則繇程子之說可以見聖人之心，繇黎子之說可以振聖人之數，後有起者，雖謂不悖于中正可也。而天下之知黎子者，卒以文章稱。夫黎子豈文人而已乎？是為序。崇禎丁丑閏夏，古吳社弟章美子克氏謹題。

◎徐世溥序：余序黎子詩，徘徊經年，不欲輕也。秋夕徧讀《九辨》《茂陵》《青蓮》諸篇，酒酣起，成詩序。時黎子同宿溪上，乃復屬余序易。以余固嘗注易而繫之矣。憶往歲答桐城方子書云：士大夫能詩賦而不達經學則近於山人，通經學而不能吟詠則近於腐儒，吟詠而無經濟則近于婦人。黎子工詩通易，談天下事如指掌，旁精書畫雜學。若黎子者，幾全歟？易之道廣大悉備，然孔子所謂有聖人之道四焉者，盡之矣。余之繫易也，義取《繫辭》而補其三。及讀黎子《爻物當名》，其象寔、其變竅，辭則聖人繫之在前，占則神而明之存乎其人，然則名當而易舉矣。夫易，稱名小取類大，其旨遠其詞文，文生于名，名生于物，物生于象，象生于爻，或以本卦，或以互體，或以外合，或從變來，或以本爻。名不當故文失，文不當故吉凶生焉。世之治易有如黎子者，余又可以多作乎哉？！南州社盟弟徐世博題。

◎曾文饒序：古之君子於世遠而授受無據者，則其言之也不敢斷斷然，蓋慎其所不知也。夫易，聖人之所以極深而研幾也，童而習之，白首茫茫而不得其說。至精者莫如伏羲，不言而理備焉。若夫文王、周公、孔子，則皆求而得之，而有所合，皆非伏羲之易也。夫文王、周公、孔子猶遠於伏羲，而後世之儒之遠於文王、周公、孔子也，又可勝道哉？何其言之斷斷如也，而且自以為易在是，是亦惑矣。傳曰：聖人設卦，觀象繫辭焉而明吉凶。「易者，象也；象也者，像也。天地定位，山澤通氣，雷風相薄，水火不相射，八卦相錯」，其稱名也小，其取類也大，是故乾為天、坤為地、震為雷、巽為木、坎為水、離為火、艮為山、兌為澤，而各以其類從之，推而廣之至於無垠，言易者必依於象，象備而理可得而求也。老泉晚而好易，曰：「易之道深矣，汩而不明者，諸儒以附會之說亂之也。」漢儒好言象，宋儒好言理。昔人謂漢儒不言理而易存，宋儒言理而易亡，豈言理者所發明盡不合於易哉？東面而望，

不見西牆；南面而視，不覩北方。意有所至，而見有所蔽也。漢儒假經設義，依託象類，所言治亂吉凶得失憂虞之故，仁往而合；後世窮理者不能逮，倘亦深於象之效耶？傳曰：「當名，辨物正言，斷辭則備矣。」黎子美周治易，嵒精十年，將著《易史》而先成《當名》一書，深求爻象，博於義類，極其數、通其變，包蓄深蘊，哲人驪淵，王弼、五鹿充宗之流也。至其詮理，則又存不敢斷斷然言之之意，以致其詳慎，此固朱雲之所不敢折而孫盛之所不能短者也。通家盟社弟曾文饒題。

◎自序：揚雄有言：「重易六爻，不亦淵乎？」王弼謂：「象者意之筌也，立象以盡意，而象可忘也；重畫以盡情，而畫可忘也。是故觸數可為其象，合義可為其徵，義苟在健，何必馬乎？類苟在順，何必牛乎？爻苟合順，何必坤乃為牛；義苟應健，何必乾乃為馬？而或者定馬於乾，案爻責卦；有馬無乾，則偽說滋蔓，難可記矣。」夫以弼之說推雄之言，則豈魚躍于淵，舍筌可得？究厥所繇，不為無自。遂球山居讀易，每以史繫之。至於爻物，必求其名之所當。顧史之為編散而未貫、繁而未統，汗牛充棟，遲之日月，因先定是編以寄，其筌惟淵乎其淵乃可得而忘之。不及焦、郭諸家主依文發義也。若夫象卦之材，固可推爾；圖數之奧，間亦深觀而自得焉。別為一帙，非為爻也。史也者，以人事而著卦爻者也，得其意矣。仍衡其事，趨避形焉，亦嘗試以是觀之。崇禎歲在乙亥仲冬長至日，番禺黎遂球自序。

◎伍崇曜跋：右《周易爻物當名》二卷，明番禺黎遂求美周撰。按先生所著《蓮鬚閣集》余已刊入《粵十三家集》中，是書自序及《易爻總論傳例》已具言其梗概。而先生序徐巨源《易繫》云：「予嘗觀象焉、布著玩詞焉，因以思周公之才之美，其為文必無假借之詞」，退而為爻物當名之說，則語尤簡要，固迥非空言說經者流。自序云：「山居讀易，每以史繫之，至於爻物，必求其名之所當。顧史之為編，散而未貫、繁而未統，汗牛充棟，遲之日月。因先定是編。」而屈氏《廣東新語》又云：「美周讀易，每以史繫之，以爻配事，以事例爻。自謂不煩太卜立筮、詹尹拂龜，吉凶瞭如，其明秉燭。張天如謂孔子憂時之作，挹損褒諱莫如《春秋》，深切著明莫如《易》，後人以《春秋》言治亂，不若以《易》言治亂之尤長。故《易史》不可不作，《易史》未有成書，余嘗欲踵為之，而《易外》固迥殊《易史》也。」則先生言易者，獨是書存耳。屈氏又云：「嗟乎！《易》之困曰：君子以致命遂志。美周於易學甚深，蓋久矣筮之於心焉，故自贛州之死而是書宜與日月并懸矣。」玉生廣文舊藏

刻本，特重梓之。道光戊申長至後一日，後學伍崇曜謹跋。

◎四庫提要：其書惟載三百八十四爻，以互變推求其象。然互體、變卦雖古法，而遂球所推則自出新意，往往支離曼衍附會成文，不必盡當名辨物之本旨也。

黎翔鳳 周易探原 一卷 存

山東藏 1936 年李榮真印書館輯印本

◎黎翔鳳，字文卿。廣東高要新溪中崗村（今蓮塘鎮石咀村）人。道光丁未（1847）進士。又著有《四書萃精》《聽鶴山房詩鈔》《訓俗語類》等書。

黎由高 周易後天歸圖 四卷 佚

◎四庫提要：是書專明後天之易六十四卦反對之義，而一歸之於圖。一卷總論後天方位，見經之當歸於圖。二卷說乾坤為歸經於圖之綱領。三卷說反對為歸經於圖之門戶。四卷摘錄諸卦為歸經於圖之凡例。首卷方位圖，其三四長少序次變為自右而左，與《本義》異。大旨以邵子諸說為宗而參用《本義》之解也。

◎黎由高，字鵬翥。湖北通城人。乾隆六年拔貢，官穀城教諭。人稱「《易經》學究」。

黎之綱 易卦變圖說 佚

◎光緒《廣州府志》卷九十《藝文略》一：《易卦變圖說》（國朝東莞黎之綱撰。據阮《通志》）。

◎民國《東莞縣志》卷六十六《人物略》十三：著有《羅經解》《易卦變圖說》（采訪冊）。

◎民國《東莞縣志》卷八十三《藝文略》：《易卦變圖說》（國朝黎之綱撰。阮《通志》）。

◎黎之綱，字豈公。廣東東莞石岡人。康熙十一年副榜。官海康教諭。

李白茂 河洛會說 佚

◎李白茂，江西廬陵人。又著有《中庸通解》。

李鼻 易經口義 佚

◎同治《南昌府志》卷四十五《人物》：著《易經口義》藏於家。

◎光緒《江西通志》卷九十九《藝文略》一《國朝》：《易經口義》，李鼻撰（《南昌縣志》）。

◎李鼻，字祖生。江西南昌人。與同縣王畿、舒鼎號南昌三傑。

李彪 辭占辯例 存

李彪後人藏手稿本

◎李彪（1818～1896），字星海，號菊村，又號抱虎山人。雲南大理彌渡大莊營人。長於楹聯、書法。又著有《四書淺解》、《性統》、《五緯考度》、《呂律算草》、《天根談》、《籌算法》、《祗可自怡草》、《遊戲偶存》、《孝子必讀》、《戒煙歌》等。

李彪 讀易淺說 十卷 存

李彪後人藏手稿本

◎《大理日報》2010-02-24A3 版通訊員李畢《彌渡清代學者李彪手稿引起學術界關注》：李彪的第七代後人現在還收藏著李彪生前留下的大量手稿、資料，其中包括《孟子評注》、《密雲點易》、《周易標義》、《讀易淺說》、《深山談易》、《周易六通》等手稿。

李彪 密雲點易 存

李彪後人藏手稿本

李彪 深山談易 存

李彪後人藏手稿本

李彪 彖象合參 二卷 存

鈔本

李彪 爻位陰陽說 存

李彪後人藏手稿本

李彪 周易標義 三卷 存

國圖藏 1914 年刻雲南叢書・經部本

新文豐叢書集成初編本

◎後識：壬戌歲夏秋之交，避地天目，凡得談易八卷，又取全書而逐節逐卦標其義，以便晨夕稽考，豈敢自附於注述之數哉？亦以誌所得所見而自考云爾。易道之精，豈容妄說？自非悟人，鮮有不取笑者。茲集用以自怡，烏敢正諸高明歟？！星海氏記。

李彪 周易六通 存

李彪後人藏手稿本

李標 讀易管窺 不分卷 存

中山大學藏清鈔本

◎李續賓《讀易管窺離句串義敘》〔註8〕：今年師次潯陽，李蔚森成均出其父致和茂才所著《讀易管窺離句串義》乞序於余，並云其祖孝廉公標亦著有《讀易管窺》。

◎周按：《讀易管窺離句串義》本《讀易管窺》而串義。

李秉陽 變占彙參 佚

◎民國《重修金壇縣志》卷九之四《人物志》四：尤邃於易，著有《河洛闡奧》《夏商二易拾遺》等十三種（《俯仰法象》《先天真原》《後天精蘊》《筮法傳心》《變占彙參》《道學本原》《象數引端》《卦氣輯要》《觀物輯要》《說卦補遺義》《易學會通》共十三種），又有《易學旁通》《天文備要》《地理精義》《八陣圖纂要》《風角舉隅》《左氏兵法》《太乙撮要》《數學探原》《四書臆說》《臥迂齋文稿詩稿》，又嘗輯鄉先輩詩為一集曰《董溪詩存》。

◎李秉陽，字子燮，號暘谷。恩貢生。卒年八十三。

李秉陽 卦氣輯要 佚

◎民國《重修金壇縣志》卷九之四《人物志》四著錄。

李秉陽 觀物輯要 佚

◎民國《重修金壇縣志》卷九之四《人物志》四著錄。

〔註8〕光緒十七年（1891）甌江巡署刻《李忠武公書牘》卷下附錄。

李秉陽 俯仰法象 佚

◎民國《重修金壇縣志》卷九之四《人物志》四著錄。

李秉陽 河洛闡奧 佚

◎民國《重修金壇縣志》卷九之四《人物志》四著錄。

李秉陽 後天精蘊 佚

◎民國《重修金壇縣志》卷九之四《人物志》四著錄。

李秉陽 筮法傳心 佚

◎民國《重修金壇縣志》卷九之四《人物志》四著錄。

李秉陽 說卦補遺義 佚

◎民國《重修金壇縣志》卷九之四《人物志》四著錄。

李秉陽 夏商二易拾遺 佚

◎民國《重修金壇縣志》卷九之四《人物志》四著錄。

李秉陽 先天真原 佚

◎民國《重修金壇縣志》卷九之四《人物志》四著錄。

李秉陽 象數引端 佚

◎民國《重修金壇縣志》卷九之四《人物志》四著錄。

李秉陽 易學會通 二十二卷 存

南京藏清鈔本
◎民國《重修金壇縣志》卷九之四《人物志》四著錄。

李步瀛 讀易淺說 十卷 存

光緒二年（1876）忠恕堂刻本
◎民國《新修閬鄉縣志》卷十八《藝文》：李步瀛《讀易淺說》八卷、《李氏家言》二卷、《近事錄》二卷、《誠求保赤論》一卷、《川女詞》一卷、《遊山詩鈔》二卷、《八銘加批》八卷。

李長秀 易經大全纂要 佚

◎乾隆《長汀縣志》卷十八《人物》、光緒《重修長汀縣志》卷二十四《人物》：著有《易經大全纂要》《孝經集傳》。

◎李長秀，字喬英。福建長汀縣人。髫齡有神童之目。順治十八年恩貢，選州同知，以母老堅辭不赴。

李陳玉 三易大傳 七十二卷 佚

◎光緒《吉水縣志》：所著有《易三傳》《臺中疏稿》已刻行世，其詩書傳及《退思堂集》俱藏於家。

◎四庫提要：書分二冊，一曰「先天古易」以解圖畫，又每篇繫以讚語，其最異者以無極、太極、無極而太極分為三圖，而先天八卦配以英輔九星之名，後天八卦配以疏附先後之名，支離破碎全無理據。一曰「後天周易」以經解傳，雖言象數，而皆出臆說，附以《易導》、《易鈴》、《易眼》諸書。其《易鈴》有云：「若欲易學了澈，直須將一切訓詁辭章盡情剗卻，即孔、文之語亦不過易象一端之論，方有入處，可謂敢為大言。」蓋言圖畫者病於支離破碎，談心性者病於杳冥恍惚，陳玉兼二家之說而各得二家之極弊，真所謂誤用其心者也。

◎李陳玉（1598～1660），字石守，號謙庵。江西吉陽（今吉水）楓坪人。天啟四年舉人，崇禎七年（1634）進士，官嘉善知縣六年，升禮部儀制司主事，逾年改選監察御史。少與許初鳴、曾其宗號「河上三奇」。明亡後隱居不出。又著有《楚辭箋注》《退思堂集》。

李陳玉 易論二十一篇 二卷 存

上海藏乾隆五十六年（1791）王家麟鈔本

◎計二十一篇。

◎識尾：吉陽李陳玉先生手著《易論二十一篇》，談理精深，立辭開爽，誠有裨於身心性命之學，大有關乎修齊治平之事。辛亥初冬，麟得之於同縣蕭韻和先生。把玩不置，因手錄成帙，分上下二卷。隨時展玩，以益身心。自初冬朔三日錄起至冬至前一日止，共五十三日，成錄五十七頁。雖極匆忙，每額限寫一頁餘。如有師保之臨，不敢擅自玩愒。此強制之功，洵由在己，而不在人也。因附錄之，以勵吾後。辛亥冬至日，拙菴王家麟謹識書尾。

李誠 易備 佚

　　◎民國《台州府志》卷六十四《藝文略》一：是書首採漢魏唐及近儒說，次案語。其所採諸說惟焦循最備，案語亦與《易章句》相近而加詳耳。其子春枝所撰行述言誠著有《易述》而不言有是書，蓋先著是書而後刪為《易章句述》，專明焦氏一家之學耳。今存乾坤二卦殘稿。

　　◎民國《台州府志》卷一百零五《人物傳》六：其說經參酌漢宋，尤精地理，旁及歷算醫術。嘗謂記水之書自酈道元而下代不乏人，而言山者無成編，乃作《萬山綱目》六十卷以配齊氏《水道提綱》。又謂齊書網羅既富，不無訛缺，作《水道提綱補訂》二十八卷。又著《十三經集解》二百六十卷、《易章句述》、《詩意》、《詩篇義》、《古禮樂述》、《管窺微言》、《皇輿紀略》、《蒙古地理攷》、《雲南水道攷》、《雲南載籍辨誤》、《新平縣志》、《宦遊日記》、《醫理指迷》、《敦說樓集》。

　　◎李誠，字師林，別字靜軒。浙江台州黃巖人。李秉鈞〔註9〕子。秉鈞從戚學標遊，專治經學，誠益加博綜，貫串賅洽。嘉慶十八年拔貢，補雲南姚州州判，歷署魯甸通判、新平知縣、曲靖同知、雲南同知、南關通判、普洱州判、鄧川知州、順寧知縣。所在必以興文教、修志乘、表章忠義為急。又著有《詩意》十九卷、《十三經集解》二百六十卷、《雲南通志》二百二十卷、《靜軒自訂年譜》一卷、《水道提綱補訂》二十八卷、《宦遊日記》二卷、《微言管窺》二十卷、《醫學指迷》一卷、《敦說樓劄記》、《敦說樓集》二卷續集一卷。

李誠 易章句述 八卷 佚

　　◎民國《台州府志》卷六十四《藝文略》一：是書發明焦循《易章句》之義，每節先引《章句》，次引《通釋》，次案語，大旨以宋儒之義理闡漢儒之象數。焦氏所謂旁通、相錯、時行之說，後人每苦其奇奧，得此書疏通證明之，遂覺渙然冰釋。原稿殘缺不全，上經今存乾、坤、屯、蒙、需、訟、師、比、小畜、履十卦，泰至離二十卦闕焉；下經今存中孚、小過、既濟三卦，自咸至節及未濟三十一卦闕焉；象上傳今存乾、坤、屯、蒙、需、訟、師、比、小畜九卦，而履以下闕焉；象上傳今存乾、坤、屯、蒙、需、訟、師、比、小畜、

〔註9〕字平齋，歲貢生。著有《名物類求》六十卷、《文典類要》一卷、《庶用稽疑》一卷。

履十卦，而泰以下闕焉；至彖下傳、象下傳、繫辭上下傳、文言傳、說卦傳、序卦傳、雜卦傳，焦書皆有而此書皆闕。

李川衡 易象諦釋 十五卷 佚

◎民國《懷寧縣志》卷十一《文藝》：李川衡《易象諦釋》十五卷。

◎民國《懷寧縣志》卷十九《文苑》：所著有《易象諦釋》十五卷、《周官辨義》八卷、《詩經偶錄》三卷、《經義集要》九卷、《字書便覽》九卷、《畜德篇》二卷、《羣書節鈔》三卷、《景岳節鈔》十二卷、詩文雜集。

◎李川衡，字越岑。安徽懷寧人。歲貢生。敏慧勤學，博通經籍，尤邃於易，又得諸生張森傳，精數學，占多奇中。年六十，自知次年病歿日時，為楹聯以自輓。

李春蔭 周易簡義 二卷 佚

◎光緒《吉水縣志》卷之四十八《書目》：《周易簡義》二卷，李春蔭撰。

◎光緒《江西通志》卷九十九《藝文略》一《國朝》：《周易講義》二卷，李春蔭撰（《吉水縣志》）。

◎李春蔭，江西吉水人。又著有《墨山子焚稿》。

李從先 易經演解 佚

◎嘉慶《太平縣志》卷八《著述》：《易經演解》（李從先著）。

◎李從先，安徽太平（今黃山）人。著有《易經演解》。

李存渺 易象參義 二卷 存

湖北藏光緒三十三年（1907）石印本

◎民國《夏口縣志》卷十九《藝文志》二：《易象參義》，清李存渺箸。

◎民國《夏口縣志》卷二十二《敘例・李炳范傳》：性坦率好直言，用是失上官意，未幾即告歸，充本縣高等小學堂長，所入甚薄，兼習岐黃以餬口。而益肆力於箸述，有《論語參義》《詩經參義》《易象參義》行世。

◎李存渺，原名榮第，更名炳范，字次韓，著述改今名。湖北夏口（今武漢）人。庠生。光緒戊子舉於鄉。戊戌大挑二等，選當陽訓導，丁母憂歸。循例以知縣分發廣西左讞局，有政聲。卒年六十八。

李大倫 易鑰 佚

◎民國《續丹徒縣志》卷十八《藝文》：李大倫《易鑰》（《縣志摭餘》）。

◎李大倫，江蘇丹徒人。又著有《詠山水詩》一卷。

李道平 易筮遺占 一卷 存

道光刻本

光緒十七年（1891）三餘草堂刻湖北叢書·周易集解纂疏附本

叢書集成初編本

叢書集成新編本

山東藏臺北成文出版社 1976 年無求備齋易經集成影印清三餘草堂刻湖北叢書本

◎序：古者卜筮並重，夫子贊易，亟稱蓍德，由是筮獨顯而卜微。繼六壬萌芽于《吳越春秋》、錢卜濫觴于《京房易傳》，小數迭興，筮雖存而其瀾亦墜。降及晚近，揲蓍流于影象，惟市井細人始操此術，學士大夫罕有過而問焉者。即偶一及之，不過持草莖以索之爻象，杳杳冥冥，十不酬一。豈倚數不盡可憑邪？抑爻象之辭奧衍而難窺邪？余謂庖犧既往，易之蘊不得文王、周公、孔子之言不能闡，而其至精至變至神之用，究不能以文王、周公、孔子之言而盡。是必深窺乎未有象爻象之前始可與之言筮矣。且古人占筮，三易並用，觀其繇辭及其取象，當時必別有成書，即班史《藝文志》載蓍龜十五家四百餘卷（劉向《七略》著龜之書四百一卷，《班志》總數亦作四百一卷。今合計之，除易卦八具外四百七十二卷，必有誤字），而蓍居三之一。今皆不可攷見，古瀾蕩然。千百什一僅存于《左傳》《國語》之中，迺前代名儒既以筮為小數，又疑記言者多失之誣，遂擯斥之勿復道。夫侈談徵應固不免或失之誣，要其占筮之辭，必援古瀾以斷，始足取信於當時。則事雖誣而其瀾不尚存乎？是亦曷可盡廢也？近時毛奇齡纂《春秋占筮書》，止錄《左傳》，不及《國語》。李氏塨著有《周易筮考》，余嘗購求其書不可得。迺衷《左》《國》筮占十有五則，都為一帙，詳載舊注，以闡明遺瀾。閒坿漢魏易義以著古人說經之旨。管窺所及，亦綴于篇。《晉語》韋注紕繆尤多，悉加是正。復取《洪範稽疑》《周禮筮人》冠于篇端，以存梗概，俾學者有所攷焉。夫乾坤之蘊，廣矣大矣，徒執朽甲枯蓍以求古聖人之宏旨，誠淺之乎測易矣。然崇義理而排象數，必擯龜筮于易道之外，是並夫子卜筮尚占之言而廢之，又豈得謂之知易也哉？惟善

學者一遵乎聖人之軌，勿視為方術，勿雜以旁門，技進乎道，而占筮之遺瀝不至終湮沒而無傳也。歲在閼逢涒灘初伏日，蒲眠居士書。

◎李道平（1788～1844），字遵王，一字遠山，號蒲眠居士、湏上先生。湖北安陸人。少受文法於劉次白鴻翔。於學善治漢易。嘉慶戊寅（1818）舉人。道光十二年（1832）進士。二十三年（1843）任嘉魚縣教諭，次年歿於任上。又著有《詩旨述三》、《春秋經義》、《四書外義》、《四書時文錄》、《喪禮從宜》、《讀經款啟錄》、《讀史款啟錄》、《款啟餘錄》、《安陸文獻考》、《郎小紀》、《理學正傳》、《安陸縣志補刊》、《壬辛賦存》、《有獲齋試律》、《有獲齋文集》六卷附錄一卷等。

李道平 周易集解纂疏 十卷 首一卷 存

國圖、上海、湖北、山東藏道光二十二年（1842）有獲齋刻本（三十六卷）

國圖、北大、上海、北師大藏光緒十七年（1891）湖南思賢書局刻本（三十六卷）

山東藏光緒十七年（1891）三餘草堂刻湖北叢書本

山東藏 1936 年上海商務印書館叢書集成初編據湖北叢書鉛印本

山東藏臺北成文出版社 1976 年無求備齋易經集成影印光緒十七年（1891）長沙思賢講舍刻本影印（陳寶彝校正）

中華書局 1994 年十三經清人注疏潘雨廷點校本

中央編譯出版社 2011 年王承弼簡體橫排整理本（以光緒十七年三餘草堂刻本為底本）

叢書集成初編據湖北叢書本排印本

叢書集成新編

續四庫影印清道光刻本

儒藏精華編點校本

◎目錄：卷一上經第一乾。卷二上經第二坤屯蒙需訟師比小畜履。卷三上經第三泰否同人大有謙豫隨蠱臨觀。卷四上經第四噬嗑賁剝復無妄大畜頤大過坎離。卷五下經第五咸恒遯大壯晉明夷家人睽蹇解損益。卷六下經第六。卷七下經第七。卷八繫辭上第八。卷九繫辭下第九。卷十說卦第十。

◎周易集解纂疏凡例：

一、是編舊有毛氏汲古閣本、胡氏《祕書彙函》本、盧氏雅雨堂本，魯魚亥豕，互有異同。孫氏岱南閣本兼采諸家，字畫蹐駁尤甚。唯木瀆周氏枕經樓本，據儒先論定，多所改正，較諸本為完善。今所據以纂疏者周氏本也，間有未盡善者，悉改訂于各條之下。

一、自宋以來，漢易幾成絕學，即間有留心象數者，皆自擅己見，不必根據儒先。我朝經學昌明，名賢輩出，如惠徵君棟承其家學，說易尤精；張編修惠言接踵而興，如驂之靳。大抵皆謹遵漢學，于荀、虞諸儒之旨多所發明。其所徵引總不外《集解》一書，故茲編所采雖廣錄諸家，而于惠張兩先生之說尤多。但參合成文，不能詳箸姓氏，非敢掠美致郭竊向注之譏，閱者諒之。

一、疏家之體，墨守注義，不敢有所出入，重師承也。然義取其當，不尚苟同，茲編于注義未協經旨者，必詳加辨正；亦有舊義不詳不確者，或另申一說以備參考。兼引諸家者，但加案字；自擅管見者，則加愚案以別之。

一、孔穎達《正義》專釋王、韓注也。茲編所引王、韓注，有全用《正義》者，則書孔疏以別之；間引數語者不書。

一、古人說易各有宗派，易含萬象，不可一例拘也。故李氏兼收並蓄，多兩存其說。茲編亦兩釋之，以備學者採擇。至詮解諸家，亦各遵其例，不相混淆，重家法也。

一、諸家體例，淵源各別。如鄭言爻辰、荀主升降、虞明消息之類，若不詳其端委，讀之每多扞格而難通。茲于諸家說易體例撮其尤要者列于簡端，俾讀者開卷瞭然，庶于各家宗旨得其梗概，由此以讀全書，勢如破竹矣。惟卷中徵引事實之處，一時未及檢出原書，難免舛誤，尚冀博雅君子匡所未逮〔註10〕。

◎周易集解纂疏自序：古人之說易也慎，後人之說易也僭；古人之說易也言象數而義理在其中，後人之說易也言義理而象數因之以隱。《說卦》曰「聖人設卦觀象」，又曰「聖人立象以盡言」，又曰「極數知來之謂占」，又曰「極其數，遂定天下之象」，使象數可廢，則聖人之言為無稽，而羲、文之假象數以垂訓者，反等於駢拇枝贅。夫規所以為圓、矩所以為方，必規矩具然後方圓成，斷無方圓成而規矩遂為可棄。故作易者不能離象數以設爻彖，說易者

〔註10〕周按：此下又諸家說易凡例，列圖以論卦氣、消息、爻辰、升降、納甲、納十二支、六親、八宮卦、納甲應情、世月、二十四方位，文長不錄。

即不能外象數而空談乎性命矣。說易莫先于《左氏內傳》，紀事雖不免或失之誣，然解釋筮辭皆準象數，猶可考見古人說經之遺。漢儒踵周秦而興，易師授受一脈相承，恪守典型，毋敢失墜，凡互卦、卦變以及卦氣、爻辰、消息、納甲、飛伏、升降之說皆所不廢。蓋去聖未遠，古義猶存，故其說往往與羲、文之旨相契合。自時厥後，一變為晉易，而老、莊虛無之燄熾；再變為宋易，而陳李圖學之說興。夫老莊之虛無、陳李之圖學，斷不能遠出漢儒象數之上，且王氏之注論象數既不及漢儒之確，論義理又不及宋儒之醇，進退無所據。有識之士多擯斥不肯道，迺唐祭酒孔君沖遠奉勅疏解諸經傳注，獨易黜鄭、虞而宗王、韓，取輔嗣野文疏而行之，其書遂藉以獨尊于世，而漢學寖微。于是梓州李君鼎祚，恐逸象就湮，乘其時古訓未散，取子夏以下三十餘家，成《集解》一書，表章漢學，俾古人象數之說得以緜延至今弗絕，則此編之力居多。予少時嘗取其書讀之，隱辭奧義，深邃難闚。予不自揆，輒欲有所闡發，以通窾宣幽，卒以多所滯礙而止。久之得東吳惠氏書，而向之滯者十釋四五矣。又久之得毗陵張氏書，而向之滯者十釋二三矣。又久之廣覽載籍，旁及諸家之說，而向之滯者即有未釋，蓋亦無幾矣。復不自揣，萃會眾說，句梳而字櫛之，義必徵諸古，例必溯其源，務使疏通證明，關節開解，讀者可一覽而得其指趣。舊注閒有未應經義者，或別引一說以申其義，或旁參愚慮以備一解，亦不敢墨守疏家狐正首邱、葉歸根本之習。是編也其有當于絜靜精微之教與否，則不敢知。其于漢魏諸儒之學，則未嘗無一日之功焉。抑又思之，自唐迄今千餘載，無人起而為之疏，而予獨毅然為之而不辭，予方懼其弗慎且近僭，而又安敢自以為功也？！書既成，謹述其原委弁諸卷端，亦聊以備講漢學者採擇焉爾。道光二十有二年歲次壬寅冬十月，安陸李道平遠山氏書于有獲齋。

◎摘錄卷一末題：左樹玉校字，李孚惪覆校，李心地續校，丁兆松續校。卷二末題：錢桂笙校字，楊介康覆校，李心地續校，丁兆松續校。卷三末題：張彭齡校字，史開甲覆校，李心地續校，丁兆松續校。卷四末題：陳培庚校字，錢桂笙覆校，李心地續校，丁兆松續校，史開甲續校。卷五末題：汪郁校字，王廷梓覆校，丁兆松續校，李心地續校，左樹瑛續校。卷六末題：楊昌頤校字，杜宗預覆校，李心地續校，丁兆松續校，向事璠續校。卷七末題：左樹玉校字，甘葆真覆校，李心地續校，丁兆松續校。卷八末題：汪郁校字，屈開埏覆校，李心地續校，丁兆松續校。卷九末題：杜宗預張彭齡校字，李孚惪覆

校，李心地續校，丁兆松續校。卷十末題：張彭齡校字，張華蓮覆校，李心地續校，丁兆松續校。

◎王先謙《虛受堂文集》卷五《周易集解纂疏序》：自輔嗣注易排斥象數，獨標新學，唐宋承之，敷暢名理，漢氏易學幾乎息矣。雖然，易也者象也，象立而數行焉。則之效之，孰與示之。伸之長之，孰則極之。今離象數而言義理，曰吾將以明易也，其果有當於聖人之旨邪？資州李氏，悼漢學中微，采子夏以次三十五家之說，輯為一編。後之學者，賴以考見聖經古義。昭代儒風隆盛，元和惠氏、武進張氏，覃精漢易，遞有撰述，罔不根抵是書。安陸李君遵王，於是有《纂疏》之作，參稽眾說，揮發舊文，俾讀者展卷而攬漢易之全，用意至美。惟《集解》作於孔疏之後，時王、韓全書大行，不在采輯之列，且序云「刊輔嗣之野文」，是其意不以王氏為然，而甄錄及之，竊所未喻。《纂疏》迺用漢儒易義以釋王、韓、孔三家之說，斯惑之甚也。又其書徵引多誤，識者用為訾病。刊行未久，板毀於寇。余督學江蘇，續刊《皇清經解》，左君紹佐郵寄是書，以未違戉訂置之。而其時王編修懿榮疏請以國朝人所著諸經義疏頒行學官，李君褒然居首，天下咸知有《纂疏》一書。逮余攜以南歸思賢書局，取而重刊之。陳君保彝為覆檢，徵引元文，詳加釐正，瑕纇就滌，精英煥然。其有義例抵牾，以尚非全書之累，姑仍不改。後之究心漢易者，吾知其必以是編為先路之導，則有功經學非小小矣。

李德淑 周易經句異文通詁 三卷 存

刻本

◎或題李德椒。

◎自序〔註11〕：秦燔典籍，《易》以卜筮獨存。則文字似無同異，晁氏曰：「商瞿受易孔子，五傳而至田何。漢之易家，蓋自田何始。何授丁寬，寬授田王孫，王孫授沛人施讎、蘭陵孟喜、瑯琊梁邱賀。劉向以中古文校施、孟、梁邱，經脫去『无咎悔亡』四字，始有齊楚之異音。卒有科斗籀篆隸書之更變，訛謬滋多，向皆以中古文定。東郡京君明，與施、孟、梁邱稱四家，然其文不與三家合，故別為京氏學。費長翁傳異其本，皆古字，號古文易。」歐陽永叔謂孔子古經已亡，費氏經與古文同，則古經何嘗亡哉？東漢傳費氏學者，荀、劉、馬、鄭，其最著也。王伯厚集《周易康成註》一卷。明黃岡樊維城編《鹽

〔註11〕又見於同治《常寧志》卷九《藝文》。

邑志林》，載吳《陸公紀易》一卷、晉干令升《易解》二卷，皆抄撮其僅存者
茉行之，非完書也。唐李鼎祚《集解》採《子夏易傳》以下三十五家之說，不
用輔嗣錄老、莊意解易，則漢學賴以存者恃此。余究心於易之異文有年矣，
以今所行王弼本而證以諸家本，與王異者集而錄之，並攟摭於陸氏《釋文》、
許氏《說文》，與夫經註疏所見遷史內所有、班范兩書所載、六朝說部所引，
或字異而音同，或義同而字異，又或音義雖同而字分古今，靡不旁搜博攷，
裒合以成。第彙其訓詁之通，不辨其解說之異。體例攸關，懼厖雜也。故名之
曰《異文通詁》焉。然掛漏之譏，知不克免。況家藏尠善本，訛舛豈无？寓內
博洽鴻儒，訂訛拾漏，匡余不逮焉，則幸甚。

◎同治《常寧志》卷九《藝文》：李德淑《周易經句異文通詁》三卷。

◎李德淑，字懿圃。湖南常寧人。監生。

李德樹　易象圖說　一卷　存

山東藏清初鈔本

◎李德樹，號培根。福建閩縣人。舉人。嘉慶六年由樂平調知上饒縣事。

李登墇　重新發明中華易學　四卷　存

山東藏 1935 年桐梓流青山房鉛印現代教育哲學叢書本

李登墇　中華易學補正圖注　四卷　存

山東藏 1935 年重慶市楊柳街最新鉛石印刷廠石印本

貴州人民出版社 2010 年鉛印標點整理本

李鄧林　易注　佚

◎鄭清寰序〔註12〕：注易者無慮數十百家，約不出三大宗，曰象、曰數、
曰理。秦漢以前徒知數，率目為卜筮之書，故嬴氏焚羣經而易獨存。晉王輔
嗣談理而掃象，宋邵康節專主數，程伊川專主理。至明來瞿塘取象最精，似
於理稍疏，後世鮮所折衷焉。青邑李蔚若先生注，別開蹊徑，另是一種道理。
其詞直而純，其旨微而顯，其大義明揭天德王道，櫽括全經，近可以修身，遠
可以平天下，無不殊塗而同歸，俾讀者心目了然，如披雲霧覺千古之晦盲一
朝頓啟，豈非後學之蓍蔡也哉！先生名鄧林，幼失怙，苦志力學，中式有清

〔註12〕錄自民國《青縣志》卷九《文獻志》四。

道光己亥恩科舉人。不汲汲於名利，而以教育終其身。及門之士，列庠序者指不勝屈，高足乃蜚聲春秋兩榜，文章固餘事耳。統觀一生德行，悉由易道。茲署而言之，曩嘗游幕保定制軍那彥成遘禍，先生設法消弭之，謝以重賂，不受，此見金夫有躬也。同邑廩生某誤被縣差辱，先生出名控理得雪，此同人于野亨也。族姪光斗有冢婦凶，將興大獄，先生竭力調停，事遂解，此震驚不喪匕鬯也。孔子假年學易，可以無大過，先生近之。歐陽修謂《繫辭》非聖人作，不特昧於象數，且悖於理。先生詎蹈之耶。自此稿出，學者紛紛借抄無暇給。先生沒次，公友南擬印行以公同好，來問序於余。余未知易，然服先生夙學，辭不獲已。謹陳梗概於簡端。若夫深窺秘奧，請俟諸博雅君子。庚申秋重九後二日。

◎民國《青縣志》卷九《文獻志》四：李鄧林《易注》。

◎李鄧林，字蔚若。河北滄州青縣人。道光十九年（1839）舉人。又著有《說詩揭要》、《學庸講義》。

李鄧林 易經匯義 佚

◎光緒《重修天津府志》卷四十四《人物》四：有《詩經揭要》《易經匯義》傳世。

李鼎元 周易集解 佚

◎民國《續安邱新志》卷十《藝文考》著錄。

◎李鼎元，字梅實。山東安丘人。咸豐八年（1858）歲貢。

李杜 周易集要 四卷 首一卷 存

湖南藏光緒五年（1879）刻本

湖南藏光緒十三年（1887）龍城官廨刻本（熊鎮南補註）

◎光緒《衡山縣志》卷四十《著述‧國朝》：李杜《易經集解》《四書典約》。

◎李杜，字少甫。湖南衡山人。縣學諸生。又著有《四書典約》。

李芳 周易講義 佚

◎孫葆田《山東通志》卷百二十七《藝文志》第十：《州志》云：潛心易學，著《講義》。

◎李芳，字佳木，號順軒。山東濟寧人。順治十八年（1661）進士。歷官襄陽府知府。

李芳華 燕翼堂易鈔 佚

◎光緒《鳳陽府志》卷十八上之中《文學》：著《燕翼堂易鈔》（《鳳陽縣志》）。

◎嘉慶《懷遠縣志》卷十《藝文志》：李方華《燕翼堂易鈔》，存。

◎嘉慶《懷遠縣志》卷二十一《耆舊傳》：臨淮歲貢生，客授邑之岫河北，遂家焉。所著有《燕翼堂易鈔》。

◎李芳華，字根培。安徽鳳陽臨淮人。歲貢。

李逢源 周易爻辨 二卷 存

刻本

◎自序略曰：易之道，前賢說理說象，業已發揮盡致。後之學者，往往務高遠而忽淺近，所以用功多而獲效少。予為《爻辨》，只是略為指明先聖作易，都是貼切時位說理，使知道不遠人，唯向當下所處地步，求其恰當焉耳。

◎馮汝騤序略曰：先生幼負雋才，不務進取。居平觀象玩辭，研精《周易》，每有所得，隨筆劄記，積久成帙。

◎孫道恕撰傳略曰：嗜《周易》，潛心玩索，著《周易爻辨》，空所依傍，以經注經，務得其真。

◎民國《鞏縣志》卷十三《人物志》：著有《周易爻辨》。晚年好誦內典。

◎民國《鞏縣志》卷十五《藝文志》（題《周易爻變》二卷）：平居研精《周易》，隨筆劄記《爻辨》一書，體貼時位立言，使學者知道不遠人，應向當下所處切己以求，其理自得，餘無別事。大梁峯汝淇為撰序。

◎李逢源，字淵甫，號風蓮。河南鞏縣人。咸豐布衣。

李�平 易刊誤 二卷 佚

◎光緒《嘉應州志》卷二十九《藝文志》著錄。

◎李黼平，字繡子。廣東嘉應州（今梅州）人。嘉慶十年進士。知江蘇昭文縣。

李福臧 經傳總說 二卷 存

上海藏稿本

◎李福臧，著有《經傳總說》二卷、《四書述言》不分卷。

李福臧 周易學古編 十二卷 首一卷 存

上海藏稿本

李富孫 李氏易解賸義 三卷 存

國圖藏乾隆五十七年（1792）種學齋刻本

國圖、山東藏嘉慶四年（1799）桐川顧氏刻讀畫齋刻本

上海藏光緒十三年（1887）朱記榮槐廬家塾刻槐廬叢書本（張錫恭校並跋）

山東藏光緒二十年（1894）點石齋石印經學輯要本

光緒石印經策通纂本

光緒刻朱氏經學叢書初編本

民國重編翠琅玕館叢書本

山東藏 1937 年上海商務印書館叢書集成初編據讀畫齋叢書本鉛印本

山東藏臺北成文出版社 1976 年無求備齋易經集成影印光緒十三年（1887）刻槐廬叢書本

續四庫影印嘉慶種學齋刻本

◎各卷首題：嘉興李富孫既方輯。

◎李氏易解賸義序：漢儒解易之書至多，今皆不可得見，唯唐資州李氏所著《易傳集解》中采取三十餘家，後之學者，猶得以見其崖畧。李氏之為此書，未嘗執己之意以決擇諸家而去取之也，故凡異同之說往往並載不遺，如夬之九五引荀爽說莧陸二菜也，又引虞翻說謂「莧，說也。陸，和睦也」；既濟之禴，虞翻謂夏祭也，崔憬曰春祭。如此之類，不可以偏舉。又如小過象辭引虞翻說離為飛鳥、震為音，以或指卦象二陽在內、四陰在外有似飛鳥之象，為俗說矣。乃至象傳又引宋衷說，則固虞翻之所斥為俗說者。而亦具載之，若必為一家之言，則所取者轉狹，而己之所非安知不為人之所是？設使由我削之而遂泯焉不復傳於後世，豈不大可惜乎？近元和惠定宇，其講易實宗漢學，凡所援引，多取裁於是書。甚矣，李氏之大有造於天下後世之學者也。今嘉興李君既方，好讀易，所經眼者不下百餘種，而深斥圖說之附會穿

鑿，攦不欲觀。其所深嗜者漢儒之學，求漢儒之學則唯資州李氏一編為菁華之所聚。既已朝夕寢饋於斯，而復於其三十餘家之說之尚有未經采入者，更為之蒐羅薈萃，錄成得三卷。蓋幾於一字不遺矣。然采取雖博，而於元明人之所稱引概不及焉。是其命意高而用力勤，又加之以謹嚴，述之之功遠倍於作。今學者多知寶資州之書，則安得不併寶是書？剞劂之事，是所望於賢而有力者，吾安得亟見其成，以與天下學士共讀之為快乎！乾隆六十年季夏之月，杭東里人盧文弨序。

◎李氏易解賸義自序：予自癸卯歲讀書於願學齋，從祖敬堂先生教富孫讀易，因縱觀萬善堂所藏易解不下百種。顧自宋以後多惑於圖說，而易為方術之書，於聖人寡過之義去之遠矣。夫《易》之為書，理與象而已。漢人去古未遙，師師相承，其注解論說惜多散佚不存。唐資州李鼎祚輯漢以來三十六家之說，成《易解》十卷，漢學之存於今者猶得見其一二，其所繫豈淺尟哉！蓋易學有三派：有漢儒之學，鄭、虞、荀、陸諸家精矣；有晉唐之學，王弼、孔穎達諸家，即北宋之胡瑗、石介、東坡、伊川猶是支流餘裔，至宋陳、邵之學出，本道家之術，創為圖說，轉相授受，舉羲、文周、孔之所未及、漢以後諸儒之所未言者，附會穿鑿，以自神其說，理其理而非易之所謂理，數其數而非易之所謂數，直欲駕前聖而上之，而易道愈晦矣。予竊歎資州之解精微廣大，聖賢遺旨略見於此，嗜之好之，殆不啻芻豢之悅我口也。然其於三十六家之說尚多未采，其遺文賸義閒見於陸氏《釋文》易《書》《詩》《三禮》《春秋》《爾雅》義疏及《史記集解》《後漢書注》、隋唐書、李善《文選注》《初學記》《北堂書鈔》《太平御覽》、唐宋人易說等書，猶可蒐輯。爰於披讀之餘，綴而錄之，以附其後。其偽本與有完書者不錄。夫資州之輯是解，於諸儒之說采取詳備。予非敢以補其闕也，亦曰與其過而棄之，寧過而存之云爾。乾隆五十有七年冬十月，李富孫自序（曾鯨堂曰：易也者，冒天下之道者也。道無往不冒，故方術亦得而竊之。卦氣納甲，自漢已然。若康節圖說、龜山楊氏未之信；象山陸氏，亦曰為非作易本恉。原其義蘊，抑未始非易之所冒也。所不喜者，支離傅會者甚之耳。至李氏《易解》宗鄭排王，不欲祖尚虛元，揆諸寡過之恉，自是切近深心，采綴窮理之功，汲古之素，兩見於此）。

◎摘錄卷三末識語：是編向為桐谿顧氏刻《讀畫齋叢書》中，然尚有脫漏舛誤處。今重加訂補，或可免疏陋之失。近陽湖孫觀察淵如先生纂《周易集解》，於資州《易解》之外復采漢魏晉唐諸人易說，最有功於古學。頃以參

校三十餘家之說，予本得多一百餘條。至資州之書有海鹽胡氏、常熟毛氏、德州盧氏諸雕本，亥豕之譌，均所不免。予悉為校正，擬重付梓。即以是編附於後，庶幾漢儒師說具見於此。第剞劂功鉅，力有未暇，再俟異日，合鋟以行於世云。嘉慶庚午冬日，富孫并識。

　　◎李富孫（1764～1843），字既汸，一字薌汲。浙江嘉興人。學有本源，與伯兄超孫、從弟遇孫有「後三李」之目。長遊四方，從盧文弨、錢大昕、王昶、孫星衍等遊。肄業詁經精舍，湛深經術。嘉慶六年（1810）拔貢生。又著有《七經異文釋》五十卷、《說文辨字正俗》八卷、《漢魏六朝墓銘纂例》四卷、《鶴徵錄》八卷、《鶴徵後錄》十二卷、《校經廎自訂年譜》一卷、《校經廎文稿》十八卷、《曝書亭集詞註》七卷，又補纂乾隆《梅里志》十六卷。

李富孫　易經異文釋　六卷　存

　　山東藏光緒十四年（1888）刻皇清經解續編本
　　廣文書局1974年易學叢書續編本
　　山東藏臺北成文出版社 1976 年無求備齋易經集成影印光緒十四年（1888）刻皇清經解續編本
　　臺灣新文豐出版公司1983年大易類聚初集影印光緒十四年（1888）刻皇清經解續編本
　　續四庫影印光緒十四年（1888）南菁書院刻皇清經解續編本

李富孫　周易集解校異　二卷　存

　　國圖藏道光二年（1822）刻本
　　國圖、北大、復旦、湖北藏道光十年（1830）校經廎刻本
　　◎一名《易解校異》。
　　◎自序〔註13〕：余少習易，見宋儒所著皆惑於陳、邵圖學，未免支離穿鑿。惟唐資州李氏《集解》最為精奧，漢魏諸儒之說，賴目僅存。其自序云：「采輔嗣之野文，補康成之逸象」，綜貫天人，兼賅象義，斥王扶鄭，意甚深遠。羲、文、周、孔之淵微，不可藉為探索與？宋乾道、嘉定間曾兩經鏤版，明嘉靖中宗正朱氏睦㮮重校梓目廣其傳。後海鹽胡氏震亨復有彫本坿王氏所輯《鄭氏易注》。毛氏晉又刻於《津逮祕書》，屢經傳寫，繆譌不少。近雅雨堂

〔註13〕又見於李富孫《校經廎文槀》卷十一，題《易解校異自序》。

朶本為元和惠氏棟所校，雖撲塵埽葉，非為無補，弟往往據見於別本者改易
經文，然資州之為是書，博采眾家，異同並列，未嘗嫥主一說，況諸家師承各
異，詎可目私肊突改舊傳之本？儀徵阮官保師謂其所改並自著《易述》多有
似是而非者。蓋古書當仍其舊，一加竄改，便失其真。且其所據鄭、虞本竝從
《釋文》，然亦有不盡從鄭、虞體例，復參錯不一。如「王三錫命」，鄭本錫作
賜；「羸其角」，鄭、虞本羸作纍，若斯之類，異文尚多，古字叚借，沿習已
久。資州惟采取虞說，則經文有從虞本；若襍采它家，則仍同《正義》本，豈
可專輒盡改？余目是書為漢學之宗匯，既蒐輯《賸義》三卷，漢儒之說，罔
有遺扇。茲復合諸本互為參校，竝取唐宋易義所引讎勘，頗有增涾不同之處。
朱氏、毛氏皆據宋刻，影宋鈔亦多譌。胡氏本尤舛脫不可讀，閒有勝於諸本
者，著之為《校異》二卷，庶幾是書之傳於後者，得目諟正，而烏焉亥豕不至
相淆溷焉爾（馮柳東曰：此書資州功臣、定宇直友，必傳之作）。

◎李富孫《校經廎文藁》卷十七有《周易集解跋》、《書日本論語集解後》、
《重校盧刻易解書後》等篇，可參以攷其各書源流。

李甘 周易繫辭口義 佚

◎光緒《江西通志》卷九十九《藝文略》一《國朝》：《周易繫辭口義》，
李甘撰（《永新詩徵小傳》）。

◎李甘，字小調。江西永新人。

李賡芸 易札記 一卷 存

同治十一年（1872）刻炳燭編本

山東藏臺北成文出版社 1976 年無求備齋易經集成影印同治十一年
（1872）刻本

◎李賡芸，字鄴齋。嘉定（今屬上海）人。少受學於同縣錢大昕，通六
書，蒼、雅，三禮。乾隆五十五年進士，授浙江孝豐知縣。調德清，再調
平湖。

李塨 學易 四卷 存

國圖藏清鈔本

上海藏民國初趙氏壽華軒鈔本

◎盛昱《意園文略》卷一《書顏元李塨書後》：尹嘉銓伏誅，紀文達興，

此學不行於北方，乃併真理學而亦不講，此害之在一省者。顏李之學，戴望得之以行於南方，王壬秋因其說而變之。顏李宗旨，斥程朱而尊孔，實欲祧孔而祖周公，故壬秋弟子以授康有為，而為改制之說，此顏元為之禍首，此禍之及於天下者也。

◎李塨，字剛主，號恕谷。蠡縣人。康熙庚午舉人，官通州學正。又著有《平書訂》一卷、《恕谷後集》十三卷、《顏習齋先生元年譜》二卷、《閱史郤視》四卷續一卷、《評乙古文》一卷、《瘳忘編》二卷續論一卷後一卷、《訟過則例》一卷、《恕谷語要》二卷、《龐蕘草》一卷、《田賦考辨》一卷、《擬太平策》七卷。

李塨 周易傳注 四卷 繫辭二卷 說卦傳一卷 筮考一卷 存

四庫本

國圖、上海、南京、山東、遼寧藏道光二十三年（1843）博陵養正堂重刻本（佚名批校）

山東藏清鈔本（據道光二十三年刻本鈔，佚名批校）

四存學會 1923 年鉛印顏李叢書本

廣文書局有限公司 1974 年初版、2007 年再版易學叢書續編本（附周易筮考）

山東藏臺北商務印書館 1983 年景印文淵閣四庫全書影印國立故宮博物院藏本

山東藏臺灣新文豐出版公司 1983 年大易類聚初集影印文淵閣四庫全書本

◎各卷卷首題：博陵後學虞廥顏舜卿校字，博陵後學瑞輯石寶林校刊。

◎凡例：

一、卦有材（《繫辭傳》曰：象者材也，即居體之體也）焉，而分之有德（《繫辭傳》曰：卦之德，方以知，乾健坤順之類是也）、有情（乾《文言》曰：六爻發揮，旁通情也。謂爻動而變也）、有象（《繫辭傳》曰：易者象也，象也者像也，《說卦》所取象皆是）、有位（《說卦》曰易六位而成章）、有時（《繫辭傳》曰六爻相雜惟其時物）、有義（《繫辭傳》曰六爻之義易以貢）、有數（如初二至上，又如三日三年七日等數，以及大衍之數皆是）、有主爻（如无妄、剛為主于內是）。

一、卦爻見經者，論本爻一也、論三畫卦二也、六畫上下相合論三也

（內卦為貞、外卦為悔）、應爻四也（謂一與四、二與五、三與上陰陽相配者曰應，若俱陰俱陽則謂之敵應，然應亦有兼數爻言者，如小畜柔得位而上下應之）、論位五也（凡卦以二五為中，又初陽二陰、三陽四陰、五陽上陰，陽爻居陽、陰爻居陰為得位之正；否則失位不正。又八卦正位，乾坎在五、坤離在二、震在初、艮在三、巽在四、兌在上。又初二三離位、四五上坎位，見《啟蒙》易傳）、有乘六也（上爻乘下爻也，如屯六二乘剛也）、有承七也（下爻承上爻也，如蠱初六意承考也）、互卦八也（孔子所謂中爻也。如春秋周史占觀之否曰有山之材、山岳配天，皆指互艮言）。

一、卦爻義即經而可見者，本爻不變之義一也、爻變則三畫卦變二也（如師初六變則下卦為兌，知莊子解師初六曰川壅為澤）、六畫卦亦變三也（如師初六變則卦為臨，知莊子解曰不行之謂臨，並非占而爻變始論變也，蔡墨謂乾之姤、乾之同人皆同此）、比爻四也（相連爻也，《繫辭傳》言近者是也）、兩互成一卦五也（如泰二互為歸妹是也）、對易六也（如乾坤頤大過等卦是即《文言》所謂六爻發揮、旁通情也）、反易七也（如鼎與革反易，故初六有顛趾象、下巽反兌有得妾象）、重易八也（如履與夬因重相易則九五有夬象），伏羲畫卦以交易（一索再索三索即爻變也），成六十四卦以重易，文王序卦則以對易、反易似體九也。如頤似離而稱龜，大壯似兌而稱羊類，前儒亦名大體、厚體，如上經終坎離，其前為頤大過；下經終既濟未濟，其前為中孚、小過，皆大離大坎象也。或謂大體不可取，則噬嗑似頤，象傳曰「頤中有物」，豈聖言不可遵耶？

一、彖辭與爻不同，不觀變，故《繫辭傳》于彖言材、爻言動，又曰彖者言乎象者也，爻者言乎變者也。舊儒彖辭亦有以爻變解者，則彖六爻俱備，當何爻變、何爻不變？漫无式憑，不可為訓。

一、七八為彖，九六為爻，原有參伍錯綜，不可執一。然而爻辭與彖辭亦必對玩，不可覷後而忘前也。苗氏獨得解曰泰卦彖傳以上下交為義，四爻陰首，正當下交，故爻辭曰「翩翩以鄰」。朱子《本義》解作小人合交害正則，不會卦義矣。《小象》釋曰：皆失實。實者，陽也。三陰無陽，故來下交。《本義》又謂陰當居下，在上為失實，殊不思失實言皆則兼五爻，五爻帝乙歸妹亦不宜在上乎？又不思泰交原取陰上陽下乎？爻辭不明看《小象》，小象亦誤解愈遠爻義矣。

一、爻辭論本義外，間及爻變者（如訟九四渝安貞、小畜上九既雨之類），祇其爻變，餘爻不變（如論乾初爻祇初爻變，蔡墨所謂乾之姤是也。或此爻辭明指他

爻者，亦間論變，故朱震《易傳》有陰陽相應、相納而變之說，然用此義者甚少）。若先儒說象，本爻不能解，遂展轉他爻（如小畜九三與說輻獨得解，謂坎為輿二變成坎之類），則論一爻而諸爻盡變矣。且或變或不變矣，何以為準？

一、《繫辭傳》謂：「易原始要終，以為質也；六爻相雜，惟其時物也。其初難知，其上易知，本末也。初辭擬之，卒成之終，若夫雜物撰德、辨是與非，則非其中爻不備。」蓋六爻相聯，有初有中有終，首尾合觀，勢如率然。此玩易之法也。獨得解曰宋人解爻辭，不顧前後，如解之初六无咎以其剛柔際也，乃于四爻則謂應不以正，豈在初无咎而于四則有咎乎？何以言剛柔際乎？

一、伏羲作卦而文王之彖因之、周公之象因之、孔子之傳又因之，學者須先觀玩卦畫，次及卦名，不得誦辭，乃忘原本。

一、孔子彖傳即彖之註、象傳即象之註，不得背此別詮彖象。

一、六十四卦三百八十四爻，天時人事之列像也，讀之而不能身心洞徹世事、弗知經濟過誤，雖讀易，亦奚以為？

一、聖教罕言性天，觀易亦可見。乾坤四德必歸人事以下。屯建侯、蒙初筮，每卦皆言人事。至于大傳，乾大始、坤成物、合以賢人德業，陰陽性道、歸之仁知、君子鼓萬物而不與聖人同憂、以明聖人之崇德廣業有憂患焉。其餘專明人事，此易之大旨也。

一、《本義》筮法非古，予輯古人筮占一帙曰《周易筮考》附後，亦彰往察來之一助也。

一、易有道有數有象有占，然《繫辭傳》曰：「易者象也」，道寓象中，數占即象，而見一言象而易盡矣（六十四卦六十四象也，三百八十四爻三百八十四象也，而每爻中復具數象，則象不可勝窮，皆畫虛象以待實徵，所以能盡天下之變也）。王弼、韓康伯不知象而掃之不足道，兩漢諸儒皆言象，而或得或失。元人吳澄作《纂言》，則穿肉附毛，強桃代李。至明來知德《易註》、何楷《訂詁》，漸順適而尚多附會。今但求自然，不事強造。且即象玩義，非謂象解，必合聖心，不可更移。如此活看，庶幾觀象玩辭之道也。

一、易象隨觸而呈，不必全設。如損益皆有損剛益柔之象，而彖傳惟用于損卦，不見于益；既濟未濟皆有剛柔應之象，而彖傳惟用于未濟，不見既濟，所謂不為典要也。故詮卦爻，隨機論象，不必比例，若觀者執一以繩一，膠柱刻舟，左右之袪，分寸必齊，則于易道奚啻逕庭而遙。

一、易入漆城已久，若與先儒辯難，卷不勝載。故是編但註經意，不為駁言。惟如河圖洛書等甚有關者，則不得已辯之。

一、伏羲畫卦而後文周繫辭、孔子贊易。皆以成己成物為世道人心計也。若于三聖所言之外再出枝節，非小道術數，則曲說纖巧。易之亡晦，皆以此也。故于五行勝負、分卦直日及京房一世二世三世四世、遊魂歸魂諸說俱不入。即至上下經乾坤之爻各三十而為否泰損益等論，雖有附合，而聖言所不及，亦一概芟除不錄一，後人偶獲一見，附離聖經，曲為比合，甚失易妙（爻下亦有及古人行事者，乃以其爻義難明，借以明之，非執定一事也）。至于流于異端、牿于方技如《參同契》《易圖鉤隱》《三易洞璣》諸書，皆亂易者也，學者勿為所熒。

一、自漢唐以來，易書閱幾百家，而十九影响。朱子作《本義》曰：「吾于易乃隔四五層解。」又曰：「下經下《繫》難會。」其不自是而惡人異己也審矣。故明代時文一遵朱註，而易註乃有來矣鮮諸人行世，世亦未有以異朱而訾謷之者，以易道廣大，原賴發揮也。學者無見舊人一說遂自封錮。

一、引前儒註解則書某曰，不沒所自也。若用其意而削飾之，或一段祇三二句屬先儒者，則分註某人或某書行下。

一、《春秋傳》一人而前後稱名稱字稱氏稱爵，雜見迭出。孟子于顏淵子之亦名之亦字之，則子不必重、名不必輕。編內引漢儒多書名，宋儒多書子氏，以今人去漢遠莫辨誰何，須名以識之；宋日在人耳目前，不必也。非有軒輊。

後學李塨謹識。

◎周易傳註原序：易為人事而作也。孔子于《大象》如天地健順、雲雷屯難而必曰君子以之，又曰易道有四，以言、以動、以制器、以卜筮。又曰百物不廢、懼以終始，皆人事也。予癸未註易至觀，甲申春李中丞斯義下榻京師，註卦訖秋，又自訂于郾城溫令德裕署。丙戌註《繫辭傳》《說卦》《序卦》《雜卦》，迄壬辰之臘，棗強鄭孝廉知芳延于家，重訂一周，已三四訂（句後增入）。嗟乎！自田何傳易而後說者棼如，而視其象忸怩、徵其數穿鑿、按其理浮游，而尤誤者，以易為測天道之書，于是陳摶《龍圖》、劉牧《鉤隱》、邵雍《皇極經世》並起，探无極、推先天，不惟易道入于無用，而華山道士、青城隱者異端隱怪之說，羣竄聖經，而易之不亡脈脈如線。夫聖人之作易專為人事而已矣。何以明其然也？乾坤索而為雷風水火山澤，本天道也。伏羲因

而重之，何不皆言天道？而蒙需訟師謙履等卦即屬人事。文王彖辭于乾，繫以元亨利貞，猶天道人事兼言也。至坤牝馬之貞君子攸行等辭，專言人事。周公象辭則勿用、利見大人、朝乾夕惕无非人事者，以下六十二卦言人事者勿論，如復姤泰否明屬天道，而利有攸往、勿用取女、小人大人必歸人事，乃知教人下學，不言性天，不惟孔門教法也。自伏羲、文王、周公以來皆然。人，天所生也，人之事即天道也。子，父母所出也，然有子于此問其溫清定省，不盡問其繼志述事，不能而專思其父母如何有身、如何坐蓐以有吾身，人且以妄騐目之矣，而謂之孝乎？況天與人亦各有其事，天之事在化育，人之事在經綸。天而不為天之事，而欲代人經綸，則天工廢；人而不為人之事而專測天化育，則人績荒。天工廢則乾坤毀，人績荒則宇宙亂。故天地人交相為贊，而亦各不相能三極之道也。《中庸》曰天命謂性，率性謂道修，道謂教，此易教也，舉性天而歸諸人事也，引而近之也。程子曰：「儒道本天，釋道本心。」楊氏曰：「教人以性為先。」此非易教也，舉道行而歸諸性天也，推而遠之也。其言似同，其旨乃異。豪釐之差，千里之謬。學術世運于此分，不可不察也。予弱冠受學于顏習齋先生。不言易。惟以人事為教。及壯遊，見許酉山先生，頗言易卦象數；謁毛河右先生，剖辯河洛太極。及歸而玩易卦象爻象，一一與習齋所傳人事相比，乃知習齋不言易，而教我易者至矣。故少于易僅一覽，長又无能誦讀，而日註一卦，驍然若解。三弟培、同邑張綸、石門吳涵、德清胡渭生、大興王源、金陵王元蘅、太平王奐曾、武昌陶甄、印江黃世發、贅屋陳光陞、武進惲鶴生或以為是，或來共學，亦庶幾有合于人矣。夫天下萬世猶吾身也，意欲訂校以公之斯世，以共期寡過，共力經綸，或亦仁人君子之所許也。康熙五十二年癸巳端月穀日，蠡吾後學李塨撰。

　　◎周易傳註重刊序：《易》之為書，廣大悉備，所以斷天地、理人倫、明王道也。子秦漢以降，考象辭者泥於術數，談義理者淪於空虛，或又僅以《易》為卜筮之書，而易幾乎息矣。蠡吾李恕谷先生，承顏習齋先生之學，三物持躬，兼通六藝，所著有《周易傳注》八冊，謂易專為人事而作，獨抒心得，絕不依傍諸儒，而抉奧探元，實發二千載未發之秘。我朝《四庫書目》標之曰「精確不磨」，旨哉盡之矣。迺板刻多年，忽遭回祿，有志者欲尋遺緒，搜羅無從。予深惜焉。今瑞輯石公生習齋之里、志恕谷之學，爰鳩梓人，督工重刊。不讀四聖之書昭如天日，亦足見鄉前輩火盡薪傳之尚有人也。天下後世，不乏力學之是，得是書而信好學之，俾知天道不外人事，將存之為德行、發

之為事業，夕惕朝乾，其思勉於寡過之一日，庶於古聖人作易之旨或有當乎？然則石公此舉，又烏可少也哉！峕道光二十三年歲次癸卯七月，博陵同學弟馮如松謹序。

◎周易傳註重刊序：蠡與博陵壤相接也，吾邑李恕谷先生，得顏習齋而師之，以聖道自肩，躬行實踐，務為有用學。著書立說，悉歸實際，凡涉禪理元談與讖緯術數者，每辨之又辨不少貸。如《周易傳註》其尤著者也。自漢以來，言易者數百家，主象者或失離齬，主數者失穿鑿，主理者或失浮游，而《傳註》獨以為為人事而作。顧亭林曰：「孔子論一，見於《論語》者二：『五十以學易，可以無大過』、『不恆其德，或承之羞』，聖人學易，不外庸言庸行之間。」正與《傳註》人事之說相符。推之，有不善未嘗不知，知之未嘗復行。顏子得復之二，人事也；君子思不出其位，曾子得艮之象，人事也。夫論甘者忌辛，是丹者非素，學者株守舊說，作鍥舟膠柱之間，不知《易》之為書，廣大悉備，惟好學深思者能自領之。今觀乾坤立本圖，知諸卦皆自乾坤來。而前儒卦變圖謂震坎艮自臨來、巽離兌自遯來，是與一索再索三索之義悖矣。且一陰一陽之卦即五陽五陰之卦，前言夬剝自復姤來，後言復姤自夬剝來，二陰二陽之卦即四陽四陰之卦，前言大壯觀自臨遯來，後言臨遯自大壯觀來，不幾茫無主見乎？觀《太極兩儀四象辨》，而半黑半白之太極圖，胡來而乾一兌二離三震四巽五坎六艮七坤八之說，胡來而伏羲先天六十四卦次序之方圓二圖？觀「萬物出乎震，東方也」節，而伏羲先天八卦方位圖胡來？觀《河出圖洛出書辨》，而四十五黑白點之河圖、五十五黑白點之洛書胡來？其原皆《參同契》《鈎隱》《洞璣》《乾鑿度》諸書與陳希夷為之濫觴。嗣是嬰兒姹女，丹家以為抽填；遊魂歸魂，星家以決休咎；太乙下九宮，堪輿家以推白黑碧綠，支離附會，而易道因之愈亂。恕谷先生作辭而闢之，掃而空之，一以人事為宋溯列聖之嫡傳，端萬事之實學。則《傳註》一書，撐乾坤而炳日月，功綦大矣。惜其家不戒於火，板付焚如。先大夫曉亭公謀重鐫而未果。博陵瑞輯妹丈與習齋先生同里，慨然憫先生之澤漸就湮沒，力付梓人。俾人人知聖道之有寄、易道之有真，而一切熒易悖易者無有相屬。則恕谷為列聖功臣，而瑞輯又為恕谷功臣也已。道光二十三年歲次癸卯三月，蠡吾愚弟升甫谷勳頓首拜撰。

◎跋：余幼聞外舅谷曉亭先生曰：「恕谷之學，務求實用。其於禮也、樂也、射也、御也、書也、數也、天文也、曆數也、弢鈐也、技擊也、農圃也、

醫藥也，罔弗通、罔弗能也。其所著書則《易／書／詩／禮／春秋／語／孟／學／庸》各有《傳註》及《傳註問》也。《大學辨業》《聖經學規纂》及《論學》皆辨學也，《閱史郄視》《瘳忘編》《律例註》《擬太平策》《平書訂》《畿輔通志》皆經濟之書也，《習齋年譜》則表師範也，《小學稽業》《中庸講語》則啟蒙之書也，《恕谷後集》則古文也，《李氏學樂錄》則論樂也，《評乙古文》則論文也，《天道偶測》《周易筮考》則備占也，是皆獨抒心得，發前人所未發，洵不朽盛業也。余聞而耿耿焉。但其書板厄於火，三十年於茲矣。嘗憾藏弄其書者，秘如《論衡》，無由徧觀而盡識。顧綿薄未克悉舉，而《周易傳註》《筮考》二書尤切於日用行習，雖我朝列在《四庫》，無俟表章，然出於中心好善之誠，先付剞劂氏，衍先澤也，飼來學也。先生有知，其亦心許焉否也？！道光念三年歲次昭陽單閼病穀旦，博陵後學瑞輯石寶林謹跋。

◎程廷祚《易學要論》卷末云：康熙庚子，恕谷與予晤于金陵論易，謂當主象。余心是其言。及見所為《傳註》，亦頗惑於舊說而不免支離傅會之失。蓋易學之難言也。惟先天河洛之學攻辯甚為有功，故取而附著于篇。

◎李塨《恕谷後集》卷四《與王崑繩書》：昨入上谷，相別握手，歎後進乏材，聖道昌明何日，淒然淚下。天地神鬼獨無靈耶？無躁無躁！讀愚《易注》，拍案稱快，超前軼後。又言各卦總結六爻分象合為一象，勢如率然，殊屬獎借。但謂爻變、互卦以及伏體、反體、似體、半體，則聖經所無，當掃而去之。歸里再四考索，有未敢遽以從命者，謹白吾子。據「居則觀象玩辭，動則觀變玩占」二語，以為爻變乃占事，非平居觀玩所用，然此互足之言耳。觀象玩辭，變在其中矣；觀變玩占，象在其中矣。不然，占亦有不變者，何以觀乎？且聖言不止此，「爻者言乎變者也」、「爻者效天下之動者也」，道有變動故曰爻，爻者交也，陰交陽、陽交陰也，則爻本以變為名，而乃曰不變乎？故爻不用七八專用九六，以云變也。而曰爻不言變，是反聖經矣。而謂聖經無有乎？《左傳》于乾初九、九二、九五、上九、用九曰乾之姤、之同人、之大有、之夬、之坤，智莊子于師初曰師之臨，游吉于復上曰復之頤，王子伯廖于豐上曰豐之離，皆非卜筮也，而即以變訓爻辭，可據也。吾子曰此亦不足信者，則春秋諸賢尚屬三代遺英，左氏受學孔子，必有師傳，而盡以己見駁之，後儒武斷毀經，吾子所惡，而可蹈耶？互卦亦聖經所有也。《繫辭傳》「二與四同功，三與五同功」，吾子以為但論中爻，非言互卦，則雷在澤上曰歸妹，泰之互震兌五爻亦曰歸妹，辭與歸妹五爻同，夫歸妹之辭非習言也，而故同

之，非論互卦乎？豈周公繫辭，彼此雷同竟漫然已乎？周史占觀之否，明指互有艮山，吾子又曰占象不必在卦爻中，則未有占出於易象之外者也。至於伏體即對易、反體即反易，文王序卦，於屯蒙五十六卦用反易，於乾、坤、頤、大過、坎、離、中孚、小過用對易。孔子作《序卦／雜卦傳》以釋之，則聖言矣。豈易象所無，而聖人強為扭合也乎？《易文言》曰：「六爻發揮，旁通情也。」謂乾三爻旁通則為三畫坤卦，六爻旁通則為六畫坤卦。若如俗解謂旁通曲盡其理，以為泛言之也。天下物理本乎天者親上，皆天矣，猶是乾矣，非旁通矣；本乎地者親下，是旁通坤矣，非泛言矣。夫乾之旁非坤，尚有何物何理哉？反體則泰之傾否、鼎之顛趾，周公顯著其象傾顛反也。鄭人謂孔子「纍似堯、頂似皋陶、肩似子產、自腰以下不及禹者三寸」，似，似體也；腰以下，半體也。人既有之，易象亦然。不者無以盡天下之像也，無以盡天下之變也，且亦思易之妙，變者、易者、似者之究不變、不易、不似乎？乾坤，生生之道也。孔子頂似皋陶、肩似子產，而究為孔子之頂與肩，非即皋陶、子產之頂與肩也。吾師習齋先生曰：「予思劉煥章時即恭莊，思陳國鎮時即懇摯，思張石卿時即謙抑。」變易之說也，而究為習齋之恭莊、懇摯、謙抑，非即三賢也。《春秋》占觀之否，觀之否耳；互卦有艮，亦艮山象耳，未嘗即作否艮二卦斷也。占屯之比仍屯之初九，非即比之初六也。若即否比是否矣比矣，非觀之否、屯之比矣。吾子乃憂有變、有互、有伏、有反、有似，每卦有二十餘卦，以為紕紛。不知二十餘卦仍只一卦也，故曰「不為典要，惟變所適」，又曰「既有典常，道不虛行」，二者兼會之，於易思過半矣。至謂每觀艮為門闕、為手等解輒厭之；又曰立象以盡意，不必執取爻畫，乃聖人以意為象，則王輔嗣、程伊川舊有此議，埽象去象，見於注傳。而其言泛浮，不論辭何以繫？漫然論理，則何必注象注象？但講《魯論》《孟子》即可。何者？通一理也。今既注《彖》《象》《繫辭》，即論理，亦須強比其辭，扤陧附會。吾子讀其注自見，何為蹈此？且如此勢，必將《說卦》諸象以為非聖人之言，如歐陽修輩矣。是毀經誣聖之漸也，豈可，豈可！拙著自告成後未得有道就正，無由發蒙。今賴吾子直諒，使狂愚再四擬議，拜益多矣。然亦望吾子深究之、廣通之，再詳以諭歸於一是焉（陳尚孚曰：陞五十後始得先生《易註》讀之，五體投地。論理宛然在此卦此爻之象，非泛理；言象躍然是此卦此爻之理，非扭象。從前註解所未有也。閱此書可知其通身皆易矣）。

◎何焞彥《易經遵孔八晢類稿》卷十二《集晢》：李氏塨《周易傳註》附

《周易筮考》以易卦本以人事立言，陳摶、劉牧諸圖皆使易道入於無用，《參同契》《三易洞璣》之類皆以異端闌入經學。即漢儒卦氣、直日之類，亦經外別生枝節，故惟以觀象為主，第不廢互體耳。易學如此，雖未深入易室，然去易已不遠矣。

◎四庫提要：是編大旨謂聖教罕言性天，乾、坤四德必歸人事以下，屯「建侯」、蒙「初筮」每卦亦皆以人事立言。陳摶《龍圖》、劉牧《鉤隱》，以及探無極推先天者，皆使易道入於無用。《參同契》、《三易洞璣》諸書皆異端方技之傳，其說適足以亂易。即五行勝負、分卦直日、一世、二世、三世、四世諸說，亦皆於三聖所言之外再出枝節」，故其說頗為淳實，不涉支離恍惚之談。其駁卦變之說發例於訟卦彖辭，駁河圖洛書之說發例於《繫辭傳》，駁先天八卦之說發例於《說卦傳》，其餘則但明經義不復駁正舊文。其《凡例》論先儒辨難卷不勝載，惟甚有關者始不得已而辨之也。大抵以觀象為主而亦兼用互體。於古人多采李鼎祚《集解》，於近人多取毛奇齡《仲氏易》、《圖書原舛編》、胡謂《易圖明辨》。其自序排擊諸儒雖未免過激，然明自隆、萬以後，言理者以心學竄入易學，率持禪偈以詁經；言數者奇偶與黑白，遞相推衍，圖日積而日多，反置象占辭變、吉凶悔吝於不問，其蠹蝕經術實弊不勝窮。墌引而歸之人事，深得聖人垂教之旨。其矯枉過直懲羹吹齏者，分別觀之，不以詞害意可矣。

李墌 周易筮考 一卷 存

四庫本

國圖藏道光二十三年（1843）博陵養正堂重刻本

國圖藏道光二十三年（1843）石寶林刻本

山東藏鈔本

民國鉛印顏李叢書本

廣文書局有限公司 1974 年易學叢書續編周易傳注附本

李琪 周易益蒙 佚

◎光緒《湘潭縣志》卷十《藝文》：《周易益蒙》（李琪撰。琪有傳）。

李光地 河洛奏對 不分卷 存

常州藏道光二十年（1840）鈔本（黃家鼎校錄）

北京師範大學藏光緒石印本（黃家鼎校錄並序）

上海藏 1945 年鈔本

國圖、山東藏民國石印本

◎一名《河洛大訓》。

◎李光地（1642～1718），字晉卿，號厚庵，別號榕村，謚號文貞。福建泉州府安溪湖頭人。康熙九年（1670）進士，歷任翰林院編修、翰林學士、兵部右侍郎、直隸巡撫、文淵閣大學士兼吏部尚書。又著有《歷象要義》、《四書解》、《性理精義》、《朱子全書》、《詩所》八卷、《大學古本說》一卷、《中庸章段》一卷、《中庸餘論》一卷、《讀論語劄記》二卷、《讀孟子雜記》二卷、《古樂經傳》五卷、《陰符經注》一卷、《參同契章句》一卷、《注解正蒙》二卷、《朱子禮纂》五卷、《榕村語錄》三十卷、《榕村文集》四十卷、《榕村別集》五卷等。

李光地　李文貞公易義　不分卷　存

國圖藏清鈔本（韓其鐘文枈跋）

李光地　榕村易經語錄　一卷　存

臺圖藏清鈔本

◎周按：《榕村語錄》卷九至十一為易部，可與此互參。

李光地　象數拾遺　一卷　存

乾隆刻榕村全集本

◎即《四庫全書‧榕村集》卷九。

李光地　易義前選　五卷　存

國圖藏康熙刻本

浦城藏道光十年（1830）李維迪刻榕村全集本

李光地　易傳講授　一卷　存

山東藏乾隆元年（1736）李清植刻嘉慶六年（1801）補刻榕村講授三編本

道光李維迪刻榕村全集本

李光地編 御案周易 七卷 存

嘉慶刻御案五經本

建甌藏光緒十二年（1886）石印本

李光地 御纂周易折中 二十二卷 首一卷 存

山東藏康熙五十四年（1715）內府刻本（陳介祺批校）

國圖、北大、中科院、天津、南京、遼寧、上海、復旦、華東師大、辭書出版社、安徽、江西、湖北、湖南社科院、吉林、大連、嘉興藏康熙六十年（1721）內府刻御纂七經本

四庫本

故宮藏清鈔本（不分卷）

山東藏同治六年（1867）馬新貽刻本

國圖、北師大、上海、遼寧、復旦、南京、浙江藏同治六年（1867）浙江書局刻御纂七經本

國圖藏同治九年（1870）浙江撫署刻本

同治十年（1871）刻本

越南嗣德二十四年（1871）重鐫洞中瞻拜堂藏本（二十卷）

北大、上海、復旦、湖北、香港、中大藏同治十一年（1872）江西書局刻御纂七經本

國圖、北大、南京、遼寧、長春、山東藏光緒十四年（1888）戶部刻御纂七經本

國圖藏光緒十四年（1888）上海點石齋刻袖珍御纂七經本

建甌藏光緒三十年（1904）上海育文書局石印本

國圖、北大、天津、遼寧、湖北、上海藏光緒湖北崇文書局刻本

北大、北師大、天津、遼寧、上海、南京藏光緒江南書局刻御纂七經本

北大、上海、復旦藏光緒上海鴻文書局石印御纂七經本

山東藏臺北成文出版社 1976 年據康熙五十四年（1715）武英殿刻本影印

山東藏 1983 年臺北商務印書館景印文淵閣四庫全書影印國立故宮博物院藏本

山東藏臺灣新文豐出版公司 1983 年大易類聚初集影印文淵閣四庫全書本（附王太嶽等撰校勘記）

巴蜀書社易學精華書系 2008 年劉大鈞整理本

儒藏精華編點校本

◎目錄：卷首為綱領及義例：綱領一論作易傳易源流，綱領二論易道精縕經傳義例，綱領三論讀易之法及諸家醇疵；義例列時，位，德，應、比，卦主諸條目。卷第一上經乾至師。卷第二比至大有。卷第三謙至賁。卷第四剝至離。卷第五下篇咸至蹇。卷第六解至困。第七卷井至豐。第八卷旅至未濟。卷第九彖上傳。卷第十彖下傳。卷第十一象上傳。卷第十二象下傳。卷第十三繫辭上傳第一章至第六章。卷第十四第七章至第十二章。卷第十五繫辭下傳。卷第十六文言傳。卷第十七說卦傳。卷第十八序卦傳、雜卦傳。卷第十九啟蒙上。卷第二十啟蒙下。卷第二十一啟蒙附論。卷第二十二序卦雜卦明義。

◎御纂周易折中凡例：

一、《易》經二篇傳十篇，在古元不相混，費直、王弼乃以傳附經，而程子從之。至呂大防、晁說之、呂祖謙諸儒以為應復其舊。朱子《本義》所據者，祖謙本也。明初《程傳》《朱義》並用，而以世次，先程後朱，故脩《大全》書，破析《本義》而從《程傳》之序。今案易學當以朱子為主，故列《本義》於先，而經傳次第則亦悉依《本義》原本，庶學者由是以復見古經，不至習近而忘本也。

一、諸儒所論易書作述傳授，以及易理之奧、易義之綱、學者讀易之方、說者同異之概，皆後學所宜先知也。《大全》有綱領一篇，止存程朱之說。今案周子、張子、邵子皆於易理精邃，雖無說經全書，而大義微言往往獨得。又歷代諸儒，敘述源流，講論指趣，其說皆不可廢，並以世次、義類敘為三篇。不獨與程朱之言互相發明，亦以見程朱之書有源有委。合古今以為公，非夫師心立異者比也。

一、易辭有義例，據夫子《彖傳》、《象傳》求之，皆可推見。自王氏《略例》以後，諸儒皆有發明，而未詳備，今稍為之臚列分析，示學者觀象玩辭之要。蓋全經之大凡，故與綱領並敘卷首。

一、《大全》書所采諸家之說惟宋元為多。今所收，上自漢晉下迄元明，使二千年易道淵源皆可覽見。列《朱義》於前者，易之本義，朱子獨得也；《程傳》次之者，易之義理，程子為詳也。二子實繼四聖而有作，故以其書系經後。其餘漢晉唐宋元明諸儒，所得有淺深，所言有粹駁，並采其有益於經

者，又系朱程之後。其或所言與朱程判然不合，而亦可以備一說、廣多聞者，別標為附錄以終之。稽異闕疑，用俟後之君子，是亦朱子之志也。

一、漢晉間說易者，大抵皆淫於象數之末流而離其宗。故隋唐後惟王弼孤行，為其能破互卦、納甲、飛伏之陋，而專於理以譚經也。然弼所得者乃老、莊之理，不盡合於聖人之道，故自程傳出而弼說又廢。今案溺於象數而支離無根者固可棄矣，然《易》之為書實根於象數而作，非他書專言義理者比也。但自焦贛、京房以來，穿鑿太甚，故守理之儒者遂鄙象數為不足言。至康節邵子，其學有傳，所發明圖卦蓍策皆易學之本根，豈可例以象數目之哉？故朱子表章推重，與程子並稱。《本義》之作實參程邵兩家以成書也。後之學者，言理義、言象數，但折中於朱子可矣。近代解經者猶多拾術數之緒餘以矜其奇僻，而不知其非數之真也。陳事理之糟粕而入於迂淺，而不知其失理之妙也。凡若此者皆刪不錄，以還潔靜精微之舊焉。

一、朱子之學出自程子，然文義異同者甚多，諸經皆然，不獨易也。況易則程以為聖人說理之書，而朱以為聖人卜筮之教，其指趣已自不同矣。然程子所說皆脩齊治平之道，平易精實，有補學者。朱子亦謂所作《本義》簡略，以義理《程傳》既備故也。今經傳之說，先以《本義》為主，其與《程傳》不合者則稍為折中。其異同之致，傳義之外，歷代諸儒各有所發明，足以佐傳義所未及者，又參合而研覈之，並為折中，以系於諸說之後。或前人之所未言，朕亦時出已意，參錯其間，鑽仰高堅，何敢自信。庶幾體先賢虛公無我之意，求合乎此理，殊塗同歸之宗云。

一、《啟蒙》為朱子成書，與《本義》相表裏。今《大全》中所載圖說數條，乃作《本義》時略撮大要以冠篇端。卦變一圖則又因《本義》卦下有以卦變為說者，故作此以明之，與占筮卦變異法，總不若《啟蒙》之詳備也。《大全》以圖說為主，而采《啟蒙》以附其下；且又但采其《本圖書》《原卦畫》二篇，至《明蓍策》《考變占》二篇，則文既不錄，圖亦不載，但以筮時儀節，及不同法之卦變當之，使學者不見朱子極論象數之全，未免疏略。今以《啟蒙》全編具載書後，庶幾古人右書左圖之意。朕講學之外，於曆象、《九章》之奧，遊心有年，渙然知其不出易道。故自河洛本原、先後天位置以至大衍推迎之法，皆稍為摹畫分析，敷暢厥旨，附於《啟蒙》之後，目曰《啟蒙附論》。

一、夫子十翼以《序卦》《雜卦》終編，其次第微密，錯雜成章，諸儒置

而不講已久。朕因陳希夷反覆九卦之指而思《序卦》之義，因邵康節四象相交成十六事之言而悟《雜卦》之根，始知聖意微妙，聖言精深，引而不發，如眾曜之羅列、七緯之交錯，參差凌亂，有待于仰觀推步者之能求其故也。故為《序卦》、《雜卦》明義，次於《啟蒙附論》之後而終編焉。

　　◎聖祖仁皇帝御製周易折中序：易學之廣大悉備，秦漢而後無復得其精微矣！至有宋以來，周邵程張闡發其奧，唯朱子兼象數天理，違眾而定之，五百餘年無復同異。宋元明至於我朝，因先儒已開之微旨，或有議論已見，漸至啟後人之疑。朕自弱齡留心經義，五十餘年未嘗少輟。但知諸書《大全》之駁雜，奈非專經之純熟。深知大學士李光地素學有本，易理精詳，特命修《周易折中》，上律河洛之本末，下及眾儒之考定，與通經之不可易者，折中而取之。越二寒暑，甲夜披覽，片字一畫，斟酌無怠，康熙五十四年春告成而傳之天下後世，能以正學為事者，自有所見歟！康熙五十四年春三月十八日。

　　◎摘錄《啟蒙附論》卷首：朱子之作《啟蒙》，蓋因以象數言易者，多穿穴而不根，支離而無據。然《易》之為書，實以象數而作，又不可略焉而不講也。且在當日，言圖書卦畫蓍數者，皆創為異論以毀成法，師其獨智而訾先賢，故朱子述此篇以授學者，以為欲知易之所以作者，於此可得其門戶矣。今摭圖書卦畫蓍數之所包蘊，其錯綜變化之妙，足以發朱子未盡之意者凡數端，各為圖表而繫之以說，蓋所以見圖書為天地之文章，立卦生蓍為聖神之製作，萬理於是乎根本，萬法於是乎權輿，斷非人力私智之所能參，而世之紛紛撰擬，屑屑疑辨，皆可以熄矣。

　　◎摘錄《序卦雜卦明義》卷首：卦之序也、雜也，皆出於文王也。其所以序之雜之，必有深意，亦必有略例。至夫子為之傳，乃因其次第，而發明陰陽相生相對之義，以見易道之無窮。蓋文王之立法至精，而夫子之見理至大，二者皆不可以不知也。韓孔諸儒，疑卦序。若如夫子所言，則不應卦皆反對，故《程傳》於卦下既述夫子之意，又為上下篇義以繹其未盡之指。至歐陽修諸人，直斥《序卦》為非孔子之書者，妄也。若《雜卦》則乾坤之後，繼以比師，其次敘又與《序卦》無一同者，是豈無義存焉？而諸儒皆莫之及，惟元儒胡氏於篇終微發其端，未竟其緒也。今因程胡之說而詳推二篇之所以類序錯綜者，目曰明義以附焉。

　　◎引用姓氏：漢：董氏仲舒。孔氏安國子國。司馬氏遷子長。京氏房君

明。劉氏向子政。揚氏雄子雲。班氏固孟堅。馬氏融季長。服氏虔子慎。荀氏爽慈明一名諝。鄭氏元康成。宋氏衷仲子一作忠。虞氏翻仲翔。陸氏績公紀。王氏肅子邕。姚氏信德祐。王氏弼輔嗣。翟氏子元未詳世次，見荀爽九家易，今附於此。晉：干氏寶令升。范氏長生蜀才一名賢。韓氏伯康伯。齊：沈氏驎士雲禎。北魏：關氏朗子明。隋：王氏通仲淹文中子。唐：陸氏元朗德明。孔氏穎達仲達一作沖遠。房氏喬元齡。侯氏行果李鼎祚集解作侯果。陸氏贄敬輿。韓氏愈退之。王氏凱沖。崔氏憬以上二人未詳世次，見李鼎祚集解，今附於此。李氏鼎祚。陸氏希聲君陽邈叟。劉氏蛻復愚。宋：王氏昭素酸棗。句氏微。代氏淵仲顏。范氏仲淹希文。劉氏牧長民。胡氏瑗翼之安定。王氏逢會之。石氏介守道徂徠。歐陽氏脩永叔廬陵。蘇氏舜欽子美。周子敦頤茂叔濂溪。邵子雍堯夫康節。王氏安石介甫臨川。司馬氏光君實涑水。張子載子厚橫渠。程子顥伯淳明道。程子頤正叔伊川。蘇氏軾子瞻東坡。呂氏大臨與叔藍田。楊氏繪元素。陸氏佃農師。沈氏括存中。晁氏說之以道嵩山。龔氏原深父括蒼。薛氏溫其。盧氏。集氏以上三人未詳世次，見房審權義海，今附於此。謝氏良佐顯道上蔡。游氏酢定夫廣平。楊氏時中立龜山。尹氏焞彥明和靖。郭氏忠孝立之兼山。耿氏南仲希道開封。李氏元量。閻氏彥升。李氏彥章元達。李氏開去非小舟。張氏浚德遠紫巖。劉氏子翬彥沖屏山。鄭氏剛中亨仲。沈氏該守約。朱氏震子發漢上。郭氏雍子和白雲。程氏迥可久沙隨。鄭氏東卿少梅合沙。鄭氏汝諧舜舉東谷。楊氏萬里庭秀誠齋。蘭氏廷瑞惠卿。馮氏當可時行縉雲。王氏宗傳景孟童溪。林氏栗黃中。袁氏樞機仲梅巖。鄭氏樵漁仲夾漈。朱子熹元晦紫陽。張氏栻敬夫南軒。呂氏祖謙伯恭東萊。陸氏九淵子靜象山。李氏舜臣子思隆山。項氏安世平父平庵。易氏祓彥章山齋。趙氏彥肅子欽復齋。蔡氏元定季通西山。陳氏淳安卿北溪。黃氏榦直卿勉齋。董氏銖叔重磐澗。陳氏埴器之潛室。楊氏簡敬仲慈湖。蔡氏淵伯靜節齋。李氏過季辨西溪。馮氏椅儀之厚齋。毛氏璞伯玉。柴氏中行與之。真氏德秀希元西山。魏氏了翁華父鶴山。趙氏汝騰茂實。趙氏汝楳。李氏心傳微之秀巖。劉氏彌劭壽翁習靜。錢氏時子是融堂。饒氏魯仲元雙峯。稅氏與權巽父。潘氏夢旂天錫。楊氏文煥彬夫釋褐。徐氏幾子與進齋。翁氏泳永叔思齋。丘氏富國行可建安。吳氏綺終畝。田氏疇興齋雲閒。徐氏直方立大古為。陳氏友文隆山。王氏應麟伯厚深寧叟。吳氏應回。鄭氏湘鄉。陳氏。劉氏。董氏。楊氏。鄭氏以上五人未詳世次，或失其名字，今附於此。金：單氏渢。雷氏思西

仲。元：許氏衡平仲魯齋。李氏簡蒙齋。王氏申子巽卿秋山。熊氏朋來與可。胡氏方平師魯玉齋。吳氏澄幼清草廬臨川。龔氏煥幼文泉峯。胡氏允潛齋。齊氏夢龍覺翁節初。胡氏一桂庭芳雙湖。鮑氏雲龍景翔魯齋。徐氏之祥麒父方塘。胡氏炳文仲虎雲峯。張氏清子希獻中溪。熊氏良輔任重梅邊。萬氏善明復。余氏芑舒德新息齋。龍氏仁夫觀復。黃氏瑞節觀樂。董氏真卿季真番陽。保氏八公孟普庵。俞氏琰玉吾石澗。明：梁氏寅孟敬石門。蔣氏悌生仁叔。薛氏瑄德溫敬軒。劉氏定之主靜保齋。胡氏居仁叔心敬齋。蔡氏清介夫虛齋。邵氏寶國賢二泉。林氏希元懋貞次厓。陳氏琛思獻紫峯。余氏本子華。金氏賁亨汝白。豐氏寅初復初。葉氏良佩敬之。姜氏寶廷善鳳阿。楊氏時喬宜遷止庵。歸氏有光熙甫震川。趙氏玉泉。沈氏一貫肩吾蛟門。錢氏一本國瑞啟新。唐氏鶴徵元卿凝庵。高氏萃。蘇氏濬君禹紫溪。顧氏憲成叔時涇陽。鄭氏維嶽孩如。姚氏舜牧虞佐承庵。潘氏士藻去華雪松。高氏攀龍存之景逸。許氏聞至長聖。焦氏竑弱侯澹漪。陸氏銓君啟。來氏知德矣鮮瞿唐。章氏潢本清。江氏盈科楚餘綠蘿。方氏時化雨若。楊氏啟新文源。趙氏光大。陸氏振奇庸成。繆氏昌期當時西谿。方氏應祥孟旋。陳氏仁錫明卿。張氏振淵彥陵。谷氏家杰拙侯。喬氏中和還一。何氏楷元子。黃氏淳耀蘊生陶庵。錢氏志立爾卓。趙氏振芳胥山。徐氏在漢天章寒泉。顧氏象德善伯。錢氏澄之幼光。吳氏曰慎徽仲敬齋。葉氏爾瞻。汪氏砥之。程氏敬承。張氏雨若。孫氏質卿。吳氏一源。汪氏咸池。盧氏中庵。郭氏鵬海。游氏讓溪以上十人未詳世次，或失其名字，今附於此。

◎奉旨開列御纂周易折中總裁校對分脩校錄監造諸臣職名：

總裁：文淵閣大學士兼吏部尚書臣李光地。

御前校對：翰林院侍講臣魏廷珍、右春坊右中允兼翰林院編脩臣何國宗、右春坊右中允兼翰林院編脩臣吳孝登、翰林院庶吉士臣梅轂成、舉人臣王蘭生。

南書房校對：詹事府詹事兼翰林院侍講學士臣蔣廷錫、翰林院侍講學士臣張廷玉、翰林院侍講學士臣陳邦彥、翰林院侍讀臣趙熊詔、候補翰林院侍講臣楊名時、右春坊右中允兼翰林院編脩臣王圖炳、翰林院編脩臣儲在文、翰林院檢討臣胡煦、翰林院庶吉士臣何焯、戶部主事臣李鼎徵、進士臣蔣杲、舉人臣陳萬策、貢生候選知縣臣王之銳、監生臣陳汝楫、生員臣李清植、生員臣郭珣、生員臣李璣。

武英殿校對：翰林院編脩臣張起麟、翰林院編脩臣徐用錫、舉人臣成文。

武英殿繕寫：翰林院編撰臣王世琛、翰林院編脩臣嵇曾筠、翰林院編脩臣蔣漣、翰林院編脩臣徐葆光、翰林院編脩臣劉於義、翰林院編脩臣潘允敏、翰林院編脩臣狄貽孫、翰林院編脩臣薄海、翰林院編脩臣任蘭枝、翰林院檢討臣陳世侃、原任光祿寺署丞臣伊都立、候補翰林院待詔臣曹日瑛、留京食俸知縣臣王曾期、進士臣張榮源。

在館校對繕寫：翰林院編脩臣繆沅、翰林院編脩臣李鍾僑、原任翰林院編脩臣程夢星、翰林院檢討臣張照、翰林院檢討臣董宏、原任內閣中書臣閻詠。

武英殿監造：總監造兼佐領臣張常住、總監造臣李國屏、監造兼驍騎校臣巴實、監造臣神保。

◎弘晝《稽古齋全集》卷四《恭跋周易折中》：五經六藝乃學問之本原，諸子百家誠古今之綜貫。羲經所作，易暢易簡之精；四聖相傳，心明天地之道。河出圖，伏羲因之以畫卦；洛出書，大禹則之以敘疇。觀卦之全，文王因之以取象；察易之理，周公體之以立爻。唯我皇祖，觀人文而成化，體天德以日新。作為案語，解往古所未明；名曰《折中》，集近今所未備。羲、文、周、孔之學，從此而大明；吉凶悔吝之機，自是而益顯。驗于事可合宜，體之心能寡過。觀變玩占，當熟思以明理；條分縷晰，宜詳審而無差。廣矣大矣，極深研幾；美哉善哉，同歸一致。讀謙卦滿招損之語，當稟于心；見震爻恐受福之詞，宜返諸己。既得斯道，朝斯夕斯而服膺；苟審其幾，舞之蹈之而誰禁。

◎納蘭常安《受宜堂集》卷十六《周易古經今本源流考》：《易經》十二篇，顏師古曰：上下經及十翼，故十二篇。經傳分卷，不相附屬，見《漢書・藝文志》，此《周易》古經之原本也。費直治易無章句，徒以《彖》《象》《繫辭》《文言》解說上下經，而附傳於經，見《漢書・儒林傳》，此費氏變古經之始。今本乾卦一例與下六十三卦編次不同，疑費氏所附之元本也。魏高貴鄉公幸太學，問博士淳于俊曰：「孔子作《彖》《象》，不與經文相連，而注連之，何也？」俊對曰：「鄭元合之，欲使學者尋省易了。」帝曰：「然則孔子曷為不合以了學者乎？」俊對曰：「聖人以不合為謙。」帝曰：「若聖人以不合為謙，鄭元何獨不謙耶？」此見《三國魏志》，可作鄭康成綜古經之證。今本坤卦以下六十三卦一例，康成所連之本是也。魏王弼因之，孔氏《正義》曰：「輔嗣

之意，以為象者本釋經文，宜相附近，故分爻之象辭各附其當爻下，如杜元凱注《左傳》分經之年與傳相附。」蓋古經之亂始於費、繼於鄭、成於王。今疏注現行之易是也，而四聖古經之舊不可復睹矣。宋晁說之及呂大防、王原叔、呂祖謙乃考訂古經，一依《漢志》。朱子《本義》從之，凡象曰、象曰、文言曰之類為王氏所加者悉刪去，而別有卷首標題，即象傳、象傳、文言傳等目，古經於是各得其所矣。明永樂中修《大全》，《書》《易》從程伊川《傳》。程《傳》王弼本也，乃割朱子《本義》附程《傳》之後，然於朱子古經原本猶未敢改。迨成化間有奉化學教論成矩，遂公行改刻，合傳於經，同為四卷，因將朱子《本義》顛倒位置，於今亦已久矣。本朝功令，專習朱子《本義》，唯今本猶從《程傳》。我聖祖仁皇帝心契羲、文，道符周、孔，特命廷臣纂修《周易》，考次一遵古本。自漢以下諸儒疏義，采取綦博，睿鑑獨裁，名曰《折中》，一以朱子為主。於是古經之面目煥然如天日再中。蓋前代是經之所以紊者，皆出於羣儒之手。至若唐宗有《正義》之輯、明祖有《大全》之修，雖命出綸言，而裁非睿斷，故往往多因仍之失。然則深明易道以復古初，自羲、文以來未有如我聖祖者也。

◎朱景英《畬經堂集・文集》卷二《周易古文考》：御纂《周易折中》出，而朱子原本始復還舊觀矣。

◎李光地《榕村語錄》卷九《周易》一：至尊最得意《折中》中《義例》一篇，《啟蒙附論》道理非不是，卻不似《義例》是經中正大切要處。如治天下，《義例》是田賦、學校、官法、兵制、刑獄之類，日日要用，切於實事；《附論》則如王府中所藏關石和鈞，本來是道理根源，但終日拿這個來治天下，卻不能。

◎魏荔彤《大易通解・卷首・易經總論》：御纂《周易折中》謂朱子另有意，又謂其言左旋右旋與曆家說相反，又謂已生未生之卦是言氣化，皆用微辭耳。嘗讀《本義》不明，求之《啟蒙》；《啟蒙》亦不明，亦無人敢言不明者……御纂《折中》獨有見焉。謹錄讀《啟蒙》謬說於卷末。

◎李紱《穆堂初稿》卷二十一《四象解》：易理難明，自本朝康熙年間御纂《周易折中》始有定論。然四象之解既取《本義》二畫分太少之說矣，又兼采康節陰陽剛柔之說，又采徐氏在漢坎象離象之說，則雖折中一是，未嘗不兼存眾論。是所謂變動不居，不可為典要者耶？余既有所見，書而存之，為學易者備一解焉。

◎張九鉞《紫岷山人全集·文集》卷十《奏為恭請特頒聖諭令禮部嚴飭坊賈凡刊刻朱子〈周易本義〉必恪遵經傳十二篇原本疏》（代國子監祭酒臣崔紀）：臣竊觀《周易》一書，聖人之精畫卦以示，聖人之蘊因卦以發，理窮乎奧數連乎微，國家取士以備一經，所關誠重且大也。昔夫子定易之後，經二篇傳十篇原不相混，自漢儒紛紛，或以彖象傳分附於每卦爻辭之後，或以《文言傳》分附於乾坤之後。宋程子因之，於是經傳混而古易廢。呂大防、晁說之、呂祖謙諸儒起，始以為《周易》宜宗十二篇之舊。朱子大闡其說，謂易為卜筮作，言約而旨廣，夫子作傳止舉一端以見凡例，若分經合傳，則學者不玩心全經，依文取義，一卦一爻僅為一事，而易之用反有所局，而無以通天下之志，於是倣十二篇作為《本義》，而古易復明。至明初修《大全》書，破析《本義》以從《程傳》之序。臣以為於朱子注易之初心未有合也。且朱子《本義》中彖上傳三字乃一翼之標題，今明本改為「彖曰」，固已謬矣。朱子《本義》「彖即文王所繫之辭」云云，原注於「彖上傳」三字之下，然後提起書「大哉乾元」十一字，復注此「專以天道明乾義」云云。今明本合注於「彖曰大哉乾元」之下，則彖即文王所繫之詞何所指耶？《象上傳》《文言傳》類此，此不可為不朽之序明矣。我聖祖仁皇帝聖學淵源，慨然復古。康熙五十二年，命大學士李光地等依朱子《本義》原本次序，上溯河洛之本末，下採諸儒之考訂，纂成《周易》一書，名曰《周易折中》。五十四年恭呈欽定，頒發太學及直省各學在案，煥如日月經天、江河行地矣。當時纂修諸臣，未再行題請廢明初所纂之本，以宗國朝新本，是以《折中》雖頒於寰區，學者仍守夫舊習，而聖祖改修之淵衷，終未炳曜於天下後世也。臣以為大易統緒因時而彰，卦畫彰於伏羲，卦辭彰於文王，爻辭彰於周公，卦爻之辭彰於孔子，二經十翼彰於朱子，朱子《本義》彰於聖祖，必俟我皇上之聖明，始令天下家弦戶誦而彰於萬世。伏請特頒聖諭，令禮部嚴飭坊賈，嗣後凡刊刻朱子《周易本義》，必恪遵本朝所定經傳十二篇，而私貿明本者有常刑。庶寒士費百錢得覿一朝制作，窮鄉僻壤翕然同聲。既明經傳次第，必進覓《周易折中》以求一經之融貫矣。至近日科場上下經命題，《彖／象／文言傳》多而文周之經少，殊失尊經之意，亦望聖裁，將《易經》十二篇四題分界處俯賜斟酌，改入科場條例，永為成憲。是雖有更張，不過正其次序，以顯尼山真指，而於士子平昔揣摩毫無所礙，真國家經學昌明之大會也。臣芻蕘一得，冒昧瀆陳，可否，伏乞皇上睿鑒施行。

◎《熙朝新語》卷五：李文貞公光地以耆碩特備顧問，嘗承旨纂修《朱子全書》、《周易折中》、《性理精義》、《律呂韻學》諸書。自言晚年學問始進，得力於聖訓居多。

◎同治《穎上縣志》卷四《學校・書籍》：御纂《周易折中》二十卷、御纂《周易述義》十卷。

◎光緒《貴池縣志》卷三十九《人物志・方技》：曹日瑛字恆齋，工書畫。康熙初遊京師，王公巨卿尊禮之，四方多索筆墨以輝屏幛。嘗為內監書扇，聖祖仁皇帝見而賞之，授翰林院待詔。御纂《性理精義》《周易折中》諸書，日瑛皆充武英殿繕寫（《採訪冊》）。

◎四庫提要：康熙五十四年聖祖仁皇帝御纂。自宋以來惟說易者至夥，亦惟說易者多岐，門戶交爭務求相勝，遂至各倚於一偏。故數者易之本，主數太過，使魏伯陽、陳摶之說竄而相雜，而易入於道家；理者易之蘊，主理太過，使王宗傳、楊簡之說溢而旁出，而易入於釋氏。明永樂中官修《易經大全》，龐雜割裂無所取裁，由群言淆亂，無聖人以折其中也。我聖祖仁皇帝道契羲、文，心符周、孔，幾餘典學，深見彌綸天地之源，詔大學士李光地采摭群言恭呈乙覽，以定著是編。冠以圖說殿以《啟蒙》，未嘗不用數，而不以盛談河洛，致晦玩占觀象之原；冠以程《傳》次以《本義》，未嘗不主理，而不以屏斥讖緯，並廢互體、變爻之用。其諸家訓解或不合於伊川、紫陽，而實足發明經義者，皆兼收並采不病異同。惟一切支離幻渺之說咸斥不錄，不使溷四聖之遺文。蓋數百年分朋立異之見至是而盡融，數千年畫卦、繫辭之旨乃至是而大彰矣。至於經傳分編一從古本，尤足正費直以來割裂綴附之失焉。

李光地 周易觀象 十二卷 存

北大藏康熙五十一年（1712）武強劉謙鈔本（不分卷）

國圖藏康熙李氏教忠堂刻本

四庫本

國圖藏乾隆嘉慶刻李文貞公全集本

國圖藏乾隆五十三年（1788）南豐湯氏刻本

四川藏乾隆浙江刻本

山東藏嘉慶九年（1804）南城梅照璧刻本

　　南京藏嘉慶十九年（1814）魁元堂刻本

　　道光刻榕村全書本

　　國圖藏道光七年（1827）刻寶翰樓印本

　　乾隆刻同治光緒趙承恩紅杏山房補刻趙氏藏書本

　　上海藏鈔本

　　山東藏道光九年（1829）李維迪刻榕村全書本

　　山東藏清慎厥堂刻本（二卷）

　　山東藏臺北成文出版社 1976 年無求備齋易經集成影印乾隆刻李文貞公全集本

　　山東藏 1983 年臺北商務印書館景印文淵閣四庫全書影印國立故宮博物院藏本影印

　　◎何焴彥《易經遵孔八哲類稿》卷十二《集哲》：又李氏《周易觀彖》取《繫辭》「觀其辭則思過半矣」之義，實注全經，非止解彖辭。其語錄文集頗申明先天諸圖，此書則惟明《說卦傳》「天地定位」一章，略及斯義，餘無一字言及，則亦知非畫卦之本矣。經中脫文誤字惟《繫辭》侯之二字作衍文，餘皆不從《程傳》《本義》。其說皆自抒心得，亦不甚附和程朱也。

　　◎四庫提要：光地嘗奉命纂修《周易折中》，請復用朱子古本，是編乃仍用注疏本，蓋成書在前也。其語錄及《榕村全集》所載頗申明先天諸圖，而是編則惟解《說卦傳》「天地定位」一章附舉此義，然亦不竟其說，餘皆發明易理兼證以易象，而數則略焉，蓋亦謂邵子之學為易外別傳也。其解《繫辭傳》「知者觀其彖辭，則思過半矣」二句曰：「彖辭所取，或有直用其爻義者，或有通時宜而爻義吉凶准以為決者，故以是觀之，不中不遠。惟其合始終以為質，故時物不能外」云云，「觀象」之名蓋取諸此。其解「九四，重剛而不中」句不以「重」字為衍文。解「履霜堅冰，陰始凝也」句不從《魏志》作「初六履霜」。解「後得主而有常」句不從程《傳》增「利」字。解「蓋言順也」句不以「順」為「慎」；以及「比吉也」句、「比之匪人」句、「同人曰」句、「小利，有攸往，天文也」句、「震驚百里，驚遠而懼邇也」句，「漸之進也」句、「上九，鴻漸於陸」句、「與地之宜」句，皆不從《程傳》《本義》脫誤之說，惟據漢《律曆志》移「天一地二」十字從程《傳》，「能研諸侯之慮」句「侯之二字衍文從《本義》耳。蓋尊信古經不敢竄亂，猶有漢儒篤守之遺。其大旨雖與程朱二家頗有出入而理足相明，有異同而無背觸也。

李光地 周易觀象大指 二卷 存

山東藏乾隆元年（1736）李清植刻嘉慶六年（1801）補刻李文貞公全集本

南京藏嘉慶十九年（1814）魁元堂刻本

國圖、上海、南京藏道光七年（1827）刻寶翰樓印本

山東藏道光九年（1829）李維迪刻榕村全書本

乾隆刻同治光緒補刻趙氏藏書本

山東藏清慎厥堂刻本

山東藏臺北成文出版社 1976 年無求備齋易經集成影印清鈔本

李光地 周易三篇 十五卷 存

湖北藏清刻紅杏山房印本

◎子目：《周易觀象》九卷，《周易觀象大指》二卷，《周易通論》四卷。

李光地 周易通論 四卷 存

四庫本

康熙李氏教忠堂刻本

乾隆嘉慶刻李文貞公全集本

國圖藏道光七年（1827）刻寶翰樓印本

山東藏道光九年（1829）李維迪刻榕村全書本

乾隆刻同治光緒補刻趙氏藏書本

上海藏鈔本

山東藏清慎厥堂刻本（二卷）

山東藏臺北成文出版社 1976 年無求備齋易經集成影印乾隆元（一作三十六）年刻李文貞公全集本

山東藏 1983 年臺北商務印書館景印文淵閣四庫全書影印國立故宮博物院藏本影印

◎目錄：

卷一：易本、易教、論經傳次序仍王本、論卦名辭爻辭、論名義相似、論八純卦、論卦有主爻、論卦爻占辭、論占辭無兩例、論時、論位、論德、論應、論易象像物、論六爻取象之異、論六爻辭稱名之異。

卷二：彖傳釋名總例、論彖傳釋名所取、論彖傳釋辭、論二體象傳、論

六爻象傳、卦變辨、論對卦、論卦名相對、論取象相對、論卦意相對、論卦意相似、論卦義相似、論乾坤君臣之義聖賢之學、論乾坤皆不有其功、論龍馬之義、論復心學、論无妄心學、論離心學、論中孚心學、論大小過卦義。

卷三：論易言陰陽之序、論易簡之原、論幽明之故、論死生之說、論鬼神之情狀、論繼善成性、論河圖（三條）、論圖書、論卦扐（二條）、論卦一、論策數、論筮法變卦（二條）、論筮法變卦、論貞勝貞一、論一君二民二君一民、論初難終易、論中爻之備、論觀象過半、論二四遠近、論二四遠近二、論三五剛柔、論愛惡遠近情偽。

卷四：論參天兩地倚數、論圖象（八條）、論陰陽動靜、論神、論卦名義、論序卦（三條）、論雜卦、論雜卦之義、論十二卦之變、論雜卦有不取互義者、論雜卦正變之序、論環互之例。

◎余廷燦《存吾文稿》不分卷《書安陸宗習翁剛柔正而位當解後》：前輩謂窮經尤貴通經，故往往有隨文取義，未及全經，而遽執一端以為定說，又烏得謂通經哉。安谿先生撰《易通論》，方望谿所取服膺，以為深於易者。若吾宗習園此解，使安谿見之，必補採入《通論》中，而為學易者示標的。習園之於經，誠字櫛句比不遺銖黍者哉。

◎《湖南文徵》卷九十六余廷燦《復余習園書》：廷燦曩歲角逐名場，拘綴館職，徒涉獵羣書字句，掠取載籍皮毛，供為詞章聲律之學，思以順時取譽，於經義絕少窺尋，正韓子所謂「游從之類，相熟相同，不教不學，悶然不見己闕，日失月忘，以至於老」者。昨者逢吾宗習園先生於蒸湘二水閒，一日啟籥發函，得讀其連編細冊，於《詩》於《書》於《易》《禮》，歷歷分章析段，以經證經，解結釋疑，鉤元提要，於蓬心不覺洞然開朗。於時既自賀得師，喜所聞之已多，憾相兄之已晚，因更悔曩日間有一二論說妄思躋攀作者，真如壽陵學步邯鄲，徒無益費精神，有似黃金擲虛牝耳。即欲拉雜摧燒，思圖揮戈返日補塞桑榆，不意別歸柴門後，乃蒙貶損手教，多方推許。初以為君子與人為善之深心，或不惜誘掖不倦，然已不能不顧影自疑。至中閒舉持正南紀之擬韓子語以相比況，則不覺愧生顏變，為之跼蹐不寧者累日。人苦不自知，至於候蟲時鳥，自鳴自止，必不能與黃鍾大呂媲響抗聲。未有不自知者，既自知之，而且隱忍受之，不明辨而蔽覆之。有識者幾何不掩耳疾走而笑其妄益之妄乎？承示六書，東原之說誠未免支離，然當時并不置抑揚與奪於行閒，而一字一句輒采入不遺者，亦以題為《事略》，則其體在紀實不在摘瑕。

曰此東原之論六書也，若曰此東原之論明堂也，亦所謂據事直書，而疵與醇自并見而不可掩者。是以殿後引歷城周太史語微示斷置，而全篇之議論橫出蠭起者，統此矣。今來札摘其四體二用之說多窒礙，而有取於王昭明之六義相關各圖，摘其數字共一義者為注，確實而轉落空。而有取於假借之兼義與聲，為補前人所未發，折衷同異，斟酌去取，不獨翦薙東原之枝駢，兼別白六書之指要，乃懸權衡以較輕重、奉正朔以批閏位者。夫讀經莫先於考文，而三代六經之文廢失真傳久矣，於今千百世下尚可窺見制作文字所本始，則僅僅賴有六書之說存。如鑄金有模焉，使模之不存，金安得不躍？又如摶埴為器焉，使摶埴失傳，則器胡能不窳？此六書之誠宜辨定也，然且言人人殊。而轉注、假借二門則尤易涉影響，不能不待剖析者。如以轉聲為轉注，則必先定一字之本聲，而後轉注有依託而起。然竊意未有四聲反切以前，安知正之讀平、中之讀去者不且渾為一音，而轉無可轉？又安見注有可注乎？如以依聲託事為假借，則必先定出一字之本音本義，而後假借有可引伸。然竊意凡字皆有本音本義，而何獨風主風氣者可借風俗、夷主東夷者既可借平又可借傷，於此等字即不嫌牽連移徙、不嫌數傳失本，而外此又不盡然，其然者又不必有確然者可引證，何也？且許氏《說文》序既以令長為假借，則與以轉聲為轉注者又何以別乎？凡此皆不能不費今日之反覆揣測。無憑得造字之本始，而不必如象形、指事、會意、諧聲之實實可據依者。廷麋非必為東原四體二用之說作回互也，先生以為然否？廷爍歸柴門後，子姪輩俱以縣府試淹留會垣，攜來大著，各本子尚未得人鈔寫繳上。稍暇則讀數紙以洗心，其他一切閣束。蟄臥昏昏如夢如疑，幾欲百事皆廢，然又有不敢自廢不忍自廢者在。曾為亾兄邵賢作一聯云：「宗室依光，六年徒結干霄願；儒林共惜，一死難磨向道心。」旁注：「兒自壬子冬日以公車赴京，其明年落第，又明年考補覺羅宗學教習，越丁巳，將報滿，即畢命於教習館，先後六年。」蓋向道而行有惟日不足之志者。承示手教，祝我家南北兩宗繼繼承承，經術詞翰并致其力，庶幾振興光大。廷爍敢不勉力樸學，以副宗老耆彥植本培遠之至德至教？而竊恐離羣索居，日滋疚悔，終不能不投杖而拜，方自愧謝過之不暇，又何敢言亢宗之有光？於《詩》有之：「高山仰止，景行行止」，雖不能至，心嚮往之焉。

◎李光地《榕村語錄》卷九《周易》一：

某治易，雖不能刻刻窮研，但無時去懷，每見一家解必看。今四十七年

矣，覺得道理深廣，無窮無盡。向所著雖意頗可用，而詞語全非，今番改訂，略有意思。見得「變動不居」矣，卻又鐵板一定不可易。聖人著語，即一虛字都一團義理，盡是《春秋》筆法。

《周易通論》自然置在《正解》之後，然欲讀易者卻當先看此編，內有須先知道方好讀易的說話。

◎何熠彥《易經遵孔八哲類稿》卷十二《集哲》：李氏光地《周易通論》，前發明上下經大旨；次發明《繫辭》《說卦》《序卦》《雜卦》之義，冠以《易本》《易教》；又次論卦爻象彖時位德應河圖洛書以及占筮卦扐正變環互，皆一一詳悉，其於宋易可謂融會貫通矣。

◎四庫提要：是書綜論易理，各自為篇，一卷二卷發明上下經大旨，三卷四卷則發明《繫辭》、《說卦》、《序卦》、《雜卦》之義，冠以《易本》、《易教》二篇，次及卦、爻、象、彖、時、位、德、應，河圖、洛書以及占筮、持扐、正變、環互，無不條析其意而推明其所以然，在宋學中可謂融會貫通，卓然成一家之說。其論復、無妄、中孚、離四卦為聖賢之心學，亦皆以消息盈虛觀天道而修人事，與《慈湖易傳》以心言易者迥殊。光地作《大學古本說序》稱「於易之卜筮灼然無疑」，蓋宗旨既明則卮言不得而淆之矣。其學一傳為楊名時，有《周易劄記》二卷；再傳為夏宗瀾，有《易義隨記》八卷、《易卦劄記》二卷。雖遞相祖述，而其宏深簡括則皆不及光地也。

◎庫書提要：是書綜論易理，各自為篇。一卷二卷乃發明上下經大旨，三卷四卷則發明《繫辭》《說卦》《序卦》《雜卦》之義，冠以《易本》《易教》二篇，次及卦爻象彖時位，反覆辨說，詳盡無遺。光地於易學最為深邃，得其傳者如楊名時等諸人，各有著述，皆以光地為宗，而終不及其師之純粹。雖其言專主義理而署象數，未免沿襲宋儒流派，尚未能求之漢學，以參伍而折衷之，然平正通達，不為艱深奧渺之談，於四聖之精微，實能確有所見。其論復、无妄、離、中孚四卦為聖賢之心學，尤發前人所未發，而鬼神之情狀、繼善成性之說，亦與《中庸》《論語》相為表裏，正非村塾講章剽竊庸腐之家所可得而擬議矣。

李光地 周易直解 十二卷 存

國圖藏嘉慶九年（1804）南城梅照璧刻本

湖北藏光緒二十年（1894）重刻本

李光地等 啟蒙附論 一卷 存

　　故宮藏清內府鈔本

　　上海藏清刻本

李光地等 序卦雜卦明義 一卷 存

　　故宮藏清內府鈔本

李光地等 周易義例 一卷 存

　　故宮藏清內府鈔本

　　上海藏清刻本

　　山東藏鈔本

李光地等奉敕編 周易 十卷 存

　　康熙內府篆刻本

李光墺 易通 一卷 存

　　北大藏康熙四十八年（1709）刻二李經說本

　　◎李光型注。

　　◎李光墺，字廣卿。福建安溪人。李光地從弟。康熙辛丑進士，改翰林院庶吉士，後官至國子監司業充纂修三禮官。又著有《考工發明》、《黃庭二景互註》、《潘餘文集》、《潘餘詩集》等。

李光型 易通正 一卷 存

　　北大藏康熙四十八年（1709）刻二李經說本

　　道光刻昭代叢書癸集萃編二李經說本

　　◎李光型（1676～1754），字儀卿。福建安溪人，李光地從弟。雍正特賜進士，署彰德府管河同知。乾隆擢刑部主事，充三禮館、律呂館纂修官。又著有《鴻範解》《詩六義說》《文王世子解》《彰德人物志》《農書輯要》《崇雅堂文集》《天問解》《趨庭錄》《臺灣私議》。

李光嶢 周易纂說 二十卷 佚

　　◎同治《長沙縣志》卷三十五《藝文》：《周易纂說》二十卷（李光嶢著。有傳）。

李果 學易叢見 三編 存

山東藏商務印書館 1938 年排印王雲五主編國學小叢書本

國圖藏臺灣文聽閣圖書有限公司 2009 年林慶彰主編民國時期經學叢書本

◎目次：讀易滋惑編：河圖洛書、象數義理、畫卦作易、繫辭十翼、周易命名、經傳略例、卜筮占驗、元亨利貞。雜物撰德類比編：帝乙歸妹、先後甲庚、十朋之龜、匪寇婚媾、西山岐山、木舟、七日、南狩南征、伐鬼方、武人、黃牛之革、資斧、利建侯建萬國、拔茅茹以其彙。讀易瑣記編：易有太極、畫卦造字、子夏易傳、集易大成、亨說字義、邃古無金、大象異名、十翼示蒙、近取諸身、文王稱王、童蒙求我、弟子輿尸、三驅、后以財成天地之道、同人、哀多益寡、腊肉、牀、童牛之牿、文王箕子以之、包有魚、澤无水困、據于蒺藜、井、汔至亦未繘井羸其瓶、革、革言三就、鼎、不喪匕鬯、鴻漸、歸妹以須、豐其屋、吾與爾靡、婦喪其茀。

◎自序：愚幼壯失學，於《易》僅背誦一過，患其難慮其深，而未嘗一伺其籬落，遑云窺其堂奧也。自歐學東漸以來，學者競驚驅於西洋之哲學，吾國之哲學棄如土埂，愚竊惑焉。回憶《易》有云「易則易知」，是必不難知也，始歸而求之。夫《易》之為書廣大悉備，伏羲畫卦端始於一，設奇偶以象陰陽，錯綜變化，窮其數以盡其情偽，統宗會元復歸於一，非復西洋哲學之歸納法與演繹法乎？且易之大旨，天人合一，形而上不涉於玄虛，形而下亦準諸物理。孔子贊易，學臻性命。《大象傳》君子之所以自慎，辨物居方，以迄建萬國、親諸侯，何以異於致知格物至於修齊治平所謂開物成務、冒天下之道者，此也。極哲學之方式、適哲學之邏輯，西洋哲學固瞠乎其後矣。然易起於邃古，觀變迹必於象數。歷代先儒又復推衍增益，致象數之學反為世所詬病，正唯人皆畏難患深，望之卻步。不其然耶？學易者之先決問題又不止於是，於是作《滋惑》一編；晰名物，辨同異，於是又作《雜物撰德類比》一編；存心得，備參考，於是又作《瑣記》一編。手此三編，用自策勵。且以暴拙於人，庶使中國舊有之哲學，難關洞開，家習戶曉，不至墜緒。此物此志庸有冀也夫。中華民國二十六年四月三十日，敍於西京寄廬。

李翰寵 易勺講義 十卷 存

廈門藏廈門明明印刷公司 1935 年鉛印本

◎安溪太史石谿官獻瑤先生鑒定，安溪丹谷唐桂生先生訂正。

◎唐桂生序略曰：《易勺》，謙言也，而江海之大且深者，不外是矣。久藏篋中，未公同好。茲其姪國昌約諸親友各出微資，付之梨棗，其仰體生生、嘉惠後學之至意而易教益以彰明於世，斯亦一時盛舉也。予不揣讛陋，為之敘於簡端。時乾隆三十五年三秋望後之二日，年姻家世姪唐桂生頓首拜譔並書。

◎乾隆《安溪縣志》卷七《人物》上、乾隆《泉州府志》卷五十五《文苑》：所著有《易勺全部》。

◎乾隆《安溪縣志》卷十一《藝文》上：李翰寵《易勺全集》。

◎李翰寵，字鳳人，號皆亭。福建安溪興二里人。榜姓林。雍正元年恩貢。

李瀚 讀易吟 未見

◎《中州藝文錄》《河南通志藝文志稿》著錄刊本。

◎李瀚，字泗宗。河南尉氏人，康熙二十九年舉人。以中書改教諭，終懷慶府教授。

李瀚 周易承先簡說 未見

◎《中州藝文錄》《河南通志藝文志稿》著錄刊本。

李沆 張易參義 一卷 存

國圖藏清劉履芬鈔本

◎馮桂芬等同治《蘇州府志》卷第一百三十六、民國《吳縣志》卷第五十六下：李繼沆《張易參義》一卷。

李灝 周易說研錄 六卷 存

北大藏乾隆刻李氏經學四種本

◎光緒《江西通志》卷九十九《藝文略》一《國朝》：《周易說研》，李灝撰（《詞科總錄》）。

◎李灝，字桂文，號滄江。江西南豐人。著有《周易說研錄》。

李鶴祚 周易質 十卷 存

鉛印本

李恆章　學易省過錄　一卷　存

國圖藏 1926 年石印本

山東藏 1929 年石印本

臺灣文聽閣圖書有限公司 2009 年林慶彰主編民國時期經學叢書本

◎曾釗箋。

李懷民　李石桐先生注易經　不分卷　存

山東黨校藏稿本（一冊）

山東文獻集成第四輯影印山東黨校藏稿本

◎李懷民，名憲暉，以字行，號十（石）桐。山東高密人。李元直子。諸生。善畫山水。著《石桐詩鈔》、《十桐草堂集》。

李煥　易經彙參　十卷　佚

◎光緒《嘉定縣志》卷二十四《藝文志》一：《易經彙參》十卷（李煥著）。

李璜　易經正編　佚

◎光緒《黃州府志》卷三十二《藝文志》：《易經正編》，黃岡李璜撰（《縣志》）。

李晃　易經條辨　二卷　佚

◎民國《萊陽縣志‧著述》著錄。

◎李晃，字鶴攀，一字鶴峰，號會朱。山東萊陽人。乾隆五十一年恩榜舉人。加檢討銜。又著有《四書微旨》一卷、《文耐園集》。

李晃　易經圖說　一卷　佚

◎民國《萊陽縣志‧人事志‧藝文‧著述》：學通五經，尤長於易。

◎民國《萊陽縣志‧人事志‧藝文‧著述》著錄。

李晃　易經旁注　二卷　佚

◎民國《萊陽縣志‧人事志‧藝文‧著述》著錄。

◎孫葆田《山東通志》卷百二十七《藝文志》第十著錄。

李晃 易經續圖纂 一卷 佚

◎民國《萊陽縣志・人事志・藝文・著述》著錄。

◎孫葆田《山東通志》卷百二十七《藝文志》第十：《府志》云：《圖纂》冊面署「東耐堂」，序題「乾隆乙未錄」。《旁注》本面題「乾隆癸丑年正陽之月八十有七手訂」，注亦無所發明。圖則多主先天方位，而深有取於來氏錯綜義。《精擇錄》皆采先儒成說，與《本義》相依附。

李晃 周易精擇錄 四卷 佚

◎民國《萊陽縣志・人事志・藝文・著述》著錄。

◎《府志・藝文》：乾隆四十年山東提學黃登賢序。

◎孫葆田《山東通志》卷百二十七《藝文志》第十著錄。

李基豐 易經初進集解 佚

◎道光《晉江縣志》卷七十《典籍志》：李基豐《易經初進集解》《孝經正蒙》《小學正蒙》《詩文集》。

◎李基豐，字章吉，號剛亭。福建晉江人。以明經終。六十八卒。選有《綠照亭制義》。

李際雲 易說 佚

◎劉聲木《桐城文學撰述考》卷二「李際雲撰述」：《易說》□卷、《詩說》□卷、《尚書說》□卷、《論語說》□卷、《大學說》□卷。

◎李際雲，字會侯。河南洛陽人。師事曹肅孫，稱入室弟子。

李家輯 說易探源 佚

◎民國《宿松縣志》卷四十二中《義行》：著有《說易探源》《字學韻語》等集，燬於兵。

◎李家輯，字逢乙。安徽宿松人。監生。性肫摯。咸豐間，買麥救饑，襄助辦團。

李介侯 周易常識便讀 存

江西藏 1936 年石印本

◎潘雨廷《讀易提要》卷十：李氏從王承烈學易，善其書。民國二十年

既為之初刊，王氏復增改百餘條，旋卒。時當中日戰爭，李氏抱王氏遺著入川，恐不易付印，特編此書，存其概要以介紹之。於民國三十一年，因眾力於萬縣重刊王氏之《易變釋例》（李氏間有案語），此書亦以副本附刊。時李氏於萬縣紅卍字會云。全書凡八言韻語四百九十四句，明《周易》之常識，旁或加小注。初明《周易》大義，繼言歷代傳受及各家著作……夫理得而一，三教未嘗不可同源。若述傳受，皆本於史，所引之易著尚能得其要。論斷之語，蓋主漢易。而或不信先天方位，以宋易為理義空陳，未免自隘。三教既可通，象理先後天之說反不可通乎？於末言及其師王承烈（字聞皤，別號漢汭逸人，湖北漢陽人，清貢生）所著之《易變釋例》一書，謂九易其稿，歷五十年而成。又小注中載王氏之言，乃於惠棟、張惠言、焦理堂、姚配中等皆有所不滿，且以虞翻亦未識消息之義，其他易注不論言象言理，俱各有失，未免狂焉（另詳《易變釋例》提要）。李氏亦譽之過甚，實為此書之蔽。

◎摘錄：《周易》一書，大道之基。伏羲畫卦，文王繫辭。我周公者，爻辭作之。闡天人理，教學者知。大哉孔子，又作十翼。易道大備，至是而極。天地開闢，陰陽運行。寒暑迭來，日月代明。

◎摘錄：乾以易知，坤以簡能。易簡天道，示人準繩。確然示易，隤然示簡。天下理得，易簡著眼。儒家約簡，道家抱一。兩家學理，皆從此出。

◎摘錄：為道屢遷，變動不居。上下无常，周流六虛。剛柔相推，不可典要。惟變所適，變易之妙。乾坤二用，易道乃見。不用七八，九六為變。易準天地，不過不違。為物不貳，題物不遺。仰觀俯察，能知幽明。原始反終，能知死生。

◎摘錄：易道晦暗，二千餘年。先生之書，踵聖軼賢。我編韻語，便誦童齡。聊以自娛，敢曰教人。循茲精進，亦可入門。欲登臺粵，須究經文。

◎李介侯（1876～1956），漢陽縣長樂畈李氏麼屋灣人。家世業易，嘗師從漢陽名士李哲民、密昌墀（丹階）。學者張純一譽為處草澤抱絕學之士〔註14〕。

李經野 讀易札記 一卷 存

　　山東博物館藏 1933 年排印自鏡軒讀經札記本

〔註14〕參中國人民政治協商會議漢陽縣委員會文史資料研究委員會編《漢陽縣文史資料》，1989 年第 4 輯，鄭桓武《周易常識便讀作者李介侯》。

◎李經野，字莘夫，號曹南鈍士。山東菏澤人。光緒九年（1883）進士。歷官廉州府。

李景星 易經劄記 一卷 存

山東博物館藏 1927 年山東官書局鉛印屺瞻草堂經說三種本

山東文獻集成第三輯影印山東博物館藏 1927 年山東官書局鉛印屺瞻草堂經說三種本

◎丁卯九月自序略謂：余少時喜讀十三經正文，每半月輒背誦一過，如是者蓋數十年不倦。而於《易》之一書尤有偏嗜，朝夕觀玩，不肯釋手。偶有會心，輒喜不自勝，雖中夜必起，索紙筆而書之。積之既久，鈔錄遂多。凡所讀本皆有黏塗，驟而檢閱幾不可識，乃擇其要者都為一篇，以備觀覽。自喪亂疊經，藏書盡佚，所有私著損失亦半。加以饑饉薦臻流離載道，慘苦之狀日縈心目，述作之事幾乎廢矣。本年秋時局略定，通得餘暇以料理舊業。於斷簡殘編之中搜出舊著數種，而是篇亦在焉。嗚呼！是篇之於易也，猶山河之微影、滄海之一粟也。其著錄與否何關輕重，而識者猶或取之，以為封於學易之人不無稗益，因篇內闡發，皆主人事故也。余不敢以為然，亦不敢以為不然，姑錄而存之。

◎李景星，字紫垣，一字曉篁。山東費縣人。光緒廩生。

李鏡池 周易辯論集 一卷 存

山東藏臺北成文出版社 1976 年無求備齋易經集成影印 1931 年鉛印古史辨本

◎李鏡池（1902～1975），字聖東。廣東開平金雞鎮橫崗村人。曾就讀燕京大學，師從陳垣、許地山、顧頡剛諸人。自一九三一年起，先後任教於廣州協和神學院、燕京大學、嶺南大學、華南師範大學。又著有《周易探源》、《周易通義》。

李鏡池 周易卦名考釋 存

嶺南學報第九卷第一期排印本

李鏡池 周易筮辭的類別與其構成時代 存

嶺南大學 1947 年鉛印本

李覺化 易鑒溯源 佚

◎郭嵩燾《郭嵩燾全集‧日記》光緒九年十二月十三日：接李瀁仙、胡子威二信。瀁仙舉湘潭譚心蘭《春秋釋》、善化陳子方《水經補註》、新化歐陽硐東《易鑒》、辰州李覺化《易鑒溯源》，皆未見其書，惟寄到譚心蘭《味義根齋全書》一部。

李鈞簡 周易引經通釋 十卷 存

國圖、北大、吉林大學、天津、蘇州、湖北藏嘉慶十六年（1811）鶴陰書屋刻本

國圖、北大、北師大、人民大學、蘇州大學、湖南、天津、齊齊哈爾、洛陽市文物考古研究院藏嘉慶十九年（1814）鶴陰書屋刻本

國圖、北大、南開大學、上海、湖北、溫州、南京、中科院藏光緒七年（1881）王家璧重修本

山東大學、北京師範大學藏 1921 年北京黃岡會館重印光緒七年（1881）王家璧重修本

北大、清華、山東大學、蘇州大學、首都圖書館藏 1924 年北京黃岡會館重印光緒七年（1881）王家璧重修本

◎目錄：卷一二三上經，卷四五六下經，卷七繫辭上傳，卷八繫辭下傳，卷九說卦傳、序卦傳、雜卦傳，卷十釋圖（河圖圖、釋河圖說、洛書圖、釋洛說、釋河圖洛書通說、釋河圖數十洛書數九說、太極圖、釋太極圖說、兩儀圖釋兩儀說、四象圖、釋四象圖說、對待八卦圖、釋對待八卦方位圖說、流行八卦圖、釋流行八卦方位圖說、釋八卦配五行說、釋八卦方位通說）、**釋象**。

◎敘：《易》之為書，始於伏羲之畫卦，繼以文王、周公之繫辭，孔子作十翼以發之，所以用之卜筮者也。古者，國之大事，謀及卜筮。唐虞之枚卜官占，成周之建都卜洛，至於冠婚軍祭，無不用之，盡人合天之學莫備於易。昔聖人傳道之魯也，《論語‧鄉黨》一篇記聖人之言動，而終之曰「時哉時哉」，孟子曰：「孔子聖之時者也」，與時偕行，易之全在聖人之全體大用矣。夫子以易繼往，亦以易開來，而與門弟子未嘗言易。子貢曰：「夫子之言性與天道，不可得而聞也。」記者曰：「子罕言利，與命與仁。」陰陽之道、性命之理，其旨精微，而不欲輕言，非不言也。其言之見於《論語》者，曰「加我數年，五十以學易，可以無大過矣」、曰「不恒其德，或承之羞。不占而已矣」，居則

觀其象而玩其辭，動則觀其變而玩其占。學易之道，此二章足以盡之。聖門
得斯道之傳者，首推顏、曾。顏子有不善未嘗不知，知之未嘗復行，其心三月
不違仁，克己復禮之學本於易。曾子曰「吾日三省吾身；君子思不出其位」，
守身事親之學本於易。善學夫子，皆善學易者也。漢儒傳易者，其授受皆本
於商瞿，孔氏之門孰非以易為教哉！夫子未嘗言易，學易之次章記之曰：「子
所雅言，《詩》、《書》、執《禮》，皆雅言也。」觀《易象》與《魯春秋》者，
曰周禮盡在魯矣。則知《詩》以道性情、《書》以道政事、《禮》以道威儀、《春
秋》以道名分，皆人事也。惟《易》以天道明人事，所以為五經之原。夫子刪
《詩》《書》，訂《禮》《樂》，脩《春秋》，蓋有無往而非言易者。昔人謂孟子
亦不言易而深於易，聖人復起，不易吾言矣，此即明不易之理也。禹稷顏子
同道，易地則皆然。曾子子思同道，易地則皆然，此即明變易之理也。後之言
易者，其亦以羣經明之可矣，而豈俟他求乎？曾子之傳《大學》，引《詩》《書》
而釋之。子思之傳《中庸》，引《詩》《書》而明之。《孝經》以及《坊記》、《表
記》，其言皆以《易》《詩》《書》明之。《爾雅》之釋名物，亦以《詩》《書》
訓之。釋經而本於經，斯理無不明而辭無不達矣。恭讀聖祖仁皇帝御纂《周
易折衷》，案語內如解履五「夬履貞厲」曰「心之憂危若蹈虎尾」引《書》，解
大畜上九「何天之衢」曰「何天之龍、何天之休」引《詩》，解睽二「遇主」
曰「備禮曰會，不備禮曰遇」、解震五「有事」曰「凡祭祀曰有事」引《春秋》，
解坎象「涉險」曰「忠信以為甲胄，禮儀以為干櫓」引《禮》，解無妄二「不
耕穫，不菑畬」曰「先事後得，先難後獲」引《論語》，解坤文言「正位居體」
曰「立天下之正位」引《孟子》，解《繫傳》「繼之者善」、「身體髮膚受之父
母」引《孝經》。此類疊見，隨義所及，以經證經，周情孔思，如指諸掌。恭
讀高宗純皇帝御纂《周易述義》，如解恒象引《書》「德無常師，善無常主，協
於克一，終始惟一，時乃日新」，解屯初引《詩》「載輯干戈，載櫜弓矢。我求
懿德，肆於時夏。允王保之」，解家人四引《禮記》「父子篤，兄弟睦，夫婦
和，家之肥也」，解《繫傳》「舟楫之利」引《周禮》「作車以行陸，作舟以行
水」，解師三引《春秋左傳》「子為元帥，師不用命」，解蒙初引《論語》「有教
無類」，解無妄五引《孟子》「必有事焉而勿正心勿忘勿助長也」，凡百十條，
因義發揮，旁通經傳，聖作明述，廣大悉備。易書潔靜精微之旨，聖學已括其
全，所以昭示天下萬世，蓋日星之經於天矣。集說自程朱《傳》《義》外，以
及漢唐註疏，與說經之家，其引經以解易者，亦不一而足。鈞簡自束髮受學，

經書成誦後，先君子以易學深微，手錄御案，暨儒先成說，口誦指畫，使之明白易曉。鈞簡質性顓魯，不揣檮昧，謹遵斯旨，積思數十年，廣覽註家，博參經解，取各經之語合於易之《彖／象／爻傳》者，為之字釋其詁、句釋其義、節釋其旨，以疏通而證明之，遂得薈為成書。間有取於《汲塚周書》者，《周書》之逸也；《國語》者，《春秋》之外傳也；《大戴禮》者，《禮經》之遺也；《家語》者，《論語》之餘也；《山海經》者，《爾雅》之流也。引申觸類，旁推交通，易理既明，而於群經之旨亦有相為貫通者焉，名之曰《周易引經通釋》，庶幾為讀易者之一助云。嘉慶辛未五月己酉，黃岡李鈞簡序。

◎修補周易引經通釋識語：黃岡李少宰小松先生《周易引經通釋》融會貫通，為漢宋學易家所莫外，以《易》為五經之原也。板存黃岡館，道光中，家璧嘗印刷散布之，移文奎齋。咸豐癸丑丁內艱歸，屬坊友王鼎賢還館，歷同治、光緒，凡三入三出，知仍在文奎齋。歲己卯，洪右臣太史欲輯重印，查有曼漶殘缺者百數十幅。坊友之子王至聚認為修補。庚辰，家璧還自奉天學政受代歸，以當十錢五百緡助之。行笈有前印本一部，手寫重校，至辛巳八月乃得蕆事。原書引經書名用陰文，補刊者書名用陽文以別之。家璧方纂《周易漢宋學通》，述先儒暨國朝名家精義，於是書亦多援引。補校畢，敬識數語。時太史已轉補江西道御史，同里在京者盧栗甫吏部英儞、萬佩珂戶部錫珩、陶辛垣吏部銳、曾小陛刑部永齡、萬少村刺史方田，因相與籌印布之。家璧子員外郎工部主事世顥、候選翰林院待詔世嶧、孫四品廕生出選，時亦隨侍在京，與覆校之役焉。先生諱鈞簡，乾隆己亥副榜貢生，丙午鄉舉第一人，己酉進士，改庶吉士，授編修，官至禮部侍郎。光緒七年九月中浣，同里後學王家璧識。

◎周易引經通釋跋：長翁費氏之易，以《彖》《象》《文言》等十篇解上下經，則以經釋經之權輿也。其註四卷，久失傳矣。康成、輔嗣，咸用費本。《隋志》載康成《周易註》九卷，宋時已佚。王伯厚輯其逸註，其註乾之亢龍有悔，則釋以堯時四凶在朝，是以有悔。註觀之盥而不薦，則釋以《禮經》盥而獻賓，賓盥而酢，主人設薦俎則弟子。它之類此者亦夥，則鄭氏雖參天象、重互體，未始不以經釋經也。輔嗣而後，說易者無慮數百家，最著者亦七十有奇。惟拘于象、于數、于理、于占，各專其說。黃岡李夫子小松先生，詩廷試受知，獲出門下。初，先生中乾隆己亥副榜，先大夫鄉試同年也。由名翰林官少宰，登六卿之堂，而手不釋卷，文章經濟為海內宗仰，居恒尤以著書為樂。

詩進謁輒勉以問學，訓以經義。一日，出所著《周易引經通釋》十卷示詩，詩受讀之，而知先生之釋易，獨探費、鄭二家之奧也。費、鄭之註久亡，先生約六經之旨，旁通觸類，纂言鉤元。凡卦爻象象一一證諸經而出以心得，則合象數理占之學而為自古講易家之所無。以康成之逸註釋之，必與當日費、鄭之註後先同揆也已。詩手編盥誦，既卒業，廼識數語于卷末。嘉慶甲戌陬月既生魄，受業蔣詩敬跋。

◎洪良品跋：自來言易者，漢主象數，晉宋主義理，至元胡震本史事為發明，始舍易言易。而明陳大士著《羣經輔易說》，謂《大學》《中庸》諸書皆所以明易。我朝方藥房先生因之，乃悉取《四書》成語作證，是為以經詁易之濫觴。蓋《易》為經之一，而其理實散見於羣經。此小松先生《周易引經通釋》所為作也。書成於嘉慶辛未，版藏邑館中，歲久殘缺。適王孝鳳少卿持節奉天歸，慨然出資修補，親加校正，俾還舊觀。嘻！少卿之於先賢手澤，其護惜之勤且篤如是，後之司事者其念之哉！蓋少卿其先吾邑人，亦著有《周易漢宋學通》云。光緒七年歲在辛巳秋九月，同里後學洪良品謹跋。

◎摘錄卷十《釋圖》卷首：《繫辭傳》曰：「河出圖洛出書，聖人則之」，此言聖人本圖書以作易之旨也。漢孔安國云：「伏羲氏則河圖以畫八卦，禹因洛書第之以成九類。演易成疇，後世多分屬之。」案《洪範》一篇皆言易之理，明夷之彖曰：「文王以之，箕子以之」，其義坦然明白，故圖書皆作易之原也。《傳》又曰：「易有太極，是生兩儀。兩儀生四象，四象生八卦」，此即所謂建天地陰陽之情以為易這，明畫卦之本也。曰河圖、曰洛書、曰太極、曰兩儀、曰四象、曰八卦，八卦有流行方位，有對待方位，凡七圖。其餘方圓錯綜，古今諸儒各以其意圖之，可以推類至於無窮，而實亦不出於其外。經之所未言者，存而不論可也。作《釋圖》。

◎摘錄卷十《釋象》卷首：《左傳》韓宣子適魯，觀《易象》與《魯春秋》，曰：「周禮盡在魯矣。」易曰易象，是以象為主也。一曰變象。《左傳》其在《周易》乾之姤曰潛龍勿用，在同人曰見龍在田，大有曰飛龍在天，夬曰亢龍有悔，坤曰見羣龍無首，坤之剝曰龍戰于野，又大有之乾、大有之睽，是皆取乎變象也。一曰互象。《左傳》風為天於土上山也，中互艮象；泰卦九三無往不復，上互坤震；六五帝乙歸妹，中互震兌，是取互象者，本卦亦有之也。一曰錯象。即伏象之謂。同人九五曰大師克相遇，其錯為地水師；蒙六四困蒙，各上卦，錯澤為澤水困，是皆取乎錯象也。一曰綜象，即倒象之謂。履九

五曰夬履澤天，即天澤之綜；鼎九三鼎耳革澤火，即火風之綜；又夬姤三四同辭、損益二五同辭、既濟未濟三四同辭，是亦綜卦之象也。又有重卦象。大壯為重兌，有羊象大卦象；頤為大離，有龜象。古雖無此說，亦見於本經也。《左傳》：「龜，象也，筮，數也。物生而後有象，象而後有滋，滋而後有數。」《周禮》太卜一曰玉兆、二曰原兆、三曰瓦兆，玉之文、土之脈皆有理者，卜之用龜，以其有文所以為象也。木之枝幹亦有理者，筮之用蓍，以其有莖所以為數也。是數亦統於象，象數皆本於理也。言理即言象數，未有無理而可言象數者。知此義者，六十四卦三百八十四爻之象皆可取本經而釋之。間有以他經相證者，亦皆以理釋之。作《釋象》。

◎光緒《黃州府志》卷三十二《藝文志》：《周易引經通釋》十卷，黃岡李鈞簡撰（《縣志》）：鈞簡自束髮受學，經書成誦後，先君子以易學深微，手錄御案，暨儒先成說，口講指畫，使之明白易曉。鈞簡質性顓魯，不揣檮昧，謹遵斯旨，積思數十年，廣覽註家，博參經解，取各經之語合於易之象象爻傳者，為之字釋其詁、句釋其義、節釋其旨，以疏通而證明之，遂得薈為成書。間有取於《汲書》者，《周書》之逸也；《國語》者，《春秋》之外傳也；《大戴禮》者，《禮經》之遺也；《家語》者，《論語》之餘也；《山海經》者，《爾雅》之流也。引申觸類，旁推交通，易理既明，而於群經之旨亦有相為貫通者焉。名之曰《周易引經通釋》，庶幾為讀易者之一助云（節錄）。

◎周按：廣西大學鞠文浩 2013 年碩士學位論文《李鈞簡周易引經通釋文獻學研究》。

◎李鈞簡（1751～1823），字秉和，號小松。湖北黃岡人。乾隆五十一年舉人，五十四年進士，五十五年散館授翰林院編修。嘉慶三年遷右春坊右贊善，充日講起居注官，六年任江西學政。後歷任禮部、兵部、吏部侍郎，倉場侍郎、順天府尹、光祿寺卿。

李開泰 易學正解 佚

◎光緒《江西通志》卷九十九《藝文略》一《國朝》：《易學正解》，李開泰撰（《新昌縣志》）。

◎李開泰，字九中。江西新昌（今宜豐）人。

李開先 讀易辨疑 四卷 存

湖南藏乾隆二十六年（1761）李希賢靜遠堂刻本

◎彭啟豐《芝庭文藁》卷三《讀易辨疑序》：理者陰陽之經緯也，理經緯乎其內而象著於外，數生於其交，是故理體天地，天地感動而羣象滋感而不過其則，而後數生。是故有象必有物，物即理也；有數必有制，制亦理也。理與象數之分合，程子所謂體用一原、顯微無間者也。漢魏以來注易者無慮數百家。焦延壽之四千九十六卦，延壽之象外立象也；京房之六日七分，更直用事，房之數外衍數也，而皆於理無所契合。至王弼謂得意忘象，則又離理於象數。夫言理離象數可也，言理於易，離象數不可也。且弼之離理言象數也，於理又無所發明。程子說易頗有取於王氏離象數而言理，然程子得易心傳，契合無間，言理而象數畢舉之矣，非離象數而言理也。此所謂體用一原、顯微無間也。朱子作《本義》，言理不外乎程傳，而言數則取於邵子。邵子之於數，亦得易之心傳者。蓋朱子之易出入程、邵而得其宗。李先生傳一，本有明來氏《集注》而作《讀易辨疑》一書，曾孫復菴守山左之沂州梓行於世。余取而讀之，蓋衡瞿塘之說而衷其是者。來氏之學，言理不背乎程朱，而於象數則加詳焉。是書衡其說而衷之正，不為焦房之鑿，不為王氏之空說，學者由是而進於程邵朱三子之書，其亦可以得易之心而與是理契合無間、昭昭然達於象數也夫！善乎先生以一言蔽易曰：君子尚消息盈虛，天行也。是固一於理而象數兼舉者也。

◎民國《長壽縣志》卷九：著有《讀易辨疑》行世。

◎民國《長壽縣志》卷十五何其徽《李處士傳》：著有《四書簡明講意》、《禮記勝金講章》、《讀易辨疑》、《讀史評》、《臥遊錄》、《玉海新編》、《思齊錄》《八股竅》、《訓兒編》、《廣韻考》《盤餐錄詩文》等書。

◎李開先，字傳一，長壽長邑龍市里人。崇禎己卯舉人，入清不仕，李國英旌其門曰「東川文獻」。年九十三卒。

李開先 周易六十四卦辨疑 二卷 存

中科院藏乾隆二十四年（1759）李希賢靜遠堂刻本

四庫存目叢書影印乾隆二十四年（1759）李希賢靜遠堂刻本

◎或題《周易辨疑》不分卷。

◎目錄：序、來瞿塘先生太極圖、河圖、洛書、伏羲八卦次序圖、伏羲六十四卦次序圖、伏羲八卦方位圖、伏羲六十四卦圓圖、伏羲六十四卦方圖、文王八卦次序圖、文王八卦方位圖、卦變圖、六十四卦錯綜圖、上經三十卦

辨疑、下經三十四卦辨疑、跋（凡四）。

◎于敏中序：易以斷天下之疑者也。畫前之易，茫乎芴乎，莫可究已。自奇乘偶重、爻效象像，引而伸之，觸類而長之，往來錯綜，曰交曰變，其義乃迭出而不窮。察者夢之，昧者惑焉。非深有會乎消息盈虛之數、進退存亡之理，確然有以自信者，其孰能與於斯。漢魏以來，專門名家後先相望，隋《經籍志》所載凡六十九部，唐《四庫書目》增至八十八部，宋《志》乃有二百一十三部，註釋疏解，不可謂不詳且備，然而談名理者失之誣，語象數者失之鑿，說愈紛而易道愈晦。伊川、紫陽最取為精當，且猶不免同異，學者或無所適從，又況輔嗣、康成流分派別，互相訾謷者哉。夫盈天地間事物殽列，無足疑也，自夫人強為之解而疑生，解之而不竟其委，尋其源則疑益生。譬之汪洋涓滴，等之為水，曰索桑、酈之注，不知其津涯也；及與觀乎潮汐之池，而歸宿得矣。崔巍培塿，等之為山，曰批姬、郭之經，不知其支脈也；及與陟乎崑崙之墟，而大幹明矣。易之為易，何以異是？吾竊恠夫說易者不探河洛苞符之本，索隱鉤深，卮言日出，欲以釋疑而滋之疑，是猶雕龍喻馬者之託於見道、捫燭扣槃者之矜為見日也，抑惑之甚者矣。傳一李先生，蜀之大儒也，隱居讀易，多所心得。愛瞿塘來子卦變錯綜之說，惜其擇不精、語不詳，因為之折中訂是，且欲正向者說易家之誣且鑿，以解後學之惑也。乃著《辨疑》一書，淵淵乎啟王鄭程朱所未發，而直通乎羲、文、周、孔之精微，使千古未解之疑，渙然冰釋，而易於是乎可以斷天下之疑。善夫先生之言曰：「六十四卦之多、三百八十四爻之賾，一言以蔽之，曰：進退存亡，不失其正，尚盈虛消息，天行也」，是則余竟委尋源之說，而其人其書從可知矣。余昔視學山左，識先生曾孫復庵太守，暇與余言其曾大父多著述，每以未見為憾。茲道經琅邪，復庵出是編示余，屬為序而付諸剞劂氏。余受而卒業，歎是書之足以羽翼聖經而嘉惠來學也。因舉其大凡而識之。夫先生著書亦欲藏之名山而已，乃復庵能讀其遺書，且將使傳之天下後世。則人之賴有賢子孫，顧不重歟？！乾隆戊寅秋九月，金壇于敏中撰。

◎六十四卦辨疑序：《易》之為書也，古稱《易象》，其在《繫辭》曰「八卦成列，象在其中」，又曰「易者象也，象也者像也」，蓋遠取諸物近取諸身，自乾坤而下，若龍馬氷霜之屬，潛見飛躍之情，甚至金車玉鉉之奇言、履虎尾、入左腹之險辭，載鬼濟狐之幻語，於諸經中原自為一體，即尼山之刪述六經也，雖功在萬世者同然，因古人之成書，一為論定其事可計日而就，不

則月計可成耳。若古易不及五千言，而十翼之作且三倍之，故必假我數年而後無大過。蓋易之精蘊無窮，又非諸經比。或以為洩天地之奧、探性命之原、啟千古聖學之秘，實繫易之理有獨精也。然何一不蘊諸象爻中？況如《說卦》所稱為馬為牛以至為妾為羊？凡所以廣八卦之象者，又何以非孔子之筆？後儒往往崇理而遺象，亦有雖詳於象而不免於支離穿鑿，若來子矣鮮之談易者。此傳一李先生所以有《辨疑》之作也。先生為明季名孝廉，少壯即冠進賢，旋遭流逆之變，絕意仕進，讀書麟潛山中，賢當事高其名，檄所司羅致之，求一面而不可得也。其學無所不究，尤潛心於易。久之渙然自有所得。乃取瞿塘之書為之索隱鈎深、補缺訂訛，往往發前喆所未發，而於卦象稱神會焉。余觀六十四卦所為卦體、卦德者，先儒已具其說。至於本卦之外有錯有綜，有中四之互體。瞿塘反復於圓圖、序卦、雜卦之文，獨取而暢達之，詢為千載奇悟。然於古所傳八分為十六、十六分為三十二者，謂其卦不成名無著，又以所傳《卦變圖》為出自虞翻而盡廢之，因別為八卦生六十四卦之圖，且自為卦變之說。其五爻變後反下變四畫而歸其根，又變下卦而復其本，恐未必法象自然之妙。乃反外取術家遊魂、歸魂之異說，豈所以詮經？其餘義之難通、展轉以就其說者又不可枚舉也。傳一先生當鼎革初年，未強仕即抗志邱園，玩辭觀象，壽迄九十有三。終身四聖之書不釋手，視來子三十年之精研，殆將倍之。所謂五十以學易者，先生乃其人與？余作吏山左，從先生曾文孫復菴遊，得見其書而熟讀之，且任讐校之役，乃知先生心蘊畫前之易，探月窟而躡天根，其淹貫該博，漱六藝，羅全史，一一取而發明易義。至於若啟若翼，從數千百年後遠契羲、文、周、孔之心源，即先生且不自知其何由而然也。間考西蜀自古多畸人，雖製桶業傭者流，常於大易有特解，豈岷峨靈氣獨有所鍾，抑斯文未喪，冥冥中實有主之者，故間世一出而瞿塘，而後於先生觀其成耶？嗚呼！後世好學之士，有欲深明易象者，非合蜀中兩先生而互參之，何以得其全哉！深澤後學王植拜撰。

◎六十四卦辨疑序：或有問於余曰：「易何為而作也？」余告之曰：畫前原有易，易以道陰陽也。考自盤古開天後，天皇氏繼之，始制干支之名以定歲之所在；天皇氏沒，地皇氏繼之，爰定三辰，是分晝夜，以三十日為一月，三辰者日月星也。逮後庖犧氏立龍馬負圖出河，有天一地二天三地四天五地六天七地八天九地十之文，庖犧氏仰觀俯察，始畫一奇為陽以象天、一偶為陰以象地。三其奇為純陽而乾之卦以名，三其偶則為純陰而坤之卦以立。乾

坤者所以象天地也，夫既有天地則必有上下，故乾居於上、坤位於下也；既有上下則必有四方，有四方則必有四維，於是重之為八卦，而乾南坤北、離東坎西、兌東南震東北、巽西南艮西北以定其位焉。更由八卦而重之為六十四卦，分之為三百八十四爻，然後日月風雷山川草木以及屈伸往來之理、消息盈虛之數無不見矣。但其時有爻畫而無文字。至文王乃為彖辭以統論每卦之全體，周公為爻辭以分斷六位之吉凶，所以教人觀象玩辭，占卜焉以體天地之撰，以通神明之德，庶知進退存亡之正，以勿違乎消息盈虛之理而已。孔子則兼發揮其所以然，故為彖傳以釋文王之彖辭，為《大象》以教君子之學易，為《小象》以申周公六爻之旨。易經四聖之筆而天道人事無不燦然指掌矣。然此就卦象爻畫論也。若夫學易寡過，則易雖有六十四卦之多、三百八十四爻之賾，余欲以一言蔽之曰：進退存亡，不失其正，尚盈虛消息，天行也。亦如《詩》之蔽於思無邪、《禮》之蔽於毋不敬、《書》之蔽於允執厥中而已。或曰：「爻必以六，何也？」余告之曰：「一年有十二月，一日有十二時，進而求之有十二世十二會，十二者，二六也。故自子之巳，陽也，乾主之；自午至亥，陰也，坤主之。乾坤各六爻以象十二也。」或曰：「乾坤立矣，何以復重為八？」余告之曰：「夫乾，父也；坤，母也。有父母則必有男女，有男女必有長幼，此所以長男中男少男、長女中女少女，合乾坤而為八也。夫乾坤既各重為八，則六子亦當各重為八，而八八六十四卦所由全也。六十四卦各六爻，合之得三百六十以當期之日，餘四卦閏之數也。」或曰：「既象閏則閏亦三十日，四卦則少六日，何也？」余又告之曰：「氣盈朔虛故也。子試考歷書，一月二氣，每十五日當交，或有十六日十七日而後交者，氣之盈也。一年十二月，六月大六月小者，朔之虛也。亦猶人之有勇怯、年之有少長也。此蓋消息盈虛之自然，非有意安排之也。」或曰：「文王之卦位，其不同於伏羲者何也？」余告之曰：「伏羲卦位，卦之體也，相為對待者也。文王卦位，卦之用也，相為流行者也。不對待則位次不整齊，不流行則氣脈不淹貫。禮之用和為貴，知和而和，亦不可行，於此可悟矣。子試觀伏羲之卦，乾父與坤母相錯，長男與長女相錯，中男與中女相錯，少男與少女相錯，凜凜乎其不可犯也。所謂進退存亡不失其正也。文王之卦則倣河圖天一生水、地二生火、天三生木、地四生金，上下左右各順其方，其次金生水、水生木、木生火、火生土也。雖然，余謂進退存亡不失其正、消息盈虛天行者，不必求之文字也。細玩伏羲方圓圖便已得之。」「然則《辨疑》之作又何為也？」曰：余初讀

《周易》，沉潛反覆，晝考夜思，杳不得其津涯。後見來瞿塘先生《易註》，始知所謂卦變，始知所謂錯綜。然其中亦不無支離穿鑿之病。余且讀且思之，每至午夜不眠，聞雞聲輒擁衾坐想，有若啟之者。因作《辨疑》一書，以藏於篋內。倘天假以年，或更有進乎？是未可知也。旹康熙壬申孟夏望日，蜀東長壽李開先譔。

◎六十四卦辨疑跋：盈天下者皆象也，象必有所滋，滋則滋乳而侵多焉，故立一象於此，正視之一象也，側視之一象也，左右前後視之一象也，顛倒傾斜視之，無非象也。象變則數變，數變則理變，而參伍錯綜之形以起。孔子之中中，此象也；孟子之權權，此象也。而儒者執一說曰理。夫理之為字，從玉從里。凡天下之有絲紋者，引而伸之皆有道里之意，骨肉草木莫不皆然。而惟玉之紋至密，故道理之理從玉，從其至密者也，夫惟至密之中未嘗無理脈可尋，故理附象而顯，而左右前後任人觀玩而不窮。如舍象言理，則憑空之想象，不足盡天下無窮之變。得其一二而自以為足，吾恐歷之萬變之途而窮也。古之伏羲、文王、周公、孔子，知天下之理至密也，以為不可以一說盡之；又知理之附象而顯也，於是畫卦以明之。彼其鴻鈞在心、造化在手。夫豈不能取民間一二事，而諄諄然條指其理，顧以為言此則失彼、言彼則失此，非擇焉不精、語焉不詳也，因一事而發，則其說僅及一事；因一人而發，則其說僅及一人。吾渾渾淪淪，微示之以象，而天下之反覆觀玩者，已深者得深焉，淺者得淺焉，則所謂冒天下之道者，至矣。故易之書取象六畫，六畫之中已無不該，而後之聖人猶慮人不能測也，而彖之，而象之，而翼之，以為開物成務，更無遺義也。而庸知漢儒之猶待於唐，唐儒之猶待於宋，而程子之猶待於朱子，朱子之猶待於來子，而來子之說猶必待傳一先生而始善美備盡哉？蓋漢唐以來說策演卦，固有傳人，而寡過之旨不傳。至程子以理為主，則警戒學者之意精矣。然言理不言象，則何以別於《詩》《書》《禮記》之文？則亦止為程子言理之書而已。朱子以象為主，而理從象生，承乘比應之旨、內外變化之道，莫不推衍，而易之真面目始顯。然其取象止於內外二卦，不言互卦，則《說卦》第十一章之取象，半無著落。又況錯綜之說洪荒未啟哉？自來子發錯綜之旨，而互卦之說亦因之絕而復續，而後大易之學曲暢交通，覺陳敬仲觀國之占晉公子屯豫之八去人不遠也。雖然，創始者勞勞，則斧鑿之痕未化而遺義因之不少。踵事增華，端有賴於後之學者矣。傳一先生當明季張獻忠荼毒蜀中，能全身遠害，一無所罹，其得否之象辭；儉德避

難乎乾坤，既莫復返故廬，其得履之上九，視履考詳，其旋元吉乎？閉戶著述，窮年不見，其得乾之初九；遯世無悶乎公卿叩門，高臥不出，其得遯之上九肥遯而不利乎，惟其通身是易，故一出處而為非易也、一矢口而無非易也。即一著作而亦無非易也。發宋儒之未發，補來子之缺畧，豈猶蹈常襲故之見乎？雖然，亦非先生之創說也。雜物撰德，辨是與非，非其中爻不備，則互卦之說也。參伍以變，錯綜其數，此來子之所引據而不但已也。原始反終，變通陰陽，擬議變化，往來不窮，皆與錯綜之說通。故一卦可變為六十四卦，姑置無論，而但論本卦之六畫。如朱子之說，六畫之卦包內卦、外卦，六爻變卦可得八象焉。如先生之說，則除朱子八象之外，又得二互、二錯、二綜，而六爻卦變又各得二互、二錯、二綜，合之計五十象，則較朱子之書包藏爻象為尤多焉。至其全書之內，訂正舛誤，補遺缺漏者又復不少。羲、文秘藏，於此闡發殆盡。我復菴公祖為先生文孫，抱守遺書，謹藏篋衍，蓋有年矣。一旦慨丁、孟、京、田之書半流訓詁；荀、劉、馬、鄭之學未闢蠶叢。以為此書之終不可藏也。乃命愷以校讎之役，而將付剞劂。愷謂先生匿影沉光，無所要於世，其著書也，將以待桓君山其人者娓娓其間，非欲執途之人而使之盡明易象也。顧人亦有言懷寶迷邦，君子不忍。今易學之蒙晦已久，盲者思視，無時忘之。斯刻也，千年黑月，一夜生光。上以闡九經之傳，下以開萬古之晦，安可緩乎？爰正魯魚敬跋於後。戊寅重陽吉日，海曲後學丁愷曾薰沐敬跋。

◎讀易辨疑跋：從來眾言畫前原有易，是易所謂象者像也，第不識未畫以前天由何而名天，地何由而名地，又何人指之曰乾為父坤為母、震坎艮為男、離巽兌為女也。自伏羲畫卦，乃分尊卑貴賤，卦之上者尊下者卑、爻之乘者貴承者賤，而天下萬世君臣上下父子兄弟長幼男女尊卑貴賤飛潛動植，悉由此象矣。自文王、周公、孔子幽贊神明，仰觀陰陽，發揮剛柔，極深研幾，為彖為爻為象為傳，而消息盈虛吉凶悔吝進退存亡困亨貞屬包羅萬象，遂通天下之志、定天下之業、斷天下之疑矣。易其至矣乎！於辭而見聖人之情，進退存亡不失其正，聖人其參天地而鼎立矣。余每於趨庭時竊見先嚴日取瞿塘來易而三復之至得意忘言、得言忘象，日孳孳不倦。後隨著《六十四卦辨疑》一書，《本義》之未詳者明之，《來註》之穿鑿者解之，諸家之支離者正之。書成，因命抄錄。遂焚香楷書，閱兩月而畢。自是晨昏午夜不忍釋手。堅深者覺向我以明悟之機也，思孔子而後，向非《來註》，易何以明？若非先嚴，

疑何以辨？是四聖人之啟其靈而不忍易之終不辨也，是瞿塘之樂於辨而不忍人之終有疑也。子若孫其敬珍之。海內諸君子有崇隆道學、雅意斯文者，自不忍以羽翼聖經、開明後學之書而聽之湮沒不彰也，甚毋謂古今人之不相及也。皆康熙三十一年歲在壬申中秋，七十男徵儔謹跋。

◎讀易辨疑跋：易之為言易也，變易而不窮者也，是以乾坤之翕閉，易也；陰陽之消長，易也；日月之盈虛寒暑之往來，易也。推而廣之，運會之升沉、人品之高下、風氣之醇漓，與夫進退存亡窮變通久者，亦罔非易也。易固可執一以求之哉。伏羲畫卦，一乾二兌三離四震五巽六坎七艮八坤，對待而不移者，數也；文王易之而離南坎北震東兌西乾位西北坤位西南巽居東南艮次東北，變易而不相仍者，氣之流行而不已者也。蓋以數有對待，必氣有流行，故太極生兩儀、兩儀生四象、四象生八卦、八卦變而為六十四卦，參伍錯綜，陰陽上下，數也而氣行乎其間矣，氣也而理宰乎其中矣，易固可執一以求之哉。竊嘗殫精悉慮，求所謂易者，而終不能得一二于千萬，反覆思維，始知伏羲、周、孔真發洩天地之秘藏矣。其所為圓圖、為方圖、為對待、為流行，四聖人已為後人指南，惜後人泥而不悟也。蓋易不可以理求而可以象得，故《來易》有曰：「象猶鏡也。有鏡則萬物畢照。若舍其鏡，是無鏡而索照矣。不知其象，易可不註也。」瞿唐誠深於易者哉！然其中間有可疑者，我王考因辨之。如乾卦初九潛龍勿用，乾何以為龍？蓋以乾之為道變化不測，其象為龍，筮得乾卦而初爻動者，其象為潛龍。以其位在六爻之下，其變則為姤，故其占凡事皆不妄動，所以曰潛龍勿用，故知此辨者亦以象言也。又如坤卦元亨利牝馬之貞，夫坤何以為馬？辨云：「馬者取象於地之能載，牝者取象於地之能生耳。」他如需訟二卦辨云：「二卦皆是乾坎相綜，何以卦名相去之遠？又有利涉不利涉之別？蓋以爻位論，需卦則陽居陽位陰居陰位，陰陽和而萬物得，故名需。訟卦則陰居陽位陽居陰位，陰陽乖戾則必爭，故名訟。以卦氣論，需則天氣下降地氣上升，一陽入陰中而為雨，雨散則二氣通而為泰。訟則天氣不降地氣不升，一陽入陰中而成水，水流則二氣隔而為否。以卦象論，需之互卦為既濟，故利涉大川。訟之互卦為未濟，故不利涉大川。」利涉與不利涉者，以互卦論耳，爻象之妙至於如此。需訟之所以能涉與不能涉者在此，否泰之所以相互而錯綜者亦在此，益信來瞿唐為四聖之功臣，而王考于來瞿唐拾遺補闕，亦似有微勞焉。今讀其書，如見祖容，如聞祖訓，始信數十年苦心，誠有不可告人者。全書俱在，異日者付之剞劂以公世，吾知其必有合也，

豈僅為一家一時之書也哉！因著《讀易辨疑跋》。峕康熙三十九年之庚辰歲三月上巳辰，孫世奇敬書於繩武山房。

◎讀易辨疑跋：自我曾祖逮予小子及我子孫輩，凡七世矣。此七世中以蕃以育，無茁無害，詩書之澤，茀祿之康，百年未艾，皆庇廕於大《易》一書。而小子於易尚未之學也，又何能刊刻前書以傳外人？初，先曾祖性嗜古，于書無所不窺，而孳孳然九十餘年寒暑無間者唯易。深喜來子之註而病其穿鑿，時取而更正之，故於易獨得其精。既舉於鄉，群方仰為宗匠，問字之屨，戶外恆滿。一旦翻然挈家遊黔，時頗怪之。未及而獻賊之難果作，懷故土者幾無噍類，而予家獨得脫然事外。其後聖人出而干戈息，世或疑懼觀望，趑趄不前，而先曾祖率家先歸，宅爾宅，田爾田，誦詩讀書，子孫相承以迄於今。故曰予家皆庇廕於大《易》一書也。或曰是天倖也，夫天生先曾祖，而先曾祖又精於易，此中實有天意，謂之天倖亦宜。余於總角時亦曾奉侍杖履，顧以年幼，未得承負劍辟咡之訓，雖先大夫沉酣遺書，深有所得，顧其時方督余以舉子業，故易雖家學，而竟未得其傳。今先大夫捐館舍已久，余小子於辛亥春筮仕山左，浮沉仕途者數十年。即世俗文字方且苟焉酬應不復求工，況以至聖韋編三絕之書，而欲從舟車南北、風塵擾攘之際，遽登其堂而嚌其胾，此猶探龍宮之珍異者，臨流望洋，拾海畔之蠡蚌而自以為得也，不幾為善易者笑乎？顧先大夫抱守遺經，惟恐失墮，諄諄以命余者，言猶在耳，未敢忘也。每開匣批尋，手澤煥然，而秘為家珍，恐終無以廣其傳。歲在癸酉春，躬膺簡命，出守瑯邪，地當七省孔道，簿書鞅掌，日昃不遑。至戊寅己卯，連歲年登大有，百廢漸舉，公餘稍暇，取遺書披讀，反覆數過，益覺易之為道廣矣大矣，而世或執一隅以求，宜其齟齬不合也。夫伏羲畫卦，本自活潑，自費直以三聖之詞附卦，而卦遂如守株待兔；自王弼盡掃互體卦變，而卦遂如車輪生角。他如主理主數界若鴻溝、納甲五行道近卜者，京、焦之書無關聖教，二蘇之傳卦同仇敵，文中子曰：「九師興而易道微。」至于今日又不止九師矣，惟來夫子深會參伍錯綜之說，沉思數十年而成書，學者撥雲見青，始知眾說之偏也。但書方創始，未必斟酌盡善，而後人拾遺補闕，往往有助前人。先曾祖入室操戈，訂正其失，非敢指前人之瑕疵，亦以大道本公，應折衷至當也。爰以遺書質之當代名公，皆蒙印可。又得同志蘭山令沈君玉琳分任校讎，遂付梓焉。繼又念此釋經之書也，夫理者人心所同，數者神聖所秘，先曾祖占筮別有秘妙，蜀人至今猶能言之。當時未著為書，迄今無可問

津，僅僅此刻。謂當日所學盡是焉，謬矣，悼先學之無傳，嘆微言之莫續，此
余小子所以中夜彷徨也。峕乾隆二十四年己卯清和月，曾孫希賢薰沐謹跋命
元孫心朝、翰等敬書於山左瑯邪官署。

◎四庫提要（題《周易辨疑》無卷數）：與嘉靖中太常寺卿李開先名姓偶
同，非一人也。其易學受於鄉人來知德。案知德雖嘉靖三十一年舉人，其授
待詔則萬曆三十年，下距明亡僅四十年，故其門人能至順治初尚在。故其書
詮解象數多推闡其師錯綜之例，惟卦變之說與知德不合。其中駁《本義》者
頗多，如九三重剛而不中、九四重剛而不中，《本義》謂九四重字疑衍，開先
則謂三畫卦重為六畫，自四畫始，卦重則剛亦重，其說近鑿。又如坤六二直
方大，《本義》：「賦形有定，坤之方也。」開先謂方即徑一圍四，伏羲方圖之
方，尤為不倫。至所自立新義，如《說卦》「乾為馬」，而爻詞取象於龍，朱子
以為理會不得，開先則謂「伏羲時龍馬負圖，乾雖為馬而非馬，乃龍馬也。周
公略去馬字而止言龍，非擬之以馬，又擬之以龍也」云云。按乾與震合德，龍
與馬同性，故《說卦傳》乾震皆取馬象，至震之為龍，亦以一索得男，體從乾
化，故二卦皆取龍象。聖人繫易偶舉一端，不得膠此以疑彼，而委曲以遷合
也。且爻詞潛見飛躍諸義豈能施之龍馬耶！亦好異而不顧其安矣。

李楷林　周易兩讀　十二卷　存

國圖、上海、南京、復旦、山東、湖北藏 1925 年刻本

臺北武陵出版公司 1990 年易經術數百部叢書本

臺灣文聽閣圖書有限公司 2009 年林慶彰主編民國時期經學叢書本

◎首一卷。末附《周易音均表》一卷，取段玉裁《六書音均表》中《周
易》韻字，依經傳次第編入。

◎自序略謂：程子《易傳》用王輔嗣本，附彖、象於經，欲使學者尋省易
了也；朱子《本義》經傳次第一依呂伯恭原本，欲使學者復見古經。今《程
傳》《本義》並立學官，蒙不揣謬妄，欲合兩書為一帙，使易尋省，而又不失
為古經。爰立表三格，上經、中彖、下象，末錄《繫辭》以下諸篇，祇寫正
文，不錄傳注。縱讀之則經傳合，彖象與卦爻相應，與程子所用王輔嗣之本
合；橫讀之則經傳分，卦爻、彖、象各自成篇，與朱子所用呂伯恭本合，故題
曰《周易兩讀》。

◎李楷林，字士陶。安徽太湖縣人。

李鐠 原易 三卷 存

山西大學藏鈔本

◎此書恩華《八旗藝文編目》亦有著錄。

◎李鐠《鐵君文鈔》卷上《原易自序》：易之道，中而已矣；中之用，時而已矣。此其君宗也。至其剛柔往來貞悔錯綜，德以位變，象以數移，又其密也。然畫之為象也，渾渾灝灝，沆茫曼瀁，睽而視之，若有所遇，若有所亡。其為辭也曲而中、肆而隱。彖不泥乎一義，象不蔽乎一端，遠必有旨，微必有歸。而廣衍宏深，旁通曲引，有難言之矣。故孔子繫以辭，闡其幽也。舍繫辭而論易，譬涉大川以亡其舟，淪胥而已。二千年來，從而釋之者數十百家，顧有騰趠以騁高論深入者，有辨析不真沕穆真之者，有千慮輪轉轉擯平易者，有踵武弗失緣飾相承者，有索之無緒闕疑以俟者，易誠難言之矣。夫比類屬事、因象著理，設其近趣，用通神明，固在來者。《繫》不云乎？引而伸之，觸類而長之，予小子是用即孔子之傳求其所安，卦衍其辭，爻不備義，取疏餘蘊於程朱之外，測日得影，導河分流，亦伸其一得云爾。若夫蹈陳而同、趨異而鑿，所不敢也。

◎李鐠《鐵君文鈔》卷下《上濟齋夫子書》：鐠白，辱賜書，獎論太甚，鄙人固陋，安能使吾道東乎？然期欲報所知，又不敢以顢蒙諉也。易有之：「書不盡言，言不盡意。」意之所在，言不能盡託靈筆札，烏能致之，故必俟面陳而後能領其旨歸也。今復承虛問，敢陳一二，唯垂聽之。凡成一書，必先立體，體立而後四支百骸靡不包羅貫通焉。故注釋家必前有訓後有詁，訓者明其文之義，詁者通其事之故，二者皆貴簡而明、精而當也。夫易者不外乎陰陽，人具之而人蔽之，我夫子憫焉傷之，於是字解句釋，欲使齠齔者皆明其義，此誠聖賢之用心也。然《易》之為書，與他經異。至易至簡而至精至神，所謂其德圓其體方，變動不居，周流六虛，固非淺見狹聞之所能窺測者也。故不識字必不通易，不識字而讀易，雖字解句釋之，猶無有也。識字而讀易，則字解句釋者為贅矣。故於訓不若注其幽奧而略其平易，俾無慁焉可也。至於詁，則又有說。自漢以來，說易者不啻數十百家，先儒莫不專數象而說理，則自王輔嗣始，於是理數分標，判焉為二。此非說易者之過，讀易者之過也。何也？夫理不離乎數，數不外乎理，說理者固可以通乎數，說數者固可以通乎理，泥以求之，不滋惑乎？我夫子采前儒之說，匯歸於一，義有未安，伸其所長。大匠經營，用心良苦。然用其說而隱其人，目論者不曰摭拾則曰

蹈襲，使我折中古人之意不宣，顧反詆欺之是滋，將焉用之？是集解之體非所謂注也。夫注者闡先聖之奧闥，辟萬世之經塗，神遇作者，心傳將來。古今不可合而我有以貫之，陰陽不可測而我有以窮之，毋援高、毋趨新，駕羣議、辟叢論，而又不險不詖，篤實明晰，斯可尚也。如卦變之說，程子主乎乾坤是已，朱子則分圖之，以陰陽類從之，乃於《本義》則間有戾焉者。戾則亂，亂則反，反則有不可通焉者矣。而夫子獨斷之以綜，綜則內外上下陰陽往來帖然畫一，誰能外之？此義雖發自瞿唐，而暢之者唯夫子也。如卦圖之說，先儒率籠統其辭，而夫子獨立之以解縱橫分合，如破全牛，肯綮皆中。堯夫固嘗及之，而未若是其周也，二者誠不刊之論也。至於諸卦繫辭，刱立新說者凡六十有一，具識卓然，擊蒙千古，然亦間有未喻者。如蒙之九二注曰：「包蒙必納婦始吉，所以然者，納婦之道，包容調停，方得相濟子之克家，又何疑乎？」愚謂包蒙吉統一卦而言，納婦吉子克家指二與五言。此二語義直相承，非並提也。所謂包蒙吉者，九二為一卦之主，謂其能包括羣陰也。納婦吉子克家者，謂九二與六五以陽應陰、以剛受柔、居中德而不偏主陽剛，故能剛柔濟、陰陽和。如有子而為之納婦，而後克承其家而吉也。猶言所以子克家者，由其有納婦之吉也。故象傳直云子克家，而不及納婦。如頤之六三注曰：「陰柔不中正而動極，不求養於初陽而應不中正之上九，故曰拂頤。」愚謂六三不中正而動極，是謂拂頤，未必責其不求養於初陽也。不中正而下求，恐亦非其道也。類如此者，尚有數端。錯聞雷霆震驚，聾者無聞；日月在天，瞽者無視。聾瞽之愚，不敢自信，故曰必俟面陳而後可也。今於此書訓已用前說，汰其繁詁，則順其辭而理之。然以錯之愚，竊有鄙隱，願得畢其辭。夫易有集解非一日矣，唐李鼎祚有《易集解》，宋林黃中有《經傳集解》、俞琰玉有《周易集說》，今《折衷》又頒矣，既折既集，復安用我？與其求全以失純，毋寧舍博而用約，盡立卦綜之說及古義未晰而未經前道者，別刱一體，附諸圖解之後，所謂不險不詖、篤實明晰，以問海內，示後世，俾盛德大業翼文而行，不亦快哉！或沮錯曰：「夫人以三十年之工勤，而子一旦欲棄之，可乎？」錯曰：「不然，夫子固嘗言之矣。所以事此者，蓋易有此義，而注闕者補之。然則是書也，所以補闕也。闕則補之，不闕何補？若子之言，淺之乎視我夫子也。」所答若是，敢盡布之。

◎李鍇（1686～1753），字鐵君，號眉山，又號廌（豸）青山人，晚號焦明子、後髯生。鐵嶺人，漢軍鑲（一作正）白旗人。晚隱於盤山，築斗室曰

睫巢。與陳梓稱南陳北李，又與同時文人戴亨、陳景元稱「遼東三老」。通四聲，辨小篆，尤工草書。乾隆十五年（1750）詔舉經明行修之士而以老疾辭。又著有《含中集》、《睫巢集》、《睫巢後集》、《尚史》、《南史稿》、《春秋通義》等。

李考祥 易經捷訣 佚

◎《中州藝文錄》卷三十五、《河南通志藝文志稿》著錄。

◎李考祥，字慶伯，號鳳簏。河南湯陰人。順治歲貢。順治九年官扶溝縣訓導。又著有《宦遊草》、《詩古文詞全集》。

李孔昭 周易集說 四卷 佚

◎光緒重修《香山縣志》卷二十一《藝文》：《周易集說》四卷（國朝李孔昭撰）。

◎道光《廣東通志》卷一百八十九《藝文略》一：《周易集說》四卷（國朝李孔昭撰。未見）。

◎李孔昭，廣東香山人。李龍翔子。又著有《寧遠堂集》六卷。

李奎 周易賸義 佚

◎光緒《江西通志》卷九十九《藝文略》一《國朝》：《周易賸義》，李奎撰（《豐城縣志》）。

李林松 周易述補 五卷 存

湖北藏稿本（三卷附錄一卷）

山東藏光緒十四年（1888）南菁書院刻皇清經解續編本

山東藏 1936 年上海中華書局鉛印四部備要本

山東藏臺北成文出版社 1976 年無求備齋易經集成影印光緒十四年（1888）刻皇清經解續編本

山東藏臺灣新文豐出版公司 1983 年大易類聚初集影印光緒十四年（1888）刻皇清經解續編本

四部備要本

續四庫影印光緒十四年（1888）南菁書院刻皇清經解續編本

◎同治《上海縣志》卷二十七：《周易述補》三卷（李林松撰）。

◎李林松，字心庵。上海人。

李麟章　續梅花易數　佚

◎道光《徽州府志》卷十一之四《人物志‧文苑》：著有《筆花詩文稿》《續梅花易數》存於家。

◎李麟章，字日功，號灑雲。安徽婺源（今屬江西）坑甲村人。嗜學工吟詠，肆力經史，旁及諸子百家，尤精於易，為文湛深經術，能不拾人牙慧。嘉慶戊辰領鄉薦。

李掄　易經詳解　佚

◎李掄，字簡在。江西吉水人。教授。又著有《半閒遺稿》。

李履中　易學指南　佚

◎光緒《廣州府志》卷九十《藝文略》一：《易學指南》（國朝番禺李履中撰。據採訪冊）。

◎李履中，字介堂。廣東番禺人。乾隆四十四年（1779）恩科舉人。

李梅冬　八卦與河圖洛書異同論　佚

◎民國《壽光縣志‧人物志‧文苑》：治群經，喜讀《周易》《毛詩》。著有《先天圖說八卦》《河圖洛書異同論》《詩經合旨》，又著有《杜詩隅》四卷、《聲調譜》二卷。

◎李梅冬，字德潤，號雪崖。山東壽光人。乾隆丙子舉人。

李梅冬　先天圖說　佚

◎民國《壽光縣志‧人物志‧文苑》本傳著錄。

李鳴　端蒙易解　佚

◎光緒《重修安徽通志》卷二百二十七《人物志‧文苑》六：著《夢醒集》《效顰集》《端蒙易解》《保產機要》諸書。

◎民國《當塗縣志‧人物志‧文學》：著有《夢醒集》《效顰集》《端蒙易解》《保產機要》諸書行世。

◎李鳴，字桐崖。安徽馬鞍山章漢橋人。歲貢。睢寧訓導。

李鳴珂 周易簡要 二卷 佚

◎民國《莆田縣志》卷二十二《藝文志》:《周易簡要》二卷,清李鳴珂著,見道光《通志》。

◎李鳴珂,字兆軾。乾隆十五年(1750)舉人。官南靖教諭。

李模 周易透宗 佚

◎咸豐《武定府志》卷二十五《人物志》:著有《四書講義》《周易透宗》等書。

◎孫葆田《山東通志》卷百二十七《藝文志》第十:是書見《府志》。

◎李模,字陳範。山東霑化人。康熙丁卯歲貢,官嘉祥訓導。

李南暉 讀易觀象惺惺錄 三十六卷 存

國圖藏清鈔本(二卷)

湖南藏清鈔本(存六卷:卷十九至二十一、卷二十七至二十八、卷三十二)

嘉慶七年(1802)刻本(二卷)

國圖藏甘肅通渭縣教育會據 1932 年刻版重印本

甘肅人民出版社 2005 年張叔銘、陳晉、權尚均編校整理本

◎一名《雜卦傳》《周易觀象》《讀易觀象》。

◎或著錄四十卷,乃並卷首四卷數之。卷首之補充:周易觀象、易象新補、八卦大象真圖。

◎摘錄《上下經問答》:或問:上下經之義,何也?曰:《繫辭》不云乎?天位乎上,地位乎下,即一陰一陽之義也。曰:上經乾坤二卦已備上下陰陽之義,經與卦又分上下,可乎?曰:天地間何物不有上下?故不特經也,易六十四卦,非下某即上某也。不特卦也,三百八十四爻,初在二下,二即在初上也;三在四下,四即在三上也;五在六下,六即在五上也。且六上則三下、五上即二下,四上則初下也。天地間無上下之物,有不分上下之經乎?有不分上下之經,有不分上下之物乎?子且於分上分下處學聖人之易,則子得矣。且於不分上下處學聖人之易,則子大得矣。上耶下耶,天耶地耶,陰耶陽耶,我於其間不敢以有言求之。

◎光緒《重修通渭縣新志》卷十一《人物》:南暉潛心易理,嘗讀《繫辭》至言行樞機章,惕然曰:「讀書慎行,殆學易之實際乎?」又至圓神方智章,

復惕然曰：「齋戒洗心，殆學易之秘要乎？」在泰州時，畫太極河圖等象於壁間而玩之，一夕夢古帝王召見，狀貌衣冠若世所傳人祖者，賜食物。次早觀圖頓有所悟，自是體驗益密、神明默成者三十餘年，著《讀易觀象》，以為六十四卦三百八十四爻與三聖所繫之辭無一語不自河圖出者，蓋從來儒者未發之旨……所著諸書皆行世，惟《易象圖說緒論》十卷、《讀易觀象惺惺錄》二十二卷於光緒九年冬十一月十二日咨國史館核辦，十八年九月初三日奉文允准立傳。

◎光緒《重修通渭縣新志》卷十二《藝文》錄牛樹梅《慎思錄序》：先生所著又有《讀易觀象》一書，則萃畢生之精力而成者，故《錄》中言易者頗多，蓋先生之於易，始以謹言慎行致其實，繼以洗心藏密契其微，則慎思之真際，固於讀易可見矣……同邑王寶山茂才錫珍，避亂來蜀，將捐刻《慎思錄》，並募刻《讀易觀象》。

◎光緒《重修通渭縣新志》卷十二《藝文》錄楊昌濬《慎思錄序》：至我朝而有李二曲先生出，堅苦卓絕，得不傳之秘於遺經，而關學為之一振。同時如王灃川、李雪木、孫西峯諸人，皆所謂見而知之者。顧獨於李仲晦先生，為隴右真儒，其造詣不在二曲下，竟無人表而出之，抑又何也！先生學問純正，踐履篤實，治行卓著，大節懍然。生平於書無所不讀，尤邃于易，所著如《易象圖說惺惺錄》等書，皆卓然可傳。

◎光緒《重修通渭縣新志》卷十二《藝文》錄知縣高蔚霞《重葺李太僕祠堂匾跋》：青峰先生，名孝廉也，生平潛心易理，著有《讀易觀象》《羲皇易象新補》等書。宰四川威遠縣十五年，多異政，又著《慎思錄》十四卷教育士林。

◎甘肅人民出版社 2005 年張叔銘、陳晉、權尚均編校整理本點校說明謂：是書現存手鈔本有路尚衡本（僅存二十一卷）和王景曾本（現存三十三卷，仍缺三卷），今據王本並參照路本整理、標點、校訂，改豎行為橫排，其內容及體式力求保持原貌，分為四冊刊行。

◎李南暉（1709～1784），字仲晦、迎旭，號青峰、西海雲樵。鞏昌府（今甘肅）通渭縣城關人。雍正十二年（1734）拔貢，十三年（1735）舉人。先後任甘肅秦州、河南桐柏、陝西中部諸書院講席。乾隆三十年（1765）知四川威遠縣。乾隆四十九年（1784）石峰堡事變殉難，追封太僕寺正卿。著有《周易原始》、《讀易觀象惺惺錄》三十六卷、《讀易觀象圖說》二卷、《太極圖說》二

卷、《天水問答》一卷、《羲皇易象》二卷、《羲皇易象新補》二卷、《慎思錄》三卷,《憩雲集》一卷、《青峰詩稿》、《活人慈舟》、《活獸慈舟》、《青囊心法》、《載道集》六十卷。

李南暉 太極圖說 二卷 存

甘肅人民出版社 2005 年張叔銘、陳晉、權尚均編校整理本

李南暉 羲皇易象 二卷 存

甘肅人民出版社 2005 年張叔銘、陳晉、權尚均編校整理本

李南暉 羲皇易象新補 二卷 存

甘肅人民出版社 2005 年張叔銘、陳晉、權尚均編校整理本

◎光緒《重修通渭縣新志》卷十二《藝文》錄知縣高蔚霞《重葺李太僕祠堂匾跋》:青峯先生,名孝廉也。生平潛心易理,著有《讀易觀象》《羲皇易象新補》等書。

李南暉 易象圖說 十卷 佚

◎光緒《重修通渭縣新志》卷十二《藝文》錄知縣李灝《重修昭忠祠序》:青峯素精易理,由四川威遠告歸,著有《易象圖說》及《說易觀象》二十餘卷。纂甫就,泥諸壁中,曰:「是地當有變。」告諸邑宰,不聽。

李南暉 易象圖說緒論 十卷 佚

◎光緒《重修通渭縣新志》卷十一《人物》:所著諸書皆行世,惟《易象圖說緒論》十卷、《讀易觀象惺惺錄》二十二卷於光緒九年冬十一月十二日咨國史館核辦,十八年九月初三日奉文允准立傳。

李南暉 周易原始 存

甘肅人民出版社 2005 年張叔銘、陳晉、權尚均編校整理本

李能定 易連珠 一卷 佚

◎光緒《廣州府志》卷九十《藝文略》一:《易連珠》一卷（國朝番禺李能定撰）。

◎宣統《番禺縣續志》卷二十八:《易連珠》一卷（國朝李能定撰。未見。

據《府志》）。

◎李能定，字碧玲。先世陝西人，以寓粵久，遂隸籍番禺。道光十七年舉人。肄業學海堂。居佛山授徒數十年，門下士如李文田成材甚眾。工詩畫。咸豐八年，推為學海堂學長。又著有《花南軒詩文稿》四卷《筆記》二卷。

李盤 周易便蒙襯解 四卷 存

日本新潟大學藏清刻啟元堂印本

寶雞、開封、洛陽、南京、首都圖書館藏嘉慶十六年（1811）金谷園刻本

山東藏清刻奎照樓印本

紹興、嵊州、寧波市天一閣博物館藏清文化居刻本

◎雷夢水《販書偶記續編》著錄嘉慶五年刻本。

◎各卷首題：四明李盤銘新輯著，同學朱鋼青鎔參閱，受業張友仁訥甫校訂。

◎目錄：卷之一：上經乾坤屯蒙需訟師比小畜履泰否同人大有謙豫隨蠱臨觀噬嗑賁剝復無妄大畜頤大過坎離。卷之二下經咸恒遁大壯晉明夷家人睽蹇解損益夬姤萃升困井革鼎震艮漸歸妹豐旅巽兌渙節中孚小過既濟未濟。卷之三繫辭上傳繫辭下傳。卷四說卦傳序卦傳雜卦傳。

◎凡例略謂所采輯以《本義》為主，他家諸說參酌用之。

◎摘錄卷一首：周，代名也；易，書名也。其卦本伏羲所畫，有交易、變易之義，故謂之易。其辭則文王、周公所繫，故繫之周。以其簡袠重大，故分為上下兩篇。經則伏羲所畫，文王、周公之辭也，並孔子所作之傳十篇，凡十二篇。中間頗為諸儒所亂，近世（嵩山）晁氏正其失而未能盡合古文，（東萊）呂氏又更定著為經二卷傳十卷，乃復孔子之舊云。

◎李盤，字銘新。浙江寧波四明人。

李啟白 周易講義 四卷 佚

◎道光《重修膠州志》卷二十《藝文》：李啟白《周易講義》四卷。

◎李啟白，山東膠州人。李太和子。正貢。又著有《四書講義》五卷。

李啟誠 易學蒙求十要 四卷 佚

◎民國《順德縣志》卷十四《藝文略》：《易學蒙求十要》四卷（國朝李啟誠撰）。

◎李啟誠，字庸先。廣東順德龍山人。

李青 易龍圖淺注 一卷 存

山東藏 1915 年京師刻本

◎或有著錄本書為螺岡居士者。陳子龍《焚餘草》：螺岡居士姓李名青，粵之雷陽人。

李清時 周易經義 十二卷 佚

◎楊錫紱《四知堂文集》卷二十六《巡撫山東蕙圃李公墓誌銘》：我朝閣臣，理學文章兼擅者首推安溪李文貞公。其家法以孝弟仁讓為本，其學問以關閩濂洛為宗，故其子若孫掇科名而厝仕籍者，其學皆有所稟承，不染時習；其當官也，俱能耿介自立，卓然有所建樹。若今大中丞蕙圃公，其一也……於書無所不窺。在翰林時雖工文詞，中年後即罕言詩賦，專討論經濟義理之事，尤深於易及宋五子之書。所纂有《周易經義》十二卷、《合編朱子語類或問》二十二卷，著《蠶書》一卷《汛緬約言》一卷、《治河事宜》數冊，又旁通堪輿家言，能得前人秘奧，人莫能窺其蘊也。

◎陸燿《切問齋集》卷十《治河名臣小傳》之李清時：所著有《汛閘約言》一卷、《治河事宜》若干卷。又《蠶書》一卷、《周易經義》十二卷、《朱子或問語類》二十二卷。

◎李清時（1705～1768），字授侯，號蕙圃。福建安溪人。李光地從孫。乾隆七年進士，由翰林編修出為嘉興知府，丁憂服闋，補兗州知府。二十一年升運河兵備道。累官山東巡撫。

李榮陛 易考 二卷 續考 二卷 存

嘉慶二十年（1815）亙古齋刻李厚岡集本

續四庫影印北大藏嘉慶二十年（1815）亙古齋刻李厚岡集本

◎編目：

易考卷一：定位圖說、序卦平較圖、序卦相錯圖、序卦相合圖、雜卦歸乾圖、序卦右旋圖、序卦分段說、雜卦分段說、雜卦剛柔義（附錄）、爻辭通屬文王攷、繫辭傳錯簡三處、易傳子曰考。卷二：古易彙考（草本）、後人易本（草本）、論費氏易（草本）、卜筮不足盡易道、易取象惟卦無別義、互卦卦變申顧氏之辨、正毛氏附互卦之謬、書西河毛氏易、證毛氏易四象改本始

末、書馥千易義卷次說後、費氏初變經文（答辛朝岳）、辛朝岳周易鄭註補序後。

續考卷一：重卦、生蓍、立卦、說卦。卷二：羲圖總考一、羲圖總考二、河洛考、定位圖考、出震圖考、圖序（草本）、補圖（草本）、面北尊乾圖說（草本）。

謹按：先生《易考》有脫藁者，未脫藁者亦未編卷貫號。今分作四卷，其未脫稿者以續考草本字別之。男光宬宸謹識。

◎朱緒曾《開有益齋讀書志》卷一：《易考》二卷、《續考》二卷、《周易篇第》，萬載李榮陛撰。首列《定位圖》《序卦平較》《相錯》《相合》四圖、《雜卦歸乾圖》。據《乾鑿度》，宓羲作易，周文增通八八之節，轉序三百八十四爻以繫王命之瑞。且《史記》司馬季主文王演三百八十四爻，定爻辭文王作，非周公。《雜卦》末章八卦皆不對，虞翻謂大過死象而兩體夬姤，故次姤終夬，言君子之決小人也。更取項安世《玩辭》以證之。「莧陸」取吳草廬：《說文》莧，山羊之義；陸即道也。孟子言蹄跡之道。更取金幼孜《北征記》「野馬、黃羊有道，其寬其直過於人為」以證之。於西河《易小帖》《仲氏易》時闢其謬。《續考》乃未定之草，不取先天後天，依經名之，為《定位圖》《出震圖》。《篇第》參取依費直本，但逐卦先經後傳，為小異。

◎李榮陛，字奠基。江西萬載人。又著有《年歷考》二卷《校勘記》一卷、《帝京歲時紀勝》不分卷、《地脈考》六卷、《江源考證》一卷、《黑水考證》四卷、《鄧公嶺經行記》一卷、《黃皮山遊紀畧》一卷、《大陽山遊紀畧》一卷、《大圍山遊紀畧》一卷、《厚岡文集》二十卷詩集四卷、《李厚岡集》（《厚岡集》）七種。

李榮陛 周易篇第 三卷 首一卷 存

嘉慶二十年（1815）互古齋刻李厚岡集本

續四庫影印北大藏嘉慶二十年（1815）互古齋刻李厚岡集本

◎首一卷為《周易篇第舉要》，題：萬載李榮陛奠基甫。雲亭易光達、曦初郭光昕校鐫。首云：古易經傳別卷，註疏家逐卦分為八節，各以彖象傳附之，於文義多梗，不便習讀。漢儒費直本逐卦先經後傳，不乖兩聖綴文之旨，其法具在《正義》乾卦，今從之。於每頁轉篇首行寫羲皇卦畫，分書貞悔，挨次書文王卦爻辭，書孔聖彖傳象傳，皆另行。其後空白，撮書集義，

低一格小書。

◎卷目：卷之一上篇：上經。卷之二下篇：下經。卷之三繫辭傳上、繫辭傳下、文言、說卦、序卦、雜卦。

◎光緒《江西通志》卷九十九《藝文略》一《國朝》：《周易編第》三卷、《易考》二卷、《易續考》二卷，李榮陛撰（黃河清撰墓誌。字厚岡。萬載人）。

李茹旻 周易補注 佚

◎紀大奎《雙桂堂稿續編》卷十二《縣志文苑傳補》：所著《二水集》三十八卷行世；《周易補註》未刻，藏於家。

◎光緒《江西通志》卷九十九《藝文略》一《國朝》：《周易補註》，李茹旻撰（《臨川縣志》）。

◎李茹旻，字覆如，人稱鷺洲先生。江西臨川人。李仙客子。初工駢體詩賦，尤善集唐；中歲反約為古文，一準韓歐法度。舉康熙壬午鄉試，後舉進士。與族弟紱稱臨川二李，時臨川亦有南北李之稱。卒年七十六。

李汝魯 易經講義 佚

◎光緒《開州志》卷六《人物志》：作《易經講義》藏於家。

◎咸豐《大名府志》卷之四《文苑》：博通經史，立志孤高，精於易，著有《易經講義》藏於家。

◎《畿輔通志》卷一百三十三《藝文》一：《易經講義》，國朝李汝魯撰。

◎李汝魯，字鈍菴。大名府開州（今河北大名）土嶺頭人。庠生。家貧授徒。

李銳 周易訝 五卷 首一卷 存

湖北藏 1918 年刻本

國圖、遼寧、南京、天津藏北京道德學社 1923 年鉛印本

上海、四川藏西充鮮于氏特園 1930 年刻本

◎李銳，字尚之，一字四香。江蘇元和（今蘇州）人。縣學生員。精九章八線之學。又著有《曆法通考》。參阮元《揅經室集》二集卷四《李尚之傳》。

李銳 周易虞氏略例 一卷 存

上海藏咸豐六年（1856）刻本

上海、湖北藏光緒九年（1883）重刻本

山東藏光緒十九年（1893）劉世珩刻聚學軒叢書本

山東藏光緒十四年（1888）南菁書院刻皇清經解續編本

南京藏鈔本

續四庫影印復旦藏光緒十九年（1893）刻聚學軒叢書本

廣文書局 1974 年易學叢書續編本

山東藏臺北成文出版社 1976 年無求備齋易經集成影印光緒十四年（1888）刻皇清經解續編本

山東藏臺灣新文豐出版公司 1983 年大易類聚初集影印光緒十四年（1888）刻皇清經解續編本

◎目錄：日月為易弟一、日月在天成八卦弟二、乾弟三、消息弟四、臨觀否泰遯大壯例弟五、乾二五之坤成坎坤二五之乾成離弟六、旁通弟七、震巽特變弟八、反弟九、兩象易弟十、半象弟十一、體弟十二、四時象具弟十三、十二月卦弟十四、中弟十五、正弟十六、成既濟定弟十七、權弟十八。

◎跋：易書廣大悉備，言象數者，首推漢孟氏學。至虞仲翔參伍錯綜，曲闡厥蘊，其學典午而後世不甚傳。近世昌明漢學，始有能讀之者。毘陵張皋文先生《消息》一書，詳則詳矣，支離穿鑿，讀者病之。四香先生《畧例》之作，簡要有法，虞義大明，意蓋以箴張氏之失也。是書向藏先生門人張書城明經篋中，茂苑欽君雲山（嘉枝）錄得之，因共商付剞劂以廣其傳。世之讀虞易者，可以得其要領而無患乎瑣綴艱晦也已。時咸豐丙辰仲秋，元和後學王炳識。

李睿 易經咀言 佚

◎同治《贛州府志》卷六十三《藝文志》：李睿（雩都人。有傳）《綠園詩稿》《古文稿》《易經咀言》。

◎同治《雩都縣志》卷十《人物志》：著有《菉園詩稿》《古文稿》《易經咀言》。

◎光緒《江西通志》卷九十九《藝文略》一《國朝》：《易經咀言》，李睿撰（《雩都縣志》）。

◎李睿，字洪聖，號綠園。江西雩都（今于都）人。乾隆二十五年解元。

李森 周易圖說 四卷 存

國圖藏光緒十七年（1891）永新李方鑫刻本

李森 周易易簡 十二卷 存

國圖、湖北、中科院藏光緒十七年（1891）永新李方鑫刻本

◎盛昱序〔註15〕：吾邑李春谷刺史，余同年友也。天資穎異，少時一目數行，於經義多有所發明，而尤邃於易。道光己亥，余過訪其廬，見其案頭有註易稿本，未卒業也。笑謂之曰：「古今註易者汗牛充棟矣，然而伊川輕象數而專言理，希夷神占驗而獨取數，瞿塘專重象而探原於序卦錯綜之中。是數子者皆深於易者也，而各偏主一說以立言，學者將安所適從？此外則晉人以易為談資，失之元遠；東溟且以禪亂易，失之隱怪。註易者愈多而易理愈晦，求其顯明切當，俾學者得易之實用，往往難之。今吾子註易，果何道之從乎？」曰：「余自束髮受書，遂得易學於庭訓，潛心體玩，久而頗有所悟。理也、象也、數也，一而已矣。羲、文、周、孔四聖人之作易，所以言人事、前民用也，恐其理之難明，則假象數以明之，非理外別有所謂象數，抑非象數外別有所謂理。且其即象數以明理者，又不涉怪誕而僅取諸日用聞見之間，至於變易交易，即君子時中之妙用，示人以隨時隨地隨人隨事答，因所值而制其宜，盡人可知，盡人可能者也。至易也，至簡也，所謂幽深元遠，無所謂艱深繁重也。乾坤其易之門耶？《繫辭》之首章有曰：乾以易知，坤以簡能。易簡而天下之理以得，非明明示人以從入之門耶？」余曰：「如子言，易之蘊盡於易簡乎？」曰：「否，否！夫物情之善變、人情之難知、天地鬼神之情狀紛紜，無不於易乎備之。究其極，直可參天地、貫三才，以優入至誠如神之域。經義之精微廣大，孰有過於易也哉？而要其精微廣大者，莫不從易簡中致力，以漸幾於深造也。譬之行遠未有不自邇，譬之登高未有不自卑。即易簡，即精微廣大，是在乎神而明之者。子曰：『下學而上達』，其斯之謂與？」余乃正襟起謝曰：「吾子於斯道誠三折肱矣。他日是書成，當遂以『易簡』名之。」既余備員劍南，不數年奉谷刺史亦以通籍出宰粵西，兩地遠宦，音問頗艱，急欲一覩全編而未有得。今年東，其子小谷為予婿，手奉是編請序於余，因得

〔註15〕又見於同治《永新縣志》卷二十一《藝文志》。

窺其全豹焉。其篇首分十二章序次，以見經傳之不相蒙，其上下經則各就卦
爻象象剖晰詳明，其圖說則採周邵諸子之精義，而間參以心得，類皆明白易
曉，直截了當。不愧所謂易簡者。因即述其前之所論弁諸簡端。

　　◎同治《永新縣志》卷二十一《藝文志》：《周易易簡》，李森撰。

李善鑒　徒古齋周易輯解　六卷　存

　　山東藏民國李氏徒古齋石印本

　　◎李善鑒，湖南益陽人。同治七年嘗與重修益陽城隍廟。

李慎　周易注解　八卷　存

　　山東藏稿本（有丁昌燕、管象賡、王獻唐親筆序）

　　青島藏嘉慶二十五年（1820）諸城李炳煥鈔本（二冊〔註16〕）

　　山東文獻集成第二輯影印山東藏稿本

　　◎摘錄卷首《全易提綱》：伏羲畫卦，始於三畫，如乾三連☰，坤六斷☷；
震仰盂☳，艮覆碗☶；離中虛☲，坎中滿☵；兌上缺☱，巽下斷☴。此八卦
是也。因而重之為六十四卦。如重乾為乾卦之類是也。伏羲時有畫無文，至
文王繫卦辭，如乾元利亨貞之類，此為彖辭。周公繫爻辭，如初九以至上九
或初六以至上六之類，此為六爻。卦辭後有彖曰「云者」，是為《彖傳》。又有
「象曰：天行健」之類，是為《大象傳》。又有六象云云，是為《小象傳》。乾
坤兩卦中各有文言云云，是《文言傳》。以及《上繫》《下繫》《說卦》《序卦》
《雜卦》俱為傳，俱是孔子所說。《彖傳》、《大象傳》分上下經為四象傳，共
《彖傳》為五。《文言》《繫辭》《說卦》《序卦》《雜卦》為十翼。《史記》十翼
謂《上下彖》、《上下象》、《上下繫》、《文言》、《序卦》、《說卦》、《雜卦》。

　　◎李慎，字栗生，號涓東。山東諸城人。歲貢。

李慎修　大象貫義　存

　　民國鉛印本

李時燦　讀易雜感　一卷　存

　　山東藏 1920 年天津石竹齋石印本

〔註16〕《青島市圖書館珍藏山東文獻圖錄》作《易經注解》不分卷，首行題「周易
　　　　上經註解，諸邑李慎字栗生號莅菴又號涓東著」。

◎李時燦（1866～1943），字敏修，號暗齋。河南汲縣（今河南衛輝市）西街人。任刑部部曹、河南教育總會會長、學務公所議長、救災總會會長等職。與同鄉王錫彤等人創經正書舍。民國時任河南教育司司長。創中州文獻徵輯處，編《中州藝文錄》四十二卷，《中州先賢傳》三十七卷，《中州文徵續編》二十八卷，《中州詩徵》三十卷等。又著有《論語之政治學》、《中州人物稿》、《中州學系考》、《汲縣志稿》等。

李士凱 易經疏義 佚

◎道光《濟寧直隸州志》卷八之三《人物志》三：淹貫諸經，尤究心於易。

◎孫葆田《山東通志》卷百二十七《藝文志》第十：是書見《州志》。

◎李士凱，字良賡。山東濟寧人。康熙丙寅拔貢。官陵縣教諭。又著有《四書格言》、《詩文稿》。

李士林 易經古本庸說 四卷 首一卷 存

江西藏光緒三十一年（1905）刻本

◎李士林，號盧谷。江西廬陵人。光緒十九年（1893）鄉舉，工部主事。又著有《地理辯證談》三卷、《地理撰星圖說》。

李士珍 西夏易注 三卷 存

浦城藏清末刻本

李士鉁 周易注 二卷 存

山東藏 1936 年周學熙師古堂刻周氏師古堂所編書本

續四庫影印上海藏 1936 年刻周氏師古堂所編書本

臺灣文聽閣圖書有限公司 2009 年林慶彰主編民國時期經學叢書本

◎周易註序：昔羑里阨而演卦辭，洙泗老而制象象，為易傳權輿，尚矣。厥後師弟相承，由漢而來說易者二百餘家。商瞿、橋庇之徒，施、孟、梁邱之輩，僅以經傳，終歸散佚者，尚不屬焉。考其立說，或成一家言，或有獨到見，或片詞居其要，或偶得抒其懷，卷帙浩繁，意見紛出。學書欲盡探厥微，誠有白首不能窮一經之慨。不有匯歸，何從致力？此吾祖愨慎公所為有《易理匯參》之作歟？然而今昔殊勢，專經者尟，蒙求者多，覯羣議則惑於心，見

玄文則眩於目，固不能以高深之義、隱庾之詞責後學以神會也。因材設教，計惟節其文而簡其辭，採眾意而不立門戶之見，孕精思而不為膚淺之談，鎔合經言，引證史事。近以取譬，則日用事為之理寓其中；明以示人，則天地萬物之道無不貫。夫然後學不費時、辭不費解。知此旨者，其天津李嗣香學士之《周易註》乎？《周易注》之稿庋藏吾家久矣，嘗讀而繹之，覺其專列卦爻，不著彖象，乃尊經也；詳於比應，參以互重，乃辨例也。彖象本以釋經，既師其意，自無庸更贅其詞；比應互重，既辨其例，則一卦一爻之義皆有著落。故就本經而言，莫不扼要而會通，至外而證之經史百家，如所註无妄、損、訟、家人、頤、中孚、履、遯、晉、震、履、蹇、泰、艮、比、觀、蠱、賁、大畜、家人、隨、否、明夷、歸妹諸說，頗有通於《詩》者，所註坤、蒙、訟、比、謙、隨、蠱、大壯、剝、大畜、頤、既濟、坎諸說頗有通於《書》者。論比之互坤、蒙之六五、履之武人為于大君、節之苦節貞凶悔亡、明夷之三日不食、損之得臣無家、革之革言三就有孚、遯之勿用有攸往、明夷用拯馬壯吉，固易註之邃於史者。他如三禮精義、諸子妙緒，亦多囊括。又或參詳《論》《孟》以樹入聖之基，推演性理以示修省之涂。綜核全畫，眾美悉備。治易之士取而研索，得非事半功倍耶？愨慎公夙嘉許之，以未得刊行為憾，僅掇其十六卦說附《匯參》以示一斑。夫《匯參》者所以極其博，《易註》者所以致其精，學者當借逕於《易註》，乃可進而求之《匯參》，二書並世，相得益彰，裨益士林豈淺鮮哉。昔文公治《詩》兼資呂氏，武子傳《禮》取益康成，則益友之堪師也。征南釋傳，見重摯虞；少府纂修，知名王濟，則知音之難遇也。以今方古，事有相侔。稽其高誼，不讓前賢。今家君將纘先志，刊布其書。明恩不敏，忝預校讎。一得之愚，弁諸簡端，用志景仰之忱云爾。太歲單閼大淵獻仲冬丙子朔，至德周明恩。

◎跋：先大夫嗣香公《易註》積數十寒暑始脫藁，猶時時就正於有道，不欲遽付剞劂。至德尚書周愨慎公精研易學，己未、庚申間退居津門，與先君交最密，朝夕過從，因持此相質，深荷贊許，謂為博學近思，闡發無遺，並錄十六卦入所著《易理匯參》。先君欣然頗重知己之感。未幾尚書薨逝，先君亦見背。古學陵夷，經義日湮，遂無人過問。今春尚書哲嗣止菴總長徵求遺稿，刻之《師古堂叢書》，俾廣流傳。寶訓欣感無量，爰浼徐君蔚如為之校讎錄副，藉陳一甫先生以達。於是先君著作得以傳播方來，永垂不朽。謹志其顛末於後，以見是書之淵源云。甲戌九月，天津李寶訓謹跋。

◎李士鈐，字嗣香。天津人。光緒三年進士。翰林院編修。官詹事府贊善、中允。光緒癸卯科湖南鄉試正考官。

李世鐸 易義 四卷 佚

◎乾隆《萊州府志》卷十五《藝文》下：李世鐸《易意》四卷。

◎道光《重修膠州志》卷二十《藝文》：李世鐸《易義》四卷。

◎孫葆田《山東通志》卷百二十七《藝文志》第十：是書見《州志》。

◎李世鐸，字伯瑞，一字兼山。山東膠州人。順治二年（1646）進士。歷官湖廣布政使。治學專精於易。

李式穀 易經衷要 十二卷 存

國圖藏道光十年（1830）南海葉氏風滿樓刻五經衷要本

◎目錄：卷一上經乾至需。卷二上經師至豫。卷三上經隨至離。卷四下經咸至姤。卷五下經萃至歸妹。卷六下經豐至未濟。卷七繫辭上一章至六章。卷八繫辭上七章至十二章。卷九繫辭下一章至五章。卷十繫辭下下六章至十二章。卷十一說卦。卷十二序卦、雜卦。

◎五經衷要序：羣言淆亂衷諸聖，自漢氏以來，說經者幾千百家，而折衷至當、義精理粹者，莫如我朝御定經義，所謂日月出而爝火熄、江河行而畎澮歸也。顧卷帙浩繁，寒士力鮮能購，抑且不便舟車。此書於五經中舉出其理之精奧、說之歧出者悉衷以御定《精義》，間采自漢迄今諸說。得《易》《書》《詩》各十二卷、《春秋》六卷、《禮記》三十卷，共七十二卷。仁和李式穀所纂。其同邑何元錫得之。元錫客死廣州，書將散佚。南海葉農部夢龍謀梓以傳，而問名於余。余以前義名之曰《五經衷要》。其纂止五經者，以科舉功令所定也。農部子多而均能讀父書。此書之出，將由一家以及國，由國以及天下。其嘉惠後學之心盛矣。顧十三經皆有御定，農部他日必能續纂。拭目俟之。道光十年歲次庚寅斗指亥之月拜經之日，吳榮光伯榮撰。

◎李式穀，字海匏。浙江仁和（今杭州）人。深於經學，著有《易經衷要》《書經衷要》《詩經衷要》《春秋衷要》《禮記衷要》，合稱《五經衷要》。

李思中 讀易初纂 佚

◎光緒《嘉定縣志》卷二十四《藝文志》一：《讀易初纂》（李思中著）。

李騰蛟 周易剩言 佚

◎光緒《江西通志》卷九十九《藝文略》一《國朝》：《周易剩言》，李騰蛟撰（《贛州府舊志》）。

◎阮元《儒林傳稿》卷一：其在易堂者有寧都李騰蛟、邱維屏，南昌彭士望。騰蛟字力貞，年最長，著《周易剩言》。

◎唐鑑《國朝學案小識》卷十：九子中，如寧都李先生騰蛟著有《周易剩言》、邱先生維屏著有《周易剩說》、南昌彭先生士望著有《恥躬堂集》，皆易堂講學之人也。

◎李騰蛟（1609～1668），字力負，號咸齋，學者私謚貞惠先生。江西寧都人。諸生。明亡後隱居金精山翠微峯，為「易堂九子」之一。又著有《半廬文集》三卷。

李天培 易數大衍參原 佚

◎光緒《黃州府志》卷三十二《藝文志》：《易數大衍參原》，黃梅李天培撰。

李調元 易古文 三卷 存

國圖藏乾隆綿州李調元刻函海本

山東藏道光五年（1825）李朝夔刻函海本

國圖藏清末廣漢鐘登甲樂道齋重修函海本

湖北藏清刻本

叢書集成新編本

山東藏臺北成文出版社 1976 年無求備齋易經集成影印乾隆刻函海本

◎李調元（1734～1802），字美堂，號雨村，又號鶴州、童山蠢翁。四川羅江人。父李化楠及堂弟鼎元、驥元均為進士，有「父子一門四進士，弟兄兩院三翰林」之稱。調元於乾隆二十八年（1763）中進士，入翰林為庶吉士，散館授吏部主事，歷任廣東鄉試副主考、考功員外郎、廣東學政、直隸通永道。後遭誣陷罷官，本擬發配伊犁，以母老贖歸故里，潛心著述。築萬卷樓藏書十萬餘卷，時稱西川藏書第一家。嘉慶初，樓為土賊所焚，調元鬱鬱去世。著有《童山文集》、《童山詩集》，《蠢翁詞》、《雨村詩話》四卷、《雨村詞話》、《雨村曲話》、《雨村賦話》等，又輯有《函海》。

李廷對 易解 四卷 佚

◎道光《徽州府志》卷十五《藝文志‧休寧》：李廷對《易解》四卷。

◎道光《休寧縣志》卷十五《人物志‧鄉善》：所著有《易解》。

◎李廷對，字以正。安徽休寧北門人。續學有至性，與兄孝廉廷獻並著聲譽。

李為 易學輯本 四卷 補錄一卷 存

湖南藏清鈔本

李為衡 觀象拾遺 佚

◎民國《濟寧直隸州續志》本傳：每講說諸經，圍而聽講者達數百人。著有《觀象拾遺》，搜羅眾說，參以己意，頗有所折衷。

◎李為衡，字湘九。山東濟寧人。李仁榮從子。光緒五年舉人，主講直隸昌黎、單縣琴臺諸書院，歷署羅山知縣。

李文桂 塞易 八卷 佚

◎李佐賢《石泉書屋類稿》卷三《誥授奉直大夫廣東德慶州知州晉贈文林郎翰林院庶吉士先考鏡秋府君行述》：嗜讀易，日手一編，自為箋註。初但宗漢儒說，後得前明來翟塘先生《易註》，尤服膺弗失，採其已及，補其未備，共註八卷，大抵主象數而理輔之。每有心得輒色然喜，或疑義未析即寢食俱廢，必求渙然而後已。如是數歲，蓋心力已瘁矣。

◎孫葆田《山東通志》卷百二十七《藝文志》第十：是書多主象數，往往發前人所未發。見《吾廬筆談》。

◎李文桂（1766～1835），字鏡秋，號魯村，晚又號坦翁。山東利津人。李佐賢父。廩貢，官德慶知州。

李文曜 河洛理數 一卷 佚

◎光緒《新寧縣志》卷二十《列傳》三：又著《河洛圖數》一卷。

◎李文曜，字象珍。祖籍新寧德行都人，寓居縣城西門。為人性敏好學，居一室，左圖右書。究心易學，精壬遁，以日者術自給。著《易學詳原》三卷、《天地理論》、《河洛理數》一卷。

李文曜　易學詳原　三卷　佚

◎光緒《新寧縣志》卷十八《人物》下：童年受易於其大父，反復研求，越四十八年成此書。

◎光緒《新寧縣志》卷十五《藝文略》：《易學詳原》三卷（國朝李文曜撰）。

◎光緒《新寧縣志》卷二十《列傳》三：著《易學詳原》三卷。自序謂童年受易於其大父，後反覆求詳，廢寢忘食。越四十八年而成，其用力可謂勤矣。

李文炤　周易本義拾遺　六卷　存

國圖藏清四為堂刻李氏成書本

四庫存目叢書影印清四為堂刻李氏成書本

◎周按：《中國古籍總目》此書重出，分別著錄李文炤、李文炤（元朗）、李元朗，實為一人。

◎參定姓氏：陳濟殷（諱來楫。山陰）、崔青峙（諱岱齊。平山）、趙互輿（諱城。通海）、宗瀛仙（字發甲。滇南）、宗渭湄（諱周望。代北）、楊紹闓（安仲。江夏）、羅爌（勛公。盱江）、張鳴珂（石攻、玉友。溈溪）、王元復（能愚、醒齋。邵陽）、吳寧諮（獲五、採夫。本邑）、黃琰（上珍，淵亭。本邑）、陶士偰（倫宰。寧鄉）、周邰生（自稷。邵陽）、周正（思皇。本邑）、唐文華（宗舜。本邑）、家芳華（實莟，澹齋）。

◎校對諸子：傅良辰（慎全。漢川）、黃之綸（宸翰。長沙）、丁一煊（月峯。衡陽）、曾璋（莪士。益陽）、扶道弘（大生。酃縣）、賀輪（升邑。醴陵）、易孔璘（理仲。醴陵）、張聖羽（儀吉。本邑）、廖文憲（式萬。本邑）、唐煥（堯章。本邑）、柳煌（玉蘊。長沙）、家花湛（流芳。桂陽）、家孔授（希孟。衡陽）、弟文炎（日上）、男章達（伯成）、姪（章埈、匡山、紹易）。

◎周易本義拾遺目次〔註17〕：

卷之一周易上經。卷之二周易下經。卷之三象上傳、象下傳。卷之四象上傳、象下傳。卷之五繫辭上傳、繫辭下傳。卷之六文言傳、說卦傳、序卦傳、雜卦傳。

〔註17〕又見於李文炤《恒齋文集》卷二、《湖南文徵》卷四十四，均題《古文周易目次記》。

　　在昔太古，風氣方開，天地之變化形於圖書，是故伏羲〔註18〕畫卦以明之。迨夫〔註19〕夏商，卦失其次（夏之《連山》首艮，商之《歸藏》首坤），有占無文，而民用勿彰。是故文王、周公繫辭以釋之。爰暨〔註20〕末世，溺於術數，而聖人之大義微言幾乖且絕矣，是故孔子作傳以申之。自秦以降，家私其書，人私其學（田何之學凡十二篇；費直之易則以彖象集二經之中；王弼又以《文言》益之；焦贛之易更不類聖經矣〔註21〕）。其得言而失理者，又紛然雜出於其間〔註22〕（揚雄之《太玄》、司之光之《潛虛》、元嵩之《元苞》、王通之贊是也〔註23〕）。自濂溪周子心契遺經而作圖以明其綱領，一傳於伊川程子，乃為傳以釋經，而易理明矣；自華山陳氏得圖畫於方外之學，三傳以及河南邵子，推演其義，而易數傳矣；自嵩山晁氏考訂古經釐為八卷，東萊呂氏復因而詳正之，而易書亦復其次矣。三者既備，是故朱子乃作《本義》以折衷之。蓋易之明而復晦、晦而復明者，反覆幾數十年，而至是始克集其大成也。無何明儒編輯《大全》，冠程傳於《本義》之前，既失其潔淨精微之旨；附諸儒之說於其下，又不免於雜亂支離之失。而《本義》之故編遂不行於世矣。惟敬軒薛氏深知其非也，故其言曰：「朱子《本義》依呂氏所定經二卷傳十卷古易之次序，後儒以《本義》附今程易之次序，失朱子之意矣。」竊因是購求故編，而卒不可得也。於是乎錄古本《本義》，而又別為《拾遺》一編，以補其未備焉。雖其違世獨異之罪所不敢辭〔註24〕。然而輯聖言之渾成、復先民之

〔註18〕李文炤《恒齋文集》卷二、《湖南文徵》卷四十四《古文周易目次記》「迨夫」作「爰暨」。

〔註19〕李文炤《恒齋文集》卷二、《湖南文徵》卷四十四《古文周易目次記》「伏羲」作「聖人」。

〔註20〕李文炤《恒齋文集》卷二、《湖南文徵》卷四十四《古文周易目次記》「爰暨」作「流及」。

〔註21〕李文炤《恒齋文集》卷二、《湖南文徵》卷四十四《古文周易目次記》「焦贛之易更不類聖經矣」作「焦贛之易第言陰陽災異，更不類聖經矣」。

〔註22〕李文炤《恒齋文集》卷二、《湖南文徵》卷四十四《古文周易目次記》「其間」作「莫知其非」。

〔註23〕李文炤《恒齋文集》卷二、《湖南文徵》卷四十四《古文周易目次記》「是也」作「皆是」。

〔註24〕李文炤《恒齋文集》卷二、《湖南文徵》卷四十四《古文周易目次記》自「惟敬軒薛氏深知其非也，故其言曰」至「雖其違世獨異之罪所不敢辭」作「某蓋屢思更訂焉而未敢也。往歲得敬軒薛先生之遺言，其論易書與愚見脗合。顧以生長楚南，雖欲購求故編而無由。於是手錄是書以俟佗日之參訂。雖其違世獨異之罪，所不敢辭」。

條理，則或不無千慮之一得云。

◎張鳴珂弁言：天地生人各有事，竊據官骸是何意。君今宜與古為徒，萬卷並探生妙義。有學不肯掞綺語，有才不肯急功利。相看騄驪過孫敖，八極橫行無阻滯。皇初聖人罹憂患，牖民易簡神道器。自從洛閩涉藩籬，更有何人收墜緒。君今四十已成書，茂叔再來那得易。名山石室豈終藏，力剪荊榛洗天地。嗟予日晷何能為，君到耄期難億計。溈溪姻弟張鳴珂具稿。

◎羅壙弁言：楚江地接西江水，源發岷山幾千里。扶輿清淑氣蜿蜒，楚材之生良有以。李君元開更挺特，不屑清言善名理。邂逅同予蕭寺中，上下古今談娓娓。興酣落筆輒成詩，清如冰玉無纖滓。君之研精在《周易》，餘事故作詩人耳。探抉先天與後天，反覆縱橫相櫛比。釋經參互及卦變，乃知設象非徒爾。其他援據盡精絕，纂要鉤玄暢厥旨。世儒說易務穿鑿，真如燭籠添骨子。紛紛理數競專門，遂令程朱判彼此。君書簡要復清通，如視羅紋於十指。讀之了了豁心目，欲誦萬邊書萬紙。他時流布出人間，後生驚見延平李。吁嗟俗學徒剽竊，捃撦字句爭綺靡。共君深談幾匝月，愛君一一有源委。霜月娟娟坐夜闌，一曲驪歌無那起。天際歸舟泝楚江，離情應逐舟之尾。著書如暇多相憶，順流為我致雙鯉。盱江學弟羅壙拜稿。

◎李文炤序〔註25〕：今按易之體要，象辭變占而已。辭者卦之蘊也，變者爻之動也，象者理之形也，占者事之兆也。卦無定體，爻無定用，而聖人之精蘊於是乎見焉。語其性情謂之德，語其形容謂之象，語其成位謂之體，語其對待謂之錯，語其流行謂之綜，卦之萬變由是而生矣。承其尊乎，乘其卑乎，應其敵乎，互其交乎，變其之乎？得奇之謂健，得耦之謂順，無過不及之謂中，質與位當之謂正，爻之萬殊由是而生矣。引而伸之，觸而長之，則於聖人之情亦思過半矣。至哉，十翼之作乎！釋之以彖、象，申之以《文言》，經緯之以《序卦》《雜卦》。《繫辭》所以明辭也，占在其中矣；《說卦》所以明象也，變在其中矣。易傳之作，蓋善於祖述者。雖《本義》，亦大抵本其說而約之耳。然於辭則多得之，而於象蓋未深考，是亦不無遺議也。不揣愚陋，妄為補苴，釋經則以象數為主，釋傳則以義理為歸。體用一原，欲推而明之；顯微無間，欲究而極之。而數載之間，憂哀杳至，橫逆頻加，稍有暇日，未嘗敢釋於心也。草藁三易，始克成編，蓋七年於茲矣。觀會通以行典禮，豈所敢知？由辭以得意，或庶幾其萬一已乎！康熙辛卯歲仲春月，湘川李文炤謹書。

〔註25〕又見於李文炤《恒齋文集》卷一、《湖南文徵》卷六十一。

◎李文炤《恒齋文集》卷五《上玉友張先生》：近讀《周禮》《爾雅》，始知前此易注，其於名物度數多所未察。如小貞吉、大貞吉，宗伯、太卜之職皆有，凡若斯者，不能盡述。以是而益歎讀經之難也。昨於熊世兄宅偶得李謙庵《易說》，其書固多偏駁，然其精詣處亦有迥出先儒者。如云：「乾尚質而崇德行，坤尚文而多辭采，以故華葩不出於松柏、綦組恆由於女工」，此尤學人所當銘心之語，不知班若先生何以並不寓目也。學欲約不欲陋，豈非吾人之深戒乎？

◎李芳華《李恒齋先生行述》：若夫其著述大指，則一以闡發聖賢蘊奧為主。謂易本為卜筮而作，必先明夫象數而後其辭占可決，於是玩味《繫辭》諸傳之旨，參之瞿塘來氏、楓林朱氏之說，作《本義拾遺》。雖其取象指數若與朱子不相侔者，然其卦、變卦、互卦之則，本程子反覆往來上下之言，與《繫辭》所謂「雜物撰德，非其中爻不備之云」而闡明之以補《本義》之所未備者，非臆說也。

◎《湖南文徵》卷九十三李文炤《與黃上珍》：山居孤陋，忽聞榮捷南宮，且授任銓部內，此本積學所應得者，亦不足為吾兄驚喜也。近接手書，拳拳舊好，又得聞方靈皋先生之緒論，令人神馳。鄉遂都鄙無異法，拙傳已如此立說。觀孫子云：「興師十萬，不得操作者七十餘萬家」，則吳越之區亦用成周田賦之法矣。蓋朱子之於聖學，譬諸李沆、韓琦，安社稷則有餘，拓邊境則未暇，故四子之精蘊闡發無遺，而六經之名物度數則未免於闊略也。邇來作《春秋集傳》，而成周之典制益明。不知胡康侯何以不信《周禮》，而乃欲解《春秋》也？然弟亦非勇於苟作者。因前年冬月，漢陽有傅慎全者，乃陝西李二曲之門人也，年已七十矣，因其師遺囑《易經》不得真解，令徧求四方，渠乃筮之，以為在西南湖岳之間。遂策杖至衡，諸友引之來舍留止數月，以董蘿石自擬，攜拙作易說以歸，而留其鄉人楊恥菴所箸《春秋說經》寫本於齋中。其書亢爽徑直，盡去諸儒牽合附會之陋習，但過於屏棄傳說，未免有扶醉漢之譏。又得吳宥函《春秋臆》，亦多所發明，而惜未盡也。以此起興，勒成一書，俟脫藁日然後可郵寄耳。少讀方靈皋先生之文，以為有震川之廣淵而加之以潔、有荊川之精卓而加之以腴，不意吾兄得與之訂交也。今有彙書序文數首，欲求斤削，未審可否？亦更有囑焉，年齡混到垂暮，而友生鮮同方合志之人。吾兄交游甚廣，若遇有一箇半箇灰頭土面之士，可指引到山齋，相與資麗澤之益，庶免孤陋之慨乎？榮、吳二老友必嘗聚首，當於經濟

之方互相講究，使他日入循吏之列，亦桑梓之光也。王澄悔、蔡秀水、陳滄洲至今猶為美談，況進於此者乎！周思皇館弟家塾，唐宗舜館團頭市，相去五里；家實菴館張仙巷，相去十里，故常得晤，已將尊札徧呈閱矣。

　　◎《湖南文徵》卷一百易慎惝《與雲衢族叔論湘川李氏易註書》：前過絳帷，獲聆清誨。承授以湘川李先生（名文炤，字元朗）《易註》鈔本，命將所見籤批商酌。姪何人斯，敢於議論前賢！然仰承尊命，又不敢以不敏自謝。歸家細閱，覺有不能不與私心刺謬者，敢擴卮言錄塵鈞鑒。姪竊謂聖人之書從廣大平正胸中流出，非淺見私智固持一說可以自謂有得者。況《易》之為書，潔淨精微，尤難窺測。學者讀經，要當放開心胸，高著眼孔，先將胸中習見埽得潔潔淨淨，不使昔人成說滯我靈源，然後虛與委蛇，沉潛觀玩，自然貫通融會，意味深長。至為初學示入門之方，則先儒之說有旁義有正義，取裁不可以不慎。以旁義為正義，猶為誤入門戶；若執旁義之支流為正義之要旨，是走入曲徑歧途，何由窺聖經堂奧乎？此李先生《易註》一書所以不無可議也。何言之？夫易義有三，理象數而已。理其本也，象數其末也。互體變卦，不無象數之支流；錯綜（來知德說）推移（毛奇齡說），則纖巧之謬說也。蓋自漢魏諸儒專泥象散以談經，易義晦蝕者數百年。迨王、韓作註闡發義理，孔、顏等疏之，學者始有門徑可尋。然王註稍雜元虛，疏義隨註衍說，未為盡美。程子作《傳》，易義始大明於世。然惟務明理而概掃象數，亦未免得本遺末。至朱子《本義》出而理數兼綜，本末具備，廣大精微，不啻日之中天矣。然於象有略焉者，非略也，誠以學者讀書，惟在涵養德性通達事理，以為淑世淑身之本。而入德之方，非理莫由，故不惜殫心極力以發明之。象則聖言悠遠，失其傳授，未可意為推測，故不必強求所自來耳。學者熟讀其書，能於剛柔中正吉凶消長等處，探求四聖心源，看出隨時變通道理，則凡窮通得喪，隨處一境遇一事，莫不各有當然之則，性命所以順、過咎所以寡也，其益於身心不已多乎！來知德、毛奇齡輩不知此義，沾沾惟象是求，象不可得則刱為錯綜、推移等說以附合之。是昔賢所訾互體變卦為附會穿鑿者，反又於其中生出許多巧說矣。不知象既失傳，非若義理之可以苦索而得者。乃於此不得則求之彼，於彼不得則求之此，逐卦逐爻言錯綜言推移，一爻之中錯又綜綜又錯、錯綜又變變又錯綜；一卦之中移上一爻則象來自某卦，移下一爻象又來自某卦，六十四卦隨我意為推遷，恰是聖人作經左顧右盼、東支西扯，如一件襤褸之衣，補補衲衲，零零碎碎，全無自然渾成氣象。不惟推之義理

殊多窒礙，即使說得天花亂墜，於身心性命有何裨益乎？且易之所以包含無
盡者，由其假託虛象以明實理，鳶飛戾天，上察者不必不指是鳶，亦不必
實指是鳶也；魚躍於淵，下察者不必不指是魚，亦不必實指是魚也。不過借
有形之物象明無形之道體耳。即誦《詩》而贊《黃鳥》之于止，在川而歎逝者
之如斯，亦猶是也。易之取象何以異此？今試參而考之，《說卦》有為布釜贏
蚌等象，而彖爻不及之；彖爻所取諸象，《說卦》所不及者尤難指數。則《說
卦》之作，聖人亦偶舉一隅以為類推之準，初何嘗刻舟求劍，以為某卦之象
必取自某物也？且如乾為馬而爻辭則為龍、坤為牛而彖辭則為馬、屯有馬而
無乾、離有牛而無坤、乾之六龍非震也、坤之牝馬非乾也、玄黃之龍坤上無
震、十朋之龜益二無離、乾為寒冰而堅冰之至則取陰凝、坤為大輿而大輿之
輹反取剛壯。坤土黃也而為黑，坎不可以為黑乎？坎水黑也而為赤，離不可
以為赤乎？離為戈兵，兌金在西不可為戈兵乎？乾為寒冰，坎水在北不可為
塞冰乎？要之，看得圓融活潑則依類以推，取象正自無窮；死板看了，則《說
卦》之中尚須增象數十，方與彖爻之辭可以印合。象可泥看乎？昔朱子門人
有疑《本義》太略者，朱子曰：「譬如燭籠添一骨子則障了一路明。」是說也，
或者疑之，謂經待註明，豈註之而反障其明？《說卦》末章全不之註，豈經不
必註乎？不知此未窺朱子之微旨也。蓋彖爻之辭若作實象泥看，則乾之初爻
止作聖人隱遯解，二爻止作出潛離隱解，則三百八十四爻之辭止可作三百八
十四事之用，何以包萬事萬物之理、周萬事萬物之用乎？惟作假託看、作虛
象看，則一卦六爻便可包無數事物。即以目前言之（時雲衢設帳株洲市，其門人
方應縣試），如童生應試，得初爻者只宜閉戶潛修，得二爻者文明顯著，上進
可望；商賈買易，得初爻者暫宜收手，得二爻者遠近爭趨，漸當茂盛。推之上
而天子下而庶民，隨其所處之境、所遇之事莫不各得其用。聖人所以開物成
務冒天下之道者，全在於此。惟其象係假託，要在使人活看，故《說卦》之辭
不必下死板讓腳印定後人眼目也。今之學者以身心性命為虛談，以眩博矜奇
為實學，搜求隱僻無所不至。取經文穿鑿而附會之，而於是互體、變卦諸說，
遂以為解經不易之旨矣。夫謂卦有互變，雖不若錯綜推移之纖巧，然與經文
有合者有不合者，未可按爻責卦，字字推求也。若執為全經之通例，泥定索
解，謂可探四聖之心傳、補昔賢之缺略，是猶航斷港絕潢以望至於海也，豈
可得乎！茲李先生解釋翼傳，證理既多醇正，說數亦不支離，即先天後天蓍
策等說亦不無可取者。獨其註釋經文惑於來氏之說，泥象求經，專以互變錯

綜為要義，舍康莊而尋曲徑，全失潔淨精微之旨。其尤謬者，於每卦之下增入互某卦上、互某卦下等字，印定後生眼目，使專於互體索解，已為鄙倍。乃復於三百八十四爻各增變卦於經文之上，不惟增經之妄罪無可逭，而一切支離牽附詭僻穿鑿等病，均有難為先生解者矣。夫解經自有定法，微論互變均屬餘義，即使為解經正旨，亦必經有此義而後以此義解之，未有經所未及，而先安排豫設，以待經文之符合者。今每卦增一互體，則一卦之明障矣；每爻增一變卦，則一爻之明障矣。以己意為主，而牽經文以附之，是經來註我，非我註經矣。試問千百年來有此註經之法乎？況乎持瑣碎纖巧之偏見，解廣大平正之遺經，逐爻逐卦節節推求，附會牽合無所不至，必其實不可通而後另進別解，拾前人之唾餘，矜私心之創獲。即使所推盡合，吾猶謂其祇宜標明註中，不宜增冠經首。況經之所解，合經者不過十之二三，不合者十之六七。而與經顯背必不可通者且有所不免乎！他不暇論，即以乾坤二卦各舉一爻言之，如乾之初爻變姤，若作變看，當有小人相遇，或戒勿用小人，或戒勿見用於小人，理均可通。然《文言》有龍德而隱之贊，合乎？否乎？坤之初爻變復，若作變看，震雷潛動陽有來復之機，元吉無疑。然爻有堅冰馴至之戒，合乎？否乎？霜之取象不知來自何卦，以為來自本卦之坤，則有云地為霜者即成笑柄；以為來自變卦之震，則雷乃解霜之物，顯然相反。若依錯卦之說指為自乾，天固有下霜之理。然如此牽合，則凡相反者皆可取象，支離不太甚乎？冰之取象，據《說卦》則來自乾，然不惟卦中益并無乾象，將謂堅冰之至即乾陽之馴長，有是理乎？霜冰二象既均不能推所自來，則象之不可泥明矣。豈履之一字必有所自來乎？乃因變震之故嵌入大塗二字，如此穿鑿支離妄可勝計乎？至《文言》云「由辨之不早辨」，責其不能辨也，與《繫傳》「復，小而辨於物」語正相反，而乃引以為解，非牽合而何也？舉此二爻以見其概，其餘欲辨更僕難終。如此解經，經意愈晦矣，何足以傳世行遠乎！此吾所以重為先生惜也。雖然，謂互體變卦必不可以解經，則又非通方之論。夫聖人之經大含細入，何所不包，隨舉一說，祇要義理平正，無不可通。況互、變二說出自漢儒，未必全無傳授。前儒如王《註》、程《傳》及胡安定、王介甫諸家，一概闢而不取，要亦未免太過。雖解經正旨全不在此，要皆自卦內推出，并非無中生有。求之諸卦，亦或有相合者，誠能旁推交通，圓融活看，合者取之，不合者置之，未始非讀經之一助，非若毛氏推移、來氏錯綜之纖巧乖謬也。特逐卦逐爻板板看煞，於不合者亦必支離牽強以求其合，使後生讀之，

穿鑿傅會慣了，心地日趨於纖巧，識見日流於頗僻，不見聖經廣大平正之旨，則於經無益而反有損耳。余因李先生翼傳諸註，證理釋數多能發明微旨，而惜其泥象求經之難免謬誤也。意欲重為訂正，刊其增入經首卦下者以復潔淨精微之舊，辨其顯然謬誤者以免後學之疑，而病體衰殘，難於繕錄，未克卒成其志。錄呈鄙論，以待高明折衷。儻有不合，尚祈有以辱教之，則受益良多矣。愷謹白。

◎四庫提要：其書用朱子古本並為六卷。自序謂《本義》於辭多得之，而於象未深考，因為補葺，釋經則以象數為主，釋傳則以義理為歸。各條載《本義》全文而以己說附於後，於變爻互體言之特詳，而所釋諸象則大抵隨文傅會。至於爻辭之首各冠以本卦六畫，而以所值之畫，陽作○、陰作×以別之，如世傳錢卜動爻之式，其法雖見賈公彥《周禮疏》中，乃卜筮者臨時之所記，用以詁經則非矣。

◎李文炤（1627～1735），字元朗、朗軒，號恒齋。湖南善化人。康熙癸巳舉人。康熙五十二年（1713）任嶽麓山長。又著有《太極圖說解》一卷、《周禮集傳》、《家禮拾遺》、《中庸講義》、《道德經釋》、《通書解》一卷、《通書後錄解》一卷、《西銘解》一卷、《近思錄集解》十四卷附《感興詩》一卷《訓子詩》一卷、《恆齋文集》十二卷。《湖南文徵》卷二十四收錄其《三十六宮都是春論》一篇；卷九十三收錄其《與張再超》一篇，論圖書配《易》《範》之說。

李文炤 周易拾遺 一卷 存

清四為堂刻李氏成書本

◎《湖南文徵》卷六十三李芳華《恆齋先生文集序》：吾兄元朗先生，自總角以來，志希往聖，力溯道源，思即宣尼之門牆窺程朱之閫室。沈酣六籍，進退百家，出其心裁，彙為傳註，非但欲以文章名世也。

李文炤 周易序例 一卷 存

清四為堂刻李氏成書本

◎周易序例拾遺目次：

說（補《啟蒙》第一篇）、先後天說、易象說（以上兩篇補《啟蒙》第二篇）、策數說（補《啟蒙》第三篇）、變占說（補《啟蒙》第四篇）。

朱子為《周易序例》於篇首，又作《啟蒙》以發揮之。先之以天地之易，

夭次之以上古中古之易，其說精密無遺矣。但圖書法則之補合、後天位置之安排、卦變往來之紛紜，著策主歸奇而與太少之數，占法遺變互而與九六之辭不符，皆未能釋然於心也。是以集諸儒之論而擇其長者以為此卷，特未知其當否何如，聊以存疑耳。

　　◎《湖南文徵》卷九十三李文炤《上玉友張先生》：數月以來，將勉齋所編禮書去其重複、正其顛倒，率妄之罪，所不能辭。然子儀、光弼亦覺各成一軍，但注疏尚仍漢唐之舊，意欲更訂焉，而苦於力之未逮也。蔡氏範數，其義似皆推而得之，已略為之說矣，他日相見，當以面質耳。近讀《周禮》《爾雅》，始知前此《易注》，其於名物度數多所未察。如小貞吉大貞凶，宗伯、太卜之職皆有大貞之文，謂封國立君之大事求正於神也。他若祭祀田獵皆為小貞，可知矣。屯之九五坎體也，坎為鬼、為禽化，坤為田役，故小貞則吉，然其性本陷，無君長之才，故大貞則凶。咸函古字通用，《春官》大祭祀則老成之杖皆以器貯之，名曰杖咸。夫山澤通氣，男女搆精，皆虛受之象也。《莊子》：「釜底之黑謂之黶」，則《易》之命名審矣。豐之蔀施與斗皆以車中所有言之，蓋《考工記》輪人章謂車蓋之上承者為斗、植立者為蔀，此卦下離為車、上震為馬為塗、中復坎為弓輪，乃其象也。至若沬者，隱晦之義也。《楚辭》「憑心未沬」、《檀弓》「瓦不成沬」，亦其明證，舊說何故而以小星訓之耶？《爾雅》「牖戶之閒謂之扆，其內謂之家」，蓋古者戶在東南，設黼扆以蔽之，家人之卦，外巽扆象也，內離牖象也，且巽下斷而為資斧，則扆之質與文皆象之矣。《考工記》又謂治皮革之柔者為需，夫至堅之物遇水未有不濡者，需卦之所由名也。儒字從需，儻亦有取於雍容和緩之義歟？節亦兼取節候之意，故傳謂天地節而四時成。又以卦序考之，三十卦備而坎離會，以象日月之交也。六十卦具而節體成，以象甲子之週也。不亦曲而中乎？《司市》：「大市日中為期」，離象也。其下有廛次，艮象也。火山為旅，殆以此耳。凡若斯者，不能盡述。以是而益歎讀經之難也。昨於熊世兄宅偶得李謙菴《易說》，共書固多偏駁，然其精詣處亦有迥出先儒者。如云乾尚質而崇德行、坤尚文而多辭采，以故華葩不出於松柏、纂組恆由於女工，此尤學人所當銘心之語。不知班若先生何以竝不寓目也？學欲約不欲陋，豈非吾人之深戒乎？！

　　◎《湖南文徵》卷九十三李文炤《與陶倫幸》：易象之說，近得吳草廬、朱楓林、汪鈍菴、吳宥函諸說，又覺詳備勝於往時。惟《序卦》則合諸家之論而皆覺未安，不知作何究竟耳。三禮蒐輯愈密，惟《周禮集傳》諸友求者甚

多，而家無副本，不能應之。然欲刊行，所費不過百金，不知吾兄能為有力者一吹噓否耶！

李希晉 童觀隨筆 一卷 存

山東藏清末鈔本

臺灣圖藏鈔本

◎李希晉，正白旗漢軍。

李希賢校 新訂孔塘周易 四卷 存

上海、貴州藏清刻本

重慶市綦江藏清末刻本（存二卷：三、四）

◎周按：《中國古籍總目》著錄為李習三校。希賢字習三。

李錫 周易指要 佚

◎同治《永新縣志》卷二十一《藝文志》：《周易指要》，李錫撰（見《吉安府志》）。

◎光緒《江西通志》卷九十九《藝文略》一《國朝》：《周易指要》，李錫撰（《吉安府志》）。

◎李錫，字品韓。江西永新人。

李錫書 河洛圖說 四卷 存

山東藏嘉慶五年（1800）李錦虎元陽洞刻本

◎同治《重修成都縣志》卷七《人物志》：撰有《汶川志略》《河洛／周官圖說》二種、《釋地／釋星》二種、《四書大成集講》與《四書臆說》前後八卷，合《圜海圖考》及《制義雜著》統名《見菴錦官錄八種》。

◎李錫書，字洪九，號見菴。山西忻州靜樂縣人。乾隆己亥舉人，庚戌進士。任四川汶川縣令。

李遐齡 易蠡 十四卷 佚

◎光緒重修《香山縣志》卷二十一《藝文》：《易蠡》十四卷，國朝李遐齡撰。

◎李遐齡，字芳健。李修凝曾孫。歲貢生。又著有《詩鵠》、《讀史偶札》

二卷、《勝國遺制錄》二卷、《十國遺聞略》二卷、《澳門述》一卷、《香山物產略》五卷、《牀雨話》一卷、《南華碎繡》一卷、《鴻烈一羽類鈔》二卷、《勺園詩鈔》四卷《續鈔》二卷、《勺園詞鈔》一卷、《十國雜事詩》二卷、《五代史雜詩》二卷。

李祥廣 讀易慎疑 十卷 存

安徽省科研所歷史研究室、湖北藏道光六年（1826）朱亨檜校刻本（李芳編錄）

◎陳壽祺序〔註26〕：治經者大蔽有三，於易為甚。一則意在立說，以著書為名；一則信注說而略經文；一則自智而恥闕疑。舍孔子之辭無以知象爻之辭與卦爻之義，孔子之辭終身不盡知也，乃並象爻之辭而輕之，說出於三聖人之外，而自許明易紛紛者，甚矣其蔽也。說易者於卦則分截二體，於爻則六畫，或拘執，或變亂，甚且以畜為止陽、以渙為聚散，乖違經旨，皆由不專究孔子之辭，得表而忘裏、舉此而廢彼。其遁者乃別求於象數，而經義障矣。建寧李古山論易說云爾。古山著《周易慎疑》十卷，一字一句必詳玩經文，探賾索隱，求自慊於心以合聖人之心而後已。雖大恉宗程朱，然未嘗阿好苟同，無論王、孔也。如訟晉睽損歸妹之名卦、乾不當據四求躍、坤不當言陰主利物、賁彖辭不當割亨小為句、六四《爻傳》不當加旛如、謙不當言戒過謙、遯不當言不可大事好遯、噬嗑不當主刑戮深嚴、恆不當言隨時變易，大抵善體經意，駁正舊解，誠哉，其能慎疑者乎！自宋儒者說大極河圖及重卦，冥慮曼衍，揚波而助瀾，後學猶不能無疑。古山辨之曰：大極者三才萬物之總稱，作易者自渾然一體而發之，是由大極以生兩儀也。王、韓以冥然無象為大極，易本已非；周子一代大儒乃於河圖外復增極圖，又增無極之說，則猶之言冥然无象已矣，何當於易有大極之義哉！四象者陰陽剛柔也，經所謂天地定位及乾坤父母，皆四象生八卦也。兩節不同，義皆乾坤為首，於此見後世兌二至坤八位序之圖之非也。三畫之乾坤既成，則必因而重之，又兼而兩之為六畫。三畫之乾坤列而八卦之易立，六畫之乾坤到而六十四卦之易立，故聖人反覆申言，明三畫六畫之天成无所增減，於此見後世四象相交為十六、十六為三十二諸說之違經也。五十五數列為五位，即今之河圖，孰知其圖之為方圓？況乎虛五虛十襲改爭多也？又先儒以元亨利貞配春夏秋冬、

以先後天解聖人之作易，皆非經文本意。其言廓清淆亂，卓然出於眾家易說之上。唯讀既濟之繻為濡、未濟之極為拯，謂「萬物出震，震東方也」一節為秦漢以來講師附益，謂乾為天為圓八卦之取象為筮家相傳後人附於《說卦》，竝經文而疑之，則賢智之過也。古山名祥賡，字舜廷，邑老諸生，正直寬惠，非禮義不蹈，孝於親，信於友，接物壹以誠，不念宿怨，為善不悋，蓋有得於易道者也。閭鄰莫不敬而愛之，卒祠祀之鄉賢。余於古山，知其人而未嘗謀面，古山之友俾余論次其箸述，乃撮舉其要序是編告海內之稽古山易學者。

◎光緒《重纂邵武府志》卷之二十九《藝文》：《讀易慎疑》十卷，李祥賡撰。

◎民國《建寧縣志》卷之十四《理學》：六經皆有著述，於易尤邃，著有《讀易慎疑》十卷，實能發先儒未發之旨云。

◎民國《建寧縣志》卷之二十五《雜著》：《讀易慎疑》十卷，李祥賡撰。武陵趙慎畛序畧曰：余督閩浙，思其鄉先正文獻之盛，意草澤間必尚有人焉。陳恭甫侍御為言建寧縣故廩生李君古山，抗志道學，出其所著《讀易慎疑》，淵乎先聖之精，粹然醇儒之理。其郡人僉為請從祀鄉賢。門人又將梓其遺書。故余序以歸之。道光乙酉孟春。

◎劉聲木《桐城文學淵源考》卷一二：六經皆有撰述，尤邃於易，能發前人所未發之旨。撰《李古山文集》十卷、《蛙鳴詩集》十卷、《讀易慎疑》十卷（《建寧縣志》《讀易慎疑》《怡亭文集》《抑快軒文集》《蛙鳴詩集》）。

◎劉聲木《桐城文學淵源考補遺》卷一二：其治經，於先儒之學必求之於心，期以合於聖人之旨，文章醇雅，能得古人立言遺意。撰《周易慎疑》十卷，粹然純儒之理，大旨宗程朱，一字一句必詳玩經文，探賾索隱，求自慊於心以合於聖人之心。

◎劉聲木《桐城文學撰述考》卷四「李祥賡撰述」：《讀易慎疑》十卷。

◎鄭兼才《六亭文選》卷六《復黃力夫》：承示何穆巖（曰諧）、李古山（祥賡）二君品學為庠中領袖，弟等職守，惟有舉優，得以子盡。李君古山前此固嘗登薦牘矣而遜謝不前，又屢請其所著《學易慎疑》，謙不欲居，然寶彼此相愛敬。

◎李祥賡（1756～1817），字舜廷，號古山，人稱古山先生。福建建寧人。廩生。弱冠即有志聖賢之學，從朱仕琇讀書松谷。晚年主講泰寧鶴鳴書院。

以窮理慎獨為宗。嘗云：「為學先須磨勘得妄念盡」，又曰：「名利二字須從念頭起處點勘得分明，便須著力鋤去」，又曰：「聖賢語言，須於身心上求之，不徒以誦讀為功」，又曰：「《論語》始言一學字，所學何學？即天德與王道也」，故其為學期於經世，天文地理諸書無不通達。道光四年（1824）崇祀鄉賢祠。又著有《黽鳴詩集》五卷、《古山文鈔》十卷。

李向芝 易說 四卷 佚

◎《中州藝文錄》《河南通志藝文志稿》著錄。

◎李向芝，字衷芳。河南偃師人。順治十六年進士。初授推官，改補浙江宜平縣知縣，調遂昌縣知縣。

李烋 周易自腴編 佚

◎孫葆田《山東通志》卷百二十七《藝文志》第十：是書見《武定詩續鈔》。

◎民國《無棣縣志》卷十二《人物志》：經術湛深，不為訓詁家言。邑侯張簡堂將以通經薦，以去任不果。喜為古文辭，波瀾壯闊，出入唐宋諸大家。趙秋谷太史見其詩，擊節稱賞。著有《聲詩錄》《詩經傳序匯纂》《周易自腴編》《經傳摭言》《四書釋注》《燕翼編》《中州紀程草》《吳中草》《簣園吟》。卒年八十。

◎李烋，字簣園，人稱師晦先生。山東海豐（今無棣）人。李全昌曾孫，李魯族弟。諸生。著有《聲詩錄》《詩經傳序匯纂》《周易自腴編》《經傳摭言》《四書釋注》《燕翼編》《中州紀程草》《吳中草》《古詩百首》《簣園文集》《簣園吟草》。

李心簡 周易對偶 佚

◎光緒《江西通志》卷九十九《藝文略》一《國朝》：《周易對偶》，李心簡撰（《金谿縣志》）。

李揚華 讀易管窺 佚

◎李揚華朱卷易星際批：作者講求實學，著有《紙上》《西征籌筆》《密林子簡記》《几筆秋餘》《經解又分》《四書淪檢》《讀易管窺》《春秋四傳彙箋》《浣紅文集》《浣紅詩集》《浣紅小技》《雪鴻集》《芝城紀行》，又選注

《古文大觀衍用》，編《湖南五家古文詩粹》《今詩約》，以乏梓本，僅刻四五種行世。

◎李揚華（1833～1884），譜名光輔，字實蕃、浯先，號潛先，別作鏡仙，行三。湖南衡陽人。同治九年（1870）舉人。嘗入陝撫劉蓉幕，後歷官兵部主事。曾主講岳屏、石鼓、船山諸書院。著有《經解籌世》九卷、《公餘手存》十六卷、《紙上談》十二卷首一卷、《西征籌筆》二卷首一卷、《密林子簡記》、《鐵筆秋餘》、《經解又分》、《四書備檢》、《四書紀傳略》、《讀易管窺》、《春秋四傳彙箋》、《濂溪講義》、《中興演義》、《衡陽縣志稿》、《浣紅（山館）文集》、《浣紅詩集》、《浣紅小技》、《浣洪駢體》、《雪鴻集》、《芝城紀行》、《國朝石鼓志》、《雷鳴錄》、《燕息餘話》、《見所見古文體要》、《行篋吟草》、《粵遊日錄》，又選注《古文大觀衍用》，編《湖南五家古文詩粹》、《今詩約》等。

李益文 周易 一卷 存

國圖藏稿本

◎李益文，慶州人。

李異甫 讀易備解 不分卷 存

國圖藏清鈔本（卷末有缺頁）

李翊灼 周易虞氏義箋訂 二十卷 附錄一卷 存

山東、湖北、遼寧藏東北大學工廠印刷系 1929 年鉛印本

上海藏民國初油印本（無附錄）

九州出版社 2015 年中國古代珍本易學叢刊鄭同校本

華齡出版社 2015 年中國古代珍本易學叢刊本

◎全書二十卷，附錄序言四卷，一一依通行本順序箋注。

◎目次：卷一乾坤。屯蒙需訟師。卷三比小畜履泰。卷四否同人大有謙豫。卷五隨蠱臨觀噬嗑賁。卷六剝復無妄大畜。卷七頤大過坎離。卷八咸恒遯大壯晉明夷家人。卷九睽蹇解損益。卷十夬姤萃升困井。卷十一革鼎震艮漸。卷十二歸妹豐旅巽兌。卷十三渙節中孚小過既濟未濟。卷十四。卷十五。卷十六。卷十七。卷十八。卷十九。卷二十。

◎略例：

一、此書以張惠言《周易虞氏義》、曾釗《周易虞氏義箋》會為一編而訂

正之，以便世之為易虞氏學者。

二、此書寫式，凡標題經上下、《象上下傳》、《象上下傳》、《文言》、《繫辭上下》、《說卦》、《序卦》、《雜卦》之文，並頂格寫。注、義、箋、訂並低一格寫。

三、此書於注、義、箋、訂之上，各標明注、義、箋、訂等字，以便檢覽。

四、此書之訂，蓋準申正補闕、正誤備攷之例，舉其所知，以資研究，間亦竊附己意。其所不知，蓋闕如也。

五、此書於注義字旁所加。、△等記號，一仍曾氏箋之舊。間亦有訂，必明標焉。至於箋之字旁加。者，則皆新訂耳。

太歲在己巳中秋日，臨川李翊灼謹識。

◎李翊灼，江西臨川人。早年從楊仁山學佛學，與歐陽竟無、桂伯華並稱江西三傑。曾執教東北大學、中央大學。又著有《西藏佛教略史》、《印度佛教史》、《勸發菩提心論》、《心經密義述》等。

李寅　易說要旨　二卷　存

國圖藏康熙四十三年（1704）萬葉堂精刻本

◎易說要旨自敘：寅少時頗好數學，先子永思公訓誡曰：「數學非不佳，久之壞人心術。觀孔子學易以求寡過，知自古聖人作易專為君子謀耳。」寅用是惕然有省，顧自念大易精蘊非淺學所易研極。中歲後復取諸儒所論易義，參互尋繹，始悟紫陽之作《本義》，務極簡當，不敢稍事支蔓者，以易本潔靜精微，倘偶襟偏見，最易流入緯學，早已大為之坊也。茲所存《易說要旨》，特與諸生講說之餘抄錄成帙，取其明白易曉便於初學，非於《本義》別有增益也。如謂窮神知化之能，固須探賾索隱，與京、焦、管、郭諸人比肩，恐易道由茲濫觴，寅直兢兢遜謝弗遑爾。康熙甲申重九，東崖李寅書。

◎卷上首云：《連山》首艮，《歸藏》首坤，《周易》則首乾，易以變易交易為義，變易交易莫如時時即天之時也。道之大原出於天，萬物本乎天，故以乾為首。而天道之易即文王、周公人事之易，此則《周易》之異乎《連山》《歸藏》也與！

◎四庫提要：是書用王弼本，僅解上經下經。前有康熙甲申自序云「法紫陽《本義》」，然語多龐雜，往往並《本義》原旨而失之。

◎李寅，字東崖。江蘇吳江人。

李寅賓 周易析解 八卷 佚

◎民國《壽光縣志‧撰述目錄》著錄。

◎乾隆二十年自序略謂：少覽易象，茫然莫測其津涯。自雍正壬子家居，焚香讀易，六移寒暑，研精覃思，著八卷，力矯諸家之失。一字一句皆自出機杼。精神寄焉，嗜好存焉。

◎李寅賓，字宅東，別號暘谷道人。山東壽光人。乾隆諸生。又著有《馬山志》。

李膺祺 周易考正 六十四卷 佚

◎民國《重修莒志》本傳：精研易理，手抄易註四十餘種，薈萃眾說，加以折衷，著《周易考正》六十四卷。

◎李膺祺，字同皋。山東莒州人。廩生。

李應機 學易重言 二卷 存

上海藏圃隱類編本（稿本）

李應辰 易經庭訓 一卷 佚

◎道光《徽州府志》卷十五《藝文志》：李應辰《易經庭訓》一卷。

李顒 象數蠡測 四卷 存

山西藏光緒二十四年（1898）戎州刻本

◎李顒《二曲集》卷五《錫山語要》：聞先生亦嘗著《易說》及《象數蠡測》，今乃云云，何也？先生曰：「此不肖既往之祟也。往者血氣用事，學無要領，凡讀書談經，每欲勝人。以為經莫精於易，於是疲精役慮，終日窮伕索大，務欲知人所不知。一與人談，輒逞己見以傾眾聽。後染危疾，臥床不談易者半載，一息僅存，所可以倚者，唯此炯炯一念而已。其餘種種理象繁說，俱屬葛藤，無一可倚。自是閉口結舌對人，不復語及。蓋以易固學者之所當務，而其當務之急，或更有切於此也。」

◎李顒（1627～1705），字中孚，人稱二曲先生。陝西盩厔（今周至）人。與孫奇逢、黃宗羲並稱三碩儒。著有《易說》、《象數蠡測》、《十三經注疏糾謬》、《二十一史糾謬》、《帝學宏綱》、《經筵僭擬》、《時務急著》等。

李顒 易說 佚

◎李顒《二曲集》卷五《錫山語要》：問易，先生曰不知。又問，先生曰不知。其人固問不已，先生曰：「子之問易也何為？」曰：「易乃經中之要也。」先生曰：「子欲知經中之要也何為？」曰：「諸名公咸尚易也。」先生曰：「然則子之治易也，為諸名公而治易，非為己而治易也。不為己而治易，則其平日之所以朝研而夕討者，乃欲解眾人之所不能解、發眾人之所不能發，誇精鬭奧，作一場話說而已。此其為力甚苦而其用心亦可謂太勞已。」

李有程 圖說 佚

◎民國《濟寧直隸州續志‧忠節傳》：風裁清峻，力學好古。尤嗜易，著《圖說》，未刊遇難，年尚未三十。

◎李有程，山東金鄉人。李庭禧子。咸豐辛亥舉人。

李有基 周易義象合纂 佚

◎紀昀《紀文達公遺集》卷八《周易義象合纂序》：古今說五經者惟易最夥，亦惟易最多歧。非惟象數義理各明一義也，旁及鑪火、導引、樂律、星歷以及六壬、禽遁、風角之屬，皆可引易以為解，即皆可引以解易。蓋易道廣大，無所不包，故隨舉一說而皆通也。要其大端而論，則象數歧而三：一田、孟之易，一京、焦之易，一陳、邵之易也。義理亦歧而三：一王弼之易，一胡瑗之易，一李光、楊萬里之易也。京、焦之占候，流為怪妄而不經；陳、邵之圖書，流為支離而無用；王弼之清言，流為楊簡、王宗傳輩，至以狂禪亂聖典。其足以發揮精義、垂訓後人者，漢人之主象、宋人之主理／主事三派焉而已。顧論甘者忌辛，是丹者非素，斷斷相爭，各立門戶，垂五六百年於茲。余嘗與戴東原、周書昌言，譬一水也，農家以為宜灌溉，舟子以為宜往來，形家以為宜砂穴，兵家以為宜扼拒，遊覽者以為宜眺，品泉者以為宜茶荈，泙游洸者以為利瀚濯，各得所求，各適其用，而水則一也；譬一都會也，可自南門入，可自北門入，可自東門入，可自西門入，各從其所近之途，各以為便，而都會則一也。易之理何獨不然？東坡《廬山》詩曰：「橫看成嶺側成峰，還近高低各不同。不識廬山真面目，只緣身在此山中。」通此意以解易，則易無門戶矣。紛紛互詰，非仁智自生妄見乎？德州李君東圃，於學無所不窺，而尤邃於易。積平生之力，成《周易義象合纂》一書，需次京師時出以示余。余未展卷，指其題籤語之曰：「書名四字見大凡矣。君此書必持其平也。」君去

後，燈下讀之，果於漢學宋學兩無所偏好，亦兩無所偏惡，息心微氣，考古證今，惟求合乎象之自然、理之當然而後已。而進退存亡之節，亦即經緯其中，所謂主象主理主事者，是實兼之，謂非說易之正宗，可乎？余嚮纂四庫全書，作經部《詩》類小序曰：「攻漢學者，意不盡在於經義，務勝漢儒而已；伸漢學者意亦不盡在於經義，憤宋儒之詆漢儒而已。」出爾反爾，勢於何極？安得如君者數十輩與校定四庫之籍也。

◎孫葆田《山東通志》卷百二十七《藝文志》第十：是書見《府志》。紀昀序略云：於漢學、宋學兩無所偏好，亦兩無所偏惡。息心微氣，考古證今，惟求合乎象之自然、理之當然，而進退存亡之節，亦即經緯其中。所謂主象、主理、主事三派，是實兼之，謂非說易之正宗，可乎？

◎民國《德縣志》卷十《人物志·耆英》：有基所著《州志考異》已刊行。又《披褐吟》《沽上吟》《掘得集》《南遊偶吟》《周易義象合纂》《廣川客問／續問》等書，稿藏於家。

◎李有基，字黻昇，號東圃。山東德州人。李樨孫。乾隆三十年（1765）山東鄉試解元，四十六年進士。授福建連城令。曾任陵縣三泉書院山長。又著有《州志擬稿》《河渠剩語》《掘得集》《披褐吟》《沽上吟》《南遊偶吟》等。

李于京 周易卦說 佚

◎孫葆田《山東通志》卷百二十七《藝文志》第十：是書見《府志》。
◎李于京，字金臺（太）。山東安丘人。乾隆三十年拔貢，官朝城教諭。

李與梅 易經條辨 佚

◎同治《武岡州志》卷三十三《藝文志》一：《易經條辨》（李與梅撰）。
◎同治《武岡州志》卷四十六《人物志》七：潛心經學，著有《易經條辨》。
◎道光《寶慶府志》卷第百一《藝文略》二：《易經條辨》（武岡李與梅撰）。
◎道光《寶慶府志》卷第百三十三《國朝耆舊傳》八：訓導。潛心經學，著有《易經條辨》。
◎嘉慶《武岡州志》卷二十一《藝文畧》：《易經條辨》□卷，國朝李與梅撰。
◎李與梅，乾隆四年歲貢。任澧州石門縣訓導。居家孝友，非公不入城市。

李裕奇 易經講義 佚

◎光緒《鄆城縣志》五《人物志》：著有《易經講義》《秦漢印章圖》行於世。

◎孫葆田《山東通志》卷百二十七《藝文志》第十：是書見《縣志》。

◎李裕奇，字大可。山東鄆城人。諸生。以孫宏霑貴，封奉直大夫。工詞翰。

李郁 讀易須知 一卷 存

中國易學社 1936 年鉛印本

◎李郁（1882～1958），字昇章，號心莊，又號敬強。福建侯官（今閩侯）人，祖籍長樂。創浙江鐵路學堂、私立福州民智中學，又與李中襄合創江西私立行健中學。曾任福建省首任電政監督，又任教於國家交通部部立大學、北京交通大學鐵道管理學院。旋與華盛頓會議。又著有《宋元明儒學案》等書。

李郁 周易正言 六卷 存

山西大學藏中國易學社 1936 年鉛印本

臺灣師範大學藏（僅第 1 冊與第 3 冊缺第 2 冊）

臺灣文聽閣圖書有限公司 2009 年林慶彰主編民國時期經學叢書本（附繫辭傳、讀易須知）

◎《山西大學圖書館線裝書目錄》著錄作《周易正音》。

◎摘錄：《易》之為書，最有組織，最有系統。其卦爻之排列，亦既整齊而條理矣。上下篇序、卦與卦間之聯絡、爻與爻間之關係，有條不紊，處處貫通，彖辭象辭，精確謹嚴，一字不可增，亦一字不可減。分之則為六十四卦三百八十四爻，合之則一篇大文字耳，既非零碎，又非囫圇，所有統一性、整齊性、聯絡性兼而有之，讀者可以偏處觀其全，又可於散處知其整。人間所有著作，莫能逾此矣。

《周易》爻辭亦有極難索解之文，然而皆有所指。古代刻本為契，剖竹為簡，紀述甚難。因之文字不能不從簡約，爻辭常有一言而兼數義者，是故費解。然一加詮釋，亦甚尋常。不視為僻辭，且歎為妙語矣。表而出之平易可讀，如行曲徑，柳暗花明。如登明堂，金聲玉振。君子居則觀其象而玩其辭，動則觀其變而玩其占。讀易樂趣，又必知之。

◎摘錄：易道重在變革（進化）。卦曰「改命」、傳曰「日新之謂盛德」，吾先民固以革新為後世教也，新者日進不已之謂，新乃能創。是教結繩而治，易之以書契；披葉敝體，易之以衣裳；茹毛飲血，易之以鼎烹；穴居野處，易之以宮室；木器易為銅器，而弧矢利矣；馬牛之力，易以舟車，而交通便矣。易之為道，皆進化之道也。

李元 易象觀玩錄 二卷 存

國圖藏清鈔本（有朱筆圈點批校）

李源 易經簡明集解 三卷 存

山東藏稿本（不分卷）

山東藏乾隆六十年（1795）刻本

◎《山東通志·藝文志》載目。

◎自序略云：遵程、朱者十之七八，而兼採諸氏以補其缺，偶引史事以顯其義，總以御纂《折中》、御纂《述義》為圭臬。至於互卦變象，為初學入門計，恐滋繁亂，姑俟別為一帙，茲概不錄。

◎據其自序，此書另附有《論互體卦變》一篇，然今未見。

◎李源，字巨濤，號雲鶴。山東利津人。乾隆三十年進士。官至台州知府。又著有《詩經說約》、《書經輯要》、《四書考疑》一卷、《字核》不分卷、《歷代紀元》一卷、《寓拙軒稿》等。

李源 周易函書補義 八卷 存

國圖藏清鈔本

國圖藏同治李氏所慎齋刻本

天津藏光緒元年（1875）大梁刻本

國圖藏光緒元年（1875）燕山李氏所慎齋刻本

國圖藏清末至民國初鈔本

國圖藏鈔本

◎民國《天津縣新志》卷二十一之二《人物》二：箸有《周易函書補義》。

◎民國《天津縣新志》卷二十三之一《藝文》一著錄刻本存：源喜治易，尤心契胡煦《周易函書》。按《周易函書》正集久佚，其刊行者曰《約存》、曰《約注》、曰《別集》。今源書不錄原文，直伸己說，則是所補之義即在所述之

中。順德羅惇衍序謂是書以象數闡河洛之精，其解釋圖書數理雖依邵子加一倍法，而實仍馬、鄭、荀、虞之舊說。則源之此箸，殆能兼漢宋之長者矣。

◎同治《續天津縣志》：尤邃易理，殫精沉思歷四十年不輟。著有《周易函書補義》十六卷。

◎孫殿起《販書偶記》卷一：《周易函書補義》八卷，燕山李元春撰。光緒元年大梁李氏所慎齋刊。

◎《文祿堂書籍目》署李源春撰。

◎周按：李氏平生嗜易，頗勤於胡煦《周易函書》，以其析理甚精而於數猶有未備，故撰《周易函書補義》八卷。據《補義》書跋，李源孫士珩於光緒元年（1875）服官汴省，「閱再歲而成書」即光緒三年（1877）付梓《補義》。專以象數闡河洛之精。前二卷就胡煦《函書・原圖》解說河圖洛書之理及生數、成數之用，末後兼及於納音。第三卷至第六卷解說上下經。七八兩卷則解《繫辭》及《說》、《序》、《雜》三傳。

◎尚秉和謂李源字春潭，宛平（今北京）舉人，曾官任甘肅知縣。

◎李源，字春潭。浙江山陰人，隨其先人遊學燕趙間，遂家天津。乾隆六十年副貢，充八旗官學教習，授知縣，歷宰廣西陽朔、賀縣、蒼梧，陞龍州同知，調百色同知，擢知太平府，權左江道，補湖北督糧道，俱有聲績。平生喜讀書，老而彌篤，手不釋卷，自立課程，寒暑無間。卒年八十。

李澤 周易印心 五卷 佚

◎李次山序〔註27〕：解《周易》者肇於孔子，傳孔子之易者盛於漢。自《正義》用王弼、韓康伯註，而漢學漸衰。至陳、邵圖出，又歧為宋學。禰宋祧漢，而漢學益微。趙紫芝詩「輔嗣易行無漢學」，豈盡輔嗣咎耶？幸漢儒易說散見於羣籍，徵引畧備於李氏《集解》，是孔子之易猶可及漢學以窺厓略也。吾師惠堂先生皓首擘經，覃思易理，於漢以後諸家註解，獨取前明瞿唐來氏，拾遺匡謬，著《周易印心》五卷，手自繕錄，四脫稾而後成。謑次山參校，謹受而讀之，嘆曰：是書也，其即發明漢學者歟？夫來氏所謂錯綜者即虞仲翔所謂旁通反對也，所謂爻變者即焦延壽所謂一卦變為六十四卦也，所謂中爻者即互體，左氏已有其法，鄭康成尤多用之，虞仲翔則兼取之也。攷虞氏、焦氏傳孟氏之學，鄭氏傳費氏之學，皆易家正軌。先生宗來氏，即津逮漢學，而

〔註27〕錄自同治《常寧志》卷九《藝文・經類・國朝》。

上印孔子之心，以上印宓犧、文王、周公之心者也。至其詳逸象亦本於虞，證史事即沿於鄭，無非推闡漢學。特於虞氏卦變辨駁不遺餘力，則又棄所當棄。以視狃於鄭氏爻辰、虞氏卦氣、焦氏納甲飛伏，至失之穿鑿、流為方術者，相去又何如耶！先生工書法，學業淹通。嘗著有《天學啟蒙》《時氣集要》，而尤邃於易。次山登堂請業，先生譚易，娓娓弗勌，得聞所未聞而歸。竊念次山少未讀易，先矜君口授大義，既讀先大父《音義叢攷》，頗識易學原流，敘先生之書，未審能與先生心相印否也？！

◎同治《常寧志》卷九《藝文‧經類‧國朝》：李澤《周易印心》五卷。

◎李澤，字惠堂。湖南常寧人。諸生。又著有《天學啟蒙》《時氣集要》。

李掌圓　易經發蒙　佚

◎大學士泰安趙國麟《仙菴李太史傳》〔註28〕：所著有《仙菴大小題稿》早行於世，《四書格物彙編》《易經發蒙》《樂仙堂詩》《古今釋疑》若干卷藏於家。

◎咸豐《武定府志》卷二十五《人物志》：著有《四書格物彙編》《易經發蒙》《樂仙堂詩》《古今釋疑》等書。

◎孫葆田《山東通志》卷百二十七《藝文志》第十：《易經發蒙》，李掌圓撰。

◎李掌圓，字十洲，號仙庵。山東陽信人。康熙丙戌進士，年且五十一。官編修。與吳中吳荊山、滇南王疇五善。年八十五以壽終。又著有《古今釋疑》。

李兆蓉　周易析義　二十卷　佚

◎民國《續纂泰州志》卷之二十二：撰述多但散佚，有《周易析義》二十卷、《水經注辨證》四卷（《光緒志稿》）。

◎李兆蓉，字鏡芙。山東泰州人。廩生。博學能文，邃於易。書法得晉人之奧。

李兆賢　易經體注　四卷　存

清刻本

〔註28〕錄自榮乃宣等《陽信縣志》卷八《藝文志》。

◎一名《愛日堂易經體注》。

◎李兆賢，號德夫。福建漳州圭海人。不以功名為意，喜讀易。

李兆賢 易經體注大全合參 四卷 存

南京藏嘉慶刻本

國圖藏清達道堂刻本

湖北藏清桂月樓刻本

◎一名《易經體注正解》。

李兆賢 易史易簡錄 四卷 存

哈佛藏雍正元年（1723）酉山堂刻本（男鏘王颺校）

◎一名《新訂易經會解易簡錄》。

◎周按：「酉山堂」《中國古籍總目》誤作「白山堂」。

◎易史易簡錄凡例八則：

一、經與史原同條共貫，而易於史事尤包括殆盡。茲編逐一分配，非益其所本無，適還其所固有。

一、以史疏易，《大全》《存》《蒙》諸書多出妙解，但有缺而未備之憾。編中極力續貂，俾心全豹，雖未盡醇，已稱大備。至其議論，或從《大全》《存》《蒙》等書抄錄者，仍提明姓字，非敢剽竊。

一、《易》為教人卜筮之書，故紫陽先生極重占法。然本卦爻有自具之占，如乾卦純陽至健，占曰元亨利貞；乾初九以陽在下，占曰勿用之類，皆本卦爻所自具也。占得此卦此爻者，亦當如是，此乃為卜筮者說法，是謂占外之占，不必滲入正解。《會解》《通典》等書，過泥朱註，墨守為講章，喧賓奪主，易理轉晦。編中只就本卦爻說道理，至於占外之占，留以待抱著問易者。

一、用史事解易，總是罕譬指證，使學者了然於心目之間。若用稗官野乘事蹟證明，轉成虛誕。編中所稱引皆唐虞三代漢唐宋事實，非敢雜以外史，致侮聖言。

一、上下《繫》為根窟粹語，脈絡務要分明，神理必須融貫，故編中章旨、節旨逐一提清，而段落承接較諸訓詁家獨見熨帖。至其中有關通史事者，仍復旁引指證以開拓學者心胸。

一、上下《繫》多解先後天圖意，不將本圖指據明白，言者舍敝、聽者

耳聾。茲編凡解是圖者，即將本圖附載其下，一經手授，無不點頭，是為目擊道存。

一、易理空闊，今必謂某卦某爻猶某人某事，不幾把易書看做板煞本子乎？然不看做板煞本子而看做彷彿樣子，亦立象盡意法門，觀者得意忘象可也。

一、易取類雖大，稱名則小，往往假象於禽魚草木服食器用等物，以發揮其奧旨，所謂言天下之至賾而不可惡者。編中遇物必為註釋，非故瑣陳，聊當多識。

◎易史易簡錄原序：一部史，上起盤古下迨元明，其中天地人物之變蕃、帝王皇霸之遞運、治亂興衰之倚伏、陰陽淑慝忠良奸佞之殊趨，條例不下數萬，讀史者童而習焉，至白首猶苦淹貫之難，而其道莫外於易。《易》之為書也，廣大悉備，自羲皇立象盡意、設卦盡情偽，雖有畫無文，已藏往知來、包羅萬象。嗣是文周二聖人父作子述，繫彖繫爻以盡其言。孔聖假年學易，復韋編三絕，後作十翼以發揮三聖人精蘊，則經也而全史備矣。嘗試息心澄慮，開卷臚陳六十四卦三百八十四爻中，天開地闢，物發人生，孰為帝皇之世，孰為王霸之局，為治為亂、為興為衰，陰者陽者、淑者慝者，忠者良者、奸者佞者種種情狀，證合天然，如鑄鼎以象，而神奸莫逃；如懸鏡在空，而妍醜畢現。則讀一經而全史可蔽。昌黎韓子謂易奇而法，其以是哉？抑又聞之：善言天者必有驗於人，善言理者必借證於事。易之命意也幽罕，譬以史則雜而不越。每見子弟好學者語及羲經，動以講解為難，即極力解說，亦聽而思臥，不見有甚樂趣。因思上下《繫》贊易大旨不外易簡兩字，則何不以易簡兩字解易？欲其易，法在罕譬而使之明；欲其簡，法在印證而使之實。爰是緝囊哲之緒餘，參以管窺之臆見，逐卦逐爻分配史事，務其易而且簡，以便覽觀。至於說理之處，亦概從簡易，絕去枝蔓依附之見。夫易則易知，簡則易從，易簡而天下之理得矣。庸多乎哉？圭海後學李兆賢敬書於東野草堂。

◎識言：先君子博涉羣書，六經子史以外，如星筭醫卜、讖緯兵刑諸異書，無不羅而致之，而推究其所以然。顧自不肖鏻能背誦經書以後，即將諸異書束高閣，且戒之曰：「學以淹通經史為要，汝慎毋謬為涉獵以亂聰明。」故其課程所嚴立者每日幾葉，四子書幾葉，五經書佐以古文一則、時藝一篇。拈時藝時則迅筆直書以作楷模，但自知數奇，八股雖工，雅不以功名為意。

自不肖十四五間應童子試，便謝絕試場，結草廬於家之東野，教督兒曹。暇刻輒執《周易》一卷，消遣世慮。而族中弟姪肄羲經者，以先君子易學有自，多造東野草廬中拜求講解。先君子諄諄以要義相示，猶復以《易》之為書，言天下之至賾而不可惡，言天下之至動而不可亂者也。六十四卦三百八十四爻，用史事逐一配合，使聽者入於耳而不煩，觀者寓於目而成象，默識者印證於心而不復遺忘。嗚呼至矣！言乎遠則不禦，言乎邇則靜正，言乎天地之間則備，不可謂非三聖人之功臣矣。夫父菑而子弗播獲，父勤垣墉而子弗堂構，父採輯著述而子任其卷帙散失，可乎？茲因粵東阿兄文山來求是書，不肖鏘恐其久而湮沒不彰也，亟付棗梨，以示挈瓶之智云爾。雍正元年春王正月，男鏘謹識。

◎是書引《大全》、《存疑》、《蒙引》諸書，詳論史事，發揮《朱義》。

李兆元 周易說卦傳輯注 一卷 存

山東省博物館藏道光二年（1822）自刻本

◎孫葆田《山東通志》卷百二十七《藝文志》第十：自序略謂：「邵子先天圖出於附會。茲取《河圖》、《洛書》八卦方位以證天地定位、數節之義」云云。考「帝出乎震」二節為八卦正位，元儒陳應潤已有此說，然河圖、洛書之偽胡渭辨之已詳，兆元注謂「帝出乎震一節釋河圖之方位，天地定位一節釋洛書之方位」，是其自為解，仍不出後人附會之說也。

◎李兆元，字瀛客，號勺洋。山東掖縣人。乾隆甲寅舉人。

李貞一 易學範圍 一卷 存

重慶市北碚藏同治十三年（1874）畢世光雙色鈔易學綱領八種本

李貞一 易學綱領 八卷 存

重慶市北碚藏同治十三年（1874）畢世光雙色鈔本

◎子目：易學綱領一卷、易學範圍一卷、周易捷訣一卷、易學經畧一卷，清李貞一撰；潛虛一卷，宋司馬光撰；潛虛發微論一卷，宋張敦實撰；中天八卦數天盤一卷；中天八卦數地局一卷。

李貞一 易學綱領 一卷 存

重慶市北碚藏同治十三年（1874）畢世光雙色鈔易學綱領八種本

李貞一 易學經絡 一卷 存

重慶市北碚藏同治十三年（1874）畢世光雙色鈔易學綱領八種本

李貞一 中天八卦數地局 一卷 存

同治十三年（1874）畢世光雙色鈔易學綱領八種本

李貞一 中天八卦數天盤 一卷 存

同治十三年（1874）畢世光雙色鈔易學綱領八種本

李貞一 周易捷訣 一卷 存

重慶市北碚藏同治十三年（1874）畢世光雙色鈔易學綱領八種本

李楨 讀易臆說 佚

◎李楨，字干基。甘肅靜寧人。光緒己丑恩科舉人。主講阿陽、道南書院。

李證剛等 易學討論集 存

長沙商務印書館 1917 年排印本

圖書月刊 1941 年第 7～8 期本

山東藏 1941 年上海商務印書館鉛印本

山東藏臺北成文出版社 1976 年無求備齋易經集成影印 1941 年鉛印本

臺灣文聽閣圖書有限公司 2009 年林慶彰主編民國時期經學叢書本

◎是書收易學研究會講演稿十篇：李證剛《易學研究之方法》、《虞氏易旁通義舉例》、《易繫傳釋九卦大意》、《杭辛齋易學得失及其重要發明之故事》，高潤莊《筮法與易學之關係》，方東美《易之邏輯》，張洪之《治易須先抉王虞得失》，錢叔陵《「同功異位」辭要》，劉百閔譯《萊布尼茲的周易學》，何行之《易傳與道德經中所見之辯證法的思想》。末附李證剛《易學研究書目表》、方東美《易義參考書》、高潤莊《關於易學方面之參考書目》。

李之芬 易經圖畫 佚

◎道光《徽州府志》卷十五《藝文志・婺源》：李之芬《易經圖畫》。

◎李之芬，安徽婺源（今屬江西）人。著有《易經圖畫》。

李之暘 犧經法門 四卷 存

貴州藏光緒三十三年（1907）稿本

◎民國《貴州通志》著錄。

◎《貴州古舊文獻提要目錄》：此為研究易卦之作，作者自稱為無師之學。共四卷，首卷引各彖說卦象，二卷徵引圖例，三四卷分類徵引經句。先經句，次精義，次文句，次旁引，後引雜說、雜句，各經句最終以仁義禮智信為意旨。

◎李之暘，貴州銅仁思南人。曾設教貴陽府署三年，後任思南縣立第二高等小學校教員。平生邃於易理。是書乃其為諸生講易所編。

李植坊 周易鏡心 六卷 存

四川藏光緒六年（1880）四川刻本

李致和 讀易管窺離句串義 不分卷 存

中山大學藏清鈔本

廣東人民出版社 2012 年桑兵主編四編清代稿鈔本影印中山大學藏清鈔本

◎李續賓敘〔註29〕：六經皆聖人之書，易則六經之權輿也。他書據事敷陳，其義顯；易則依象寓意，其義微。孔子繫易，作十翼以贊之，於潔靜精微之旨詳且盡矣。漢唐以後來，註易者數百家，或專言象，或專言理，雖各得其宗，然舍理言象，則卦德未盡；舍象言理，則卦體未詳。即有象理合闡者，又多拾象數之緒餘、陳事理之糟粕，瑕瑜互見，終不足以發明聖人作易垂教之精義。余往歲從吾師羅忠節公會勦粵逆於豫章、湘鄂間，羅公善言易，攻戰之暇日，相與講習討論，於屈伸消長之機、進退存亡之道頗能默契於心。顧軍務倥傯，終未得從容涵泳以探先聖之奧旨，心竊恨焉。今年師次潯陽，李蔚森成均出其父致和茂才所著《讀易管窺離句串義》乞序於余，並云其祖孝廉公標亦著有《讀易管窺》。茂才言易，蓋庭訓也。夫卦爻彖象，聖人所以順性命之理、盡變化之道者，莫備於易。此書之作，逐句訓義，錯綜參互，條分縷晰，而又脈絡通貫，實能於邵子之數、程子之理玩索有得，非私智穿鑿者比也。余烏足以知易？顧竊喜是書隨讀隨解，便於學者，因書數語以弁簡端云。咸豐八年戊午春正月，湘鄉李續賓譔。

〔註29〕又見於光緒十七年（1891）甌江巡署刻《李忠武公書牘》卷下附錄。

◎《李忠武公書牘》卷下《寄五弟》：又李蔚森將其父所著《讀易管窺離句串義》乞余為序。軍事稍暇，勉為作就，一併另錄寄覽。

李志曾 周易備中 八卷 存

國圖藏咸豐十年（1860）韓瀛洲鈔本

◎一名《說翼隅左摘義訂來彙編》。

◎著者據序題。

李中和 易言 四卷 存

南京藏清鈔本（不分卷）

◎一名《翼聲堂易言》。

◎光緒《滋陽縣志》卷八《人物傳》：精熟文選，好為沉博絕麗之文。久之無所遇，乃反而求之六經，研精耽道，尤邃於易，所著有《翼聲堂易言》四卷、《四書講義》二十卷，學者稱之。

◎孫葆田《山東通志》卷百二十七《藝文志》第十：是書見《縣志》。

◎李中和，字春晴。山東滋陽（今兗州）人。嘉慶十三年（1808）舉人。肄業於東魯書院，山長陳顧漸亟賞之。好善誘弟子，著籍者無慮數十百人，而翰林院修撰浙江按察使孫毓汶、雅州知府張庭樺尤有名於時。

李重華 易傳附義 二卷 存

上海藏乾隆二十七年（1762）刻三經附義本

◎李重華，字君實，號玉洲。江蘇吳江人。雍正庚戌進士。官翰林院編修。著有《易傳附義》二卷、《書傳附義》二卷、《詩傳附義》二卷。

李翰 言易錄 一卷 存

廈門藏光緒三年（1877）古羅李氏刻自得廬集〔註30〕本

◎或題《言行錄》。

◎自序：光緒三年承乏荊門，縣學生戴錦標者，窮易有年，著《周易變通》。一日持書求見，因語之曰：「《易》之為書，惟變所適，變則通矣。既云

〔註30〕《自得廬集》子目：《言易錄》一卷、《學庸注釋》二卷、《道學內篇注釋》一卷、《論學諸篇》一卷、《言學書》一卷、《雜著》一卷、《言官錄》二卷、《當差紀略》一卷、《牧沔紀略》二卷。

變，三百八十四爻皆變，非此變而彼不變也；既云通，三百八十四爻皆通，非此通而彼不通也。是故《易》為順性命之書。天人之故、自然之理，非可以人為參與者也。」戴生頗信吾言，往復窮詰，積久盈帙，稍編次為上下卷。其果有當與否，以俟後之君子詳焉。

◎郭嵩燾《郭嵩燾全集·日記》光緒五年十一月廿一日：笙叔又遞到李玉森一信，並寄到所著《言易錄》一帙，任荊門州時與諸生戴錦標講易所編次者也。

◎郭嵩燾《郭嵩燾全集·日記》光緒八年三月十四日：閱李芋生所寄《言易錄》、《心齋圖說》及所著古文，於宋儒性理之學蓋嘗究心焉，而能發明其大義，知其政聲卓著之為有本也。

◎李輈，字芋生。湖南湘陰人。又著有《湘陰李氏家廟祀規》一卷。

李輈 周易問答 佚

◎郭嵩燾《郭嵩燾全集·集部二·文集》卷十《李芋生六十壽序》：嘗讀老氏書，玩其旨意，言治天下皆寄也，其本在養身。其後莊周氏益閎其義而大暢於文，大抵重言道德，極之元妙慮無。故曰：「道之真以治生，其土苴以治天下。」儒者譏之，然而聖人固曰：「成己，仁也；成物，知也；性之德也，合外內之道也。」聖人之成物，亦盡夫成己之量而無餘蘊矣，而固將有事焉。仁義禮智，隸之名物象數，而精義生於其中，初非虛揚之以為名。為道德之說者，將使精神專一，動合自然，贍足萬物，究紛紜藩變之情而心不勞，充虛極靜篤之功而用不匱，如是謂之神全。神全而握天下之樞以應無窮，視治天下固緒餘也。漢留侯、李鄴侯出入功名之際、盧牟六合，榮觀超然，用是術也。吾友李君芋生，少負奇志，值東南寇亂，橐筆走數千里，從威毅伯曾公金陵。曾公奇之，稍優以事，俾盡其智量。事皆辦既，以知縣待銓，宜更得優保，君謝曰：「吾才力自度可一州一縣，過是非吾分也。」遂辭去……君適以憂去官，遂不復出。嵩燾長於君十年，故與君兄春浦善，君又與吾弟志誠善，至渥也，獨謂君才能勝事。及官興國，寄所為《周易問答》言陰陽消長之原、剛柔進退之宜，非獨經旨之探也，其於道也庶幾有得矣。

李宗澳 周易淺玩 二卷 存

中科院、江西藏道光十三年（1833）刻本

上海藏光緒七年（1881）刻本

◎周按：是書上下卷分釋上下經，僅及六十四卦，不涉《彖》《象》《文言》等。自序謂易在畫卦時，只有奇耦，未有名也，自文王繫辭而後命之曰乾曰坤；周公作爻無初二三四五上之稱，疑初九初六等皆漢儒所加；《文言》《繫辭》有子曰者為孔子，外皆漢儒所作。可知其自有主張也。

◎李宗澳，江西臨川人。嘉慶辛酉舉人。工詩善書。又著有《結桂山房全集》六種。

李宗韶 周易象辭直解概論 存

四川藏成都昌福公司 1913 年鉛印本

李宗韶 周易象辭直解舉隅序 存

四川藏成都雲雪印字館 1930 年鉛印本

李子茂 易經井觀 十卷 佚

◎乾隆《樂陵縣志》卷八《藝文志》下：李子茂《四書井觀》□卷、《易經井觀》十卷。

◎孫葆田《山東通志》卷百二十七《藝文志》第十：是書見《縣志》。

◎李子茂，山東樂陵人。又著有《新法字彙形聲圖》十三卷。

李祖望 周易集義 不分卷 存

臺灣藏江都李氏所著書本（稿本）

◎李祖望（1814～1881），字賓嵎。江蘇江都（今揚州）人。增貢生。博覽經史，尤嗜六書金石之學，兼善山水。又著有《說文統系表》、《說文重文考》、《唐石經箋異》、《古韻旁證》、《小學類編》、《江蘇碑目紀略》、《江都李氏所著書》不分卷、《鍥不舍齋詩文集》五卷等。

李作相 易學探微 一卷 佚

◎同治《新淦縣志》卷八《人物志》：所著有《易學探微》一卷。

◎光緒《江西通志》卷九十九《藝文略》一《國朝》：《易學探微》一卷，李作相撰（《新淦縣志》）。

◎李作相，字枚臣（梅情）。江西新幹人。幼即究心《四書大全》，析疑辨異，多所自得。與王雲翔敦金石交。雍正戊申膺選拔入成均，以教諭需次歸

里，刊落春華。

厲時中 周易繫辭上傳按語 一卷 存

臺灣故宮博物院藏光緒二十三年（1897）刻本

厲時中 易經新釋義 一卷 存

石印群經新釋義本

勵程 周易典要 十卷 存

華東師大藏清鈔本

酈國華 周易匯解 佚

◎光緒《諸暨縣志》卷三十三《人物志‧列傳》七：學邃於易，折衷周、邵二子，鍵戶六十一年，彙二家說，著《周易彙解》。

◎光緒《諸暨縣志》卷四十六《經籍志》：彙邵、程二家說成此書，今未見。

◎酈國華，字蕚庭。浙江諸暨人。邑諸生。

連斗山 卜易錄要 佚

◎道光《阜陽縣志》卷十二《人物志》二《文苑》：家藏遺稿尚有《詩經精義》《左史合璧》《南軒韻約》《卜易錄要》《醫學擇要》《全唐詩選》《奇文鼎》《補註荀子》諸書，鑽研之功蓋至老不倦云。

◎連斗山，字叔度，號南軒。安徽潁州（今阜陽）人。由虞貢生官江寧府學訓導。引疾歸，結廬郡城北七棗莊，研討百家，專攻註疏，日以著述為事。足不履城市十餘年。繼任太平府學訓導。又著有《詩經精義》、《左史合璧》、《南軒韻約》、《全唐詩選》、《奇文鼎》、《荀子補註》。

連斗山 周易辨畫 四十卷 存

武漢藏稿本

四庫本

國圖、北大、復旦、上海、南京、浙江、湖北、遼寧、四川、齊齊哈爾、首都圖書館、湖南社科院藏乾隆四十年（1775）安徽太平府學舍連氏家刻本

湖北藏光緒刻本

山東藏臺北商務印書館 1983 年影印國立故宮博物院藏本景印文淵閣四庫全書本

◎卷目：卷一乾。卷二坤。卷三屯蒙。卷四需訟。卷五師比。卷六小畜履。卷七泰否。卷八同人大有。卷九謙豫。卷十隨蠱。卷十一臨觀。卷十二噬嗑賁。卷十三剝復。卷十四無妄大畜。卷十五頤大過。卷十六坎離。卷十七咸恒。卷十八遯大壯。卷十九晉明夷。卷二十家人睽。卷二十一蹇解。卷二十二損益。卷二十三夬姤。卷二十四萃升。卷二十五困井。卷二十六革鼎。卷二十七震艮。卷二十八漸歸妹。卷二十九豐旅。卷三十巽兌。卷三十一渙節。卷三十二中孚小過。卷三十三既濟未濟。卷三十四繫辭上傳上。卷三十五繫辭上傳下。卷三十六繫辭下傳上。卷三十七繫辭下傳下。卷三十八說卦傳。卷三十九序卦傳雜卦傳。卷四十圖說：參訂大衍之數未加未減之圖、河圖原圖、洛書原圖、朱子先天卦配河圖之象圖、朱子先天卦配洛書之數圖、參訂伏羲八卦次序圖、參訂伏羲因重六十四卦之圖、伏羲八卦方位原圖、伏羲六十四卦外圓內方原圖、朱子後天卦配河圖之象圖、朱子後天卦配洛書之數圖、文王八卦原圖、參訂文王六十四外圓內方圖、後天序卦反對原圖、參訂上下經交會圖、十二卦氣原圖。

◎周易辨畫提綱：

看易當以象為主，《繫辭傳》曰：「古者包犧氏之王天下也，仰則觀象于天，俯則觀法于地，觀鳥獸之文與地之宜，近取諸身，遠取諸物，于是始作八卦，以通神明之德，以類萬物之情」，又曰：「易者象也，象也者像也」，又曰：「聖人立象以盡意」，是易之有象，乃易之所以為易也。自兩漢諸儒泥于象數之學，創為五行、納甲、飛伏之法，往往至于穿鑿傅會而失其正。于是王氏弼註出，一掃而空之，至謂得象可以忘言，得意并可以忘象，又未免矯枉太甚。夫書不盡言言不盡意，聖人乃立象以盡意，象苟不知，何以知言？言苟不知，何以知意？故朱子曰：「看易若是靠定象去看，便滋味長。若只恁地懸空看，也沒甚意思」，又曰：「說易得其理，則象數在其中，固是如此。然溯流以觀，卻須先見得象數的當下落，方說理不走作，不然事無實証，則虛理易差也。」此言可謂得讀易之法。

《易》為卜筮之書，乃聖人吉凶與民同患，欲人趨吉避凶也。其事原為日用平常之事，其理即為日用平常之理，乃百姓可以與能者，故《繫辭傳》曰「《易》之為書也，不可遠」，又曰「無有師保，如臨父母」，雖其中大無不包，

精無不入，而依象明義，總宜說得淺近，愈淺近精微，方是聖人覺世牖民之意。若謂易道陰陽，說入玄遠幽深，先與聖人本意不符，安得與卦爻象義相符也。諸家說易往往似因此反失。

象乃統舉一卦之義。一卦之義何在？在諸爻也。故《繫辭傳》曰「彖者材也」，又曰「彖者言乎象者也。聖人有以見天下之賾，而擬諸其形容，象其物宜，是故謂之象」，夫所謂材者即卦中剛柔之畫也，所謂象者亦即卦中剛柔之畫也。因剛柔之畫而立之為象，即因剛柔之畫而繫之以辭也。所以曰知者觀其彖辭，則思過半矣。不然象中之畫不清，即爻中之義不明，何以觀其彖辭則思過半？故卦辭必要先知其所指何爻，夫然後文周之旨分合一律。

爻乃析舉一爻之義。一爻之義何在？在貞與不貞也。故《繫辭傳》曰：「爻者效天下之動者也，天下之動，貞夫一者也。」蓋天下之動不一，而動之之理，不過期人皆歸于貞。其得爻之貞者必吉，其得爻之不貞者必凶，故曰吉凶貞勝者也。一部《周易》皆不出此一字。

初爻本一、上爻本六，其不曰一六而曰初上者，一不過數之開端，六亦非數之究竟，與一卦六爻之位无取也，故謂之曰初。則天時之履端、人事之肇基俱于是乎在此二爻，不以一人一事言。觀《繫辭傳》曰「其初難知，其上易知，本末也。初辭擬之，卒成之終」可知。

中四爻乃詳論卦辭中之義，《繫辭傳》所謂雜物撰德、辨是與非者也、析而論之，一爻自為一義；總而言之，爻爻期于當位而已。其有當位而不云吉、不當位而反云吉者，義自具于上下无常、剛柔相易中，不在本爻也，至二四同功、三五同功之互義，則前人已言之。然漢亦有以四爻、五爻連互者，如虞氏易以豫卦初至五為比，故利建侯；三至上為師，故利行師，是也。

卦變之說，自昔云然。而程子非之，朱子取之，先儒亦互有議論。竊以卦之自來，出于乾坤與出于否泰，其理无二，總不外于《繫辭傳》「變動不居，周流六虛。上下无常，剛柔相易，不可為典要，惟變所適」數語。聖人既分言于各象爻之中，復總括于《繫辭傳》之內，其教人以讀易之法亦明且盡矣。而解者猶執本爻之辭以為本爻解，无怪乎所解者之不可解也。漢魏以來，如荀氏爽、虞氏翻諸家，多窺其妙，而義涉隱晦，象近穿鑿，未能一歸醇正。今雖偶用其意，而義必期傳與經協、經與卦協，使四聖人之意若合符節，乃敢以繫傳之說一為上下，一為相易，以定一解。然其道亦無他，仍即前所云貞一而已矣。蓋卦中諸爻之所以上下无常、剛柔相易者，皆以求其貞者也。

　　易自上下无常、剛柔相易而外，又有錯綜與旁通之法。所謂錯者，即上下兩卦交易之謂也，如水雷屯、雷水解是也。所謂綜者，即一卦六爻顛倒之謂也，如水雷屯、山水蒙是也。所謂旁通者，即此卦通于彼卦之謂，如比與大有是也。凡易至不可上下、不可錯綜處，則其義為窮，窮則旁通焉。《繫傳》所云易「窮則變，變則通」即旁通也。卦有主爻有應爻，有乘承比與爻，前人論之已悉，不敢復贅。

　　《易》經二篇傳十篇，在古原自分編。自鄭氏玄、王氏弼以傳附經，始失其舊。但經後列傳，便于檢閱，故茲編尚仍之未改焉。

　　◎沈垚《落帆樓文集》卷七《連叔度周易辨畫序》：《易》自輔嗣注行而義理、象數二家各分門戶：言義理者頗有微妙之思，而按之卦象多不合；言象數者拘于卦爻，又穿鑿附會而無甚意理。二者皆過也。阜陽連叔度先生兼綜漢宋諸儒之說，極七年之力成《周易辨畫》一書，大指謂聖人立象以盡意、繫辭以盡言，不知象無由知言，不知言無由知意，故必以明象為先。又謂爻之義必期于貞，當位是也。天下之動貞夫一，動而貞者必吉，動而不貞者必凶，故曰吉凶者貞勝者也。然有當位而不云吉、不當位而反云吉者，義又具于上下無常、剛柔相易中而不在本爻。漢以來互覆升降卦變之說皆即《繫辭》上下相易之意，而所以必上下相易者，凡以求其貞而已，故解釋諸爻酌取荀、虞之義，而皆以貞為說。蓋有是書而義理象數二家之言融會貫通，可以無相爭矣。或譏是書不明六書，不知朋即鳳字而謂為兩月，不知遯本作遁而謂遯字從豚從走，妬之羸豕又進一陰而為遯。又好采新說，豫九四「朋盍簪」用來知德說解為冠簪婦人、六五「貞疾，恆不死」解為疾徐之疾，旁死魄之死，皆穿鑿過甚，不合經義。又象象等傳有專言象，亦有離象而廣陳事理，是書概以象牽配，亦不免漢儒拘滯之失。又拘于《繫辭傳》「初辭擬之，卒成之終」二言，謂諸卦初爻多統領一卦之旨、上爻多總結中爻之義，於是一卦但有四爻而初上一爻皆贅設矣，此更非陳列六爻之義。余謂著書不能無得失，要在瑕瑜不相掩、是非不相亂而已。是書據象陳義，言有依傍，不用空虛無實之說，其精確處故自不可沒也。歸妹象辭有「征凶無攸利」之言，注家皆以歸妹為不善矣，先生獨據《象傳》謂由爻位之不當，非謂歸妹之不善；孔氏小畜《正義》謂巽是陰柔不能止畜在下之乾，於是說者多誤訓畜為止，先生乃依古訓為養。如此之類，不可謂於傳義無補矣。是書為朱竹君學士所表章，采入《四庫全書》。今先生之裔孫某謀重付梓而請序於余。先生不為空言，余不

敢以空言復也，因著其大悁如此。

◎邵晉涵《周易辨畫序》〔註31〕：《周易辨畫》若干卷，姊丈連叔度先生之所著也。先生自江寧罷官隱居於七棗莊，掩關讀易，閱數年而書成。求六爻之性情於六畫，辨六畫之時位以定《繫辭》，因《繫辭》之吉凶以會通全易，不求深以為鈎奇，不泥跡而忘象，蓋《誠齋易傳》後僅見之書也。令子在淇，我之所自出，來京師索余序。余適有冗羈不暇以為，因其歸也，題數言於卷首。

◎邵晉涵《南江文鈔》卷六《周易辨畫序》（代作）：大《易》之傳最遠，而其說屢變。兩漢言象數之用，晉人尚名理，至北宋儒者益以圖書遞相為勝，故趙紫芝謂輔嗣易行無漢學，蓋惜古義之曰湮也。近時好古之士網羅放失，表章荀爽、虞翻之學，演為成書，以補註疏傳義所未備，漢學幾乎復振矣。然余以為易道廣大，漢宋未嘗不出於同源也。河圖之數本《乾鑿度》，九宮之法論太極者發端於鄭康成，演卦變者濫觴於虞翻，後先相望，理本一揆。自宋以後，諸儒私為絕學，矜為創得，轉啟後人之疑議。夫言易祇求不悖於易而已，豈必判漢宋若鴻溝哉？潁水連君叔度，余嘗見之於江寧使院，愛其人靜穆而端愨。會余旋去江寧，未及進叩其學。令子在淇為余歲試所得士，今年遊學京師，奉君所著《周易辨畫》請余為序。余讀其書，審六畫進退之理以求諸日用，不墨守前人，自抒心得而能無翻新立異之病。知其用心為已勤矣。劉屏山有言：「賢人玩易，才士口易」，讀易者非徒以辨玩為也。漢儒以卦變值日，動有徵驗，能合於恐懼修省之旨；《程傳》言人事，於言動尤加謹焉。原始要終，歸於无咎。故欲寡過者，學易之本也。近聞君司教姑孰，養日以邃，從遊日眾，學者比諸蘇湖之教，言則行法，其真有得於易哉！

◎朱筠序〔註32〕：道光《阜陽縣志》卷二十《藝文志・序》：乾隆壬辰冬，余以使者試潁士，得阜陽連君斗山所著《周易辨畫》四十卷讀之。其著書之旨，以為孔子之翼所以明文王、周公之象象而已，周公之象詞、文王之彖詞所以明庖犧氏之畫而已，故以《辨畫》名其書。其言參組於漢宋諸儒之間，不一偏出於理與象與數，而要之能不悖乎所謂「奇而法」者，此孝者之書也。夫六畫文悖亦有先有者，一畫而已，所謂易有太極也。因而重之而奇偶生，老子所謂一生二二生三也。由是而四之八有以至千六十有四，然則二篇之策萬

〔註31〕錄自道光《阜陽縣志》卷二十《藝文志》。
〔註32〕錄自道光《阜陽縣志》卷二十《藝文志》，未見於《筍河文集》。

有一千五百二十凡署所以成，夫一畫之變化而鬼神行焉，而天下之數與象與理出其中矣，易道大矣！《傳》曰「知者見知仁者見仁，百姓日用，君子之道鮮矣」，又曰「觀其彖詞，思過半矣」，由斯以談，欲言易者殆未若以庖犧氏之畫為言者之尤約也。連氏之書其卓爾乎！，明年癸巳輒以是本上應求書之詔，具疏以聞。斗山竊喜其平生用力之勤之不即埋沒也。又明年甲午，余既還朝，斗山廼屬其子竹二千里走京師請余敘之。余鹿鹿，自夏徂秋，久之才作。其冬十二月，竹來趣敘，余又以事累日不果成。竹乃朝夕造門，言曰：「門下生脂車秣馬之貲三日罄，以畀僕夫矣，不得先生之言，無以反面於庭側，是懼，敢因以為請！」余為之感且惡然曰：「余腕不成此敘。余於蜀嚴卜筮，與人子言依於學者，異哉！」遂立敘之以授竹行。聞斗山初欲為此書，以江寧學官之職頗倥傯，廼移疾去，之潁州府北十餘里，當一府高敞之處卜立精舍於七棗莊，謝家事不問，其歲在丙戌之冬。發陳諸儒百氏之說，日夜翻披不肯休，凡十易草藁，至於壬辰七年而後成。其勤如此，以故其言皆有所自，而一歸於是，粹然能自立為一家之言，卒獲有聞，充著錄於《四庫》之目以貽厥嗣人，此亦學者之效也夫！

◎何焞彥《易經遵孔八皙類稿》卷十二《集皙》：連氏斗山《周易辨畫》，大旨謂一卦之義在於爻，爻之畫有剛有柔，因剛柔之畫而立之象，即因剛柔之畫而繫以辭，其道先在於辨畫，故以為名。雖不免或涉穿鑿，然逐卦剖析互體，亦時有精理，故於易道甚相近者。

◎摘錄卷一卷首：上古包羲氏仰觀俯察，見天地萬物不外一陰一陽，于是畫一奇以象陽，畫一偶以象陰，又自一奇一偶加為四象，衍為八卦，重之為六十四卦。又作揲蓍之法，教民以卦而占吉凶，其中以交易、移易、變易明義（交易者，上下應爻相易也；移易者，上下六爻相易也；變易者，本爻自為變易也），故謂之易。其時未有文字，使人觀象而已。文王見六十四卦有象无文，後人難以測識，于是取六十四卦各繫以辭，以發明羲皇卦畫之義，所謂彖辭者也。周公又以文王彖辭總括全卦，渾淪難窺，于是本象中所發卦畫之旨，逐畫分析以推其蘊，所謂爻辭者也。辭出于兩聖人，故謂之周。我孔子韋編三絕，見文王之六十四彖辭簡質渾古、周公之三百八十四爻辭奇險幽深，憫後世之愚闇，于是作為十傳，錯之綜之，旁推而交通之，務期兩聖人所以闡發羲皇卦畫之義，如日月之經天而後已，此所謂彖傳、象傳以及《繫辭》《說／序／雜卦傳》者也。然則孔子之傳所以釋文周之辭，文周之辭所以明羲皇之

畫，後之人欲因流以溯源，勿務末而舍本，則庶乎有以得之矣。

◎四庫提要：是書大旨謂一卦之義在於爻，爻畫有剛有柔。因剛柔之畫而立之象，即因剛柔之畫而繫以辭，其道先在於辨畫，故以為名。末有輯圖一卷則即朱子舊圖而略為損益之。其說專主卦畫立義，如屯之《大象》云：「四偶以次條列如絲，中貫一奇如梭，上互艮，手；下動震，足，如織紝然，故有經綸之象」，未免穿鑿太甚。然其逐卦詳列互體剖析微渺，亦頗有合於精理者。蓋即爻論爻乃能以易詮易，雖間有附會之失，而錯綜變化之本旨猶可藉以參觀，固與高談性道以致惝恍無歸者尚較有實際焉。

◎道光《阜陽縣志》卷十二《人物志》二《文苑》：學使朱筠以所著《周易辨畫》四十卷具疏入告。經安撫咨送著錄四庫館，以為發先儒所未發。

連聲獻 易學資始 佚

◎齊召南《寶綸堂文鈔》卷五《易學資始序》：龍泉連廷山先生，余拔貢同年友也。別三十有六年，今司教象山，將刻所著《周易資始》，先袖凡例數則來萬松嶺相質，求余序。余學淺陋，又未見其書，無能發明，方退讓不遑，而先生自言能以河圖解全經，實由仙授，異矣哉！余尤未之信也。所謂河圖者何圖？夫非朱子《啟蒙》用康節先天之學，原本陳希夷者，首列五十有五之數乎哉？此圖實《大衍圖》，與聖言天數五、地數五、五位相得而各有合者相準，即康節祇為畫卦方位次序發端，不為後天卦爻有辭解也。昔人讀書固有遇異人鬼物始得神解，先生居匡山東，夙稱仙地。自幼好易，其無乃思可通神，得於夢寐恍惚間乎？夫指大衍為河圖、指九宮為洛書、指《參同契坎離匡廓》為太極圖皆自陳希夷始，先生所遇即希夷耶？抑授希夷之麻衣道者耶？抑遠溯淵源為圖列九宮八卦以明作丹之旨之魏伯陽耶？先生不用九宮，專取大衍，易象象辭本為占筮設，於理似最切近。但前賢未有言及，先生其殆自謂神解而詭云遇仙乎？先生曰：「不然。吾實有之。乾隆甲子春，館邑中義塾，有地仙吳妙應者自匡山之天鯉峰來，講論數日，出人意表。卦爻辭雖屬後天，不明此圖，終未洞徹妙應。蓋宋時隱士也，狀如八九十老翁，鬚眉與面一色，雙眸炳炯有光，不飲不食，冠道士冠，衣布袍，自言姓氏，與鄉里傳聞合。然問南渡以前事，頗得一二，後俱不言。問修煉服餌之術、師友弟子姓名以及遊覽往還何地、既避世絕迹、所讀何書、即《周易》所據何本、諸儒深於易何人，皆默不答。手指河圖曰：但自近取諸身，即知文周象象之取物矣。

其來也如石墜有聲，去則御風倏忽不見，吾書於上下經十翼悉依古本，於註悉依朱子《本義》，惟篇首獨取河圖為引端，其解固得於口授也。」噫，異已哉！五經中惟易不為暴秦所焚，亦惟易得為方外所借用。其為方外所借用也，又即為宋儒者轉用說易之根，斯即至聖所謂殊途而同歸者耶？連先生高年篤行，言必可信。地仙壽已踰六百年，名字不見於志乘，高隱遠過希夷，真有得乎蠱之上九不事王侯、遯之上九肥遯无不利者耶？希夷先天數傳至康節、劉牧，說有異同。如妙應所指則是康節，又安知其非親得於希夷者耶？先生書余固未見也，姑先記遇仙事為之序。

　　◎光緒《龍泉縣志》卷十《人物志》：著有《易學資始》，齊召南為序。

　　◎連聲獻，字廷玉。浙江龍泉人。雍正己酉選拔，與齊召南同行北上，酬和甚富。後授象山教諭。

梁曾脣　讀易雜志　一卷　佚

　　◎光緒《德慶州志》卷十三《藝文志》著錄《讀易雜志》一卷，題曰未見：是編殆其讀易時所記。溫颺寄松崖詩云：「君今注易見天意，微妙悟徹來清光。一心靈緒會古始，萬種形象窮陰陽。」蓋謂此也。

　　◎梁曾脣，字松崖。德慶州（今廣東德慶）人。道光乙酉拔貢。

梁夫漢　周易清本　三卷　存

北大藏鈔本

華盛頓大學東亞圖書館藏康熙二十八年（1689）山陰梁氏寫本

　　◎自序：易之要有三：曰數、曰象、曰理。理即聖人所繫之辭是也。理出於象，八卦是也。象出於數，圖書是也。未有象之先，當求其數；既有象之後，當求其理。要必理與象合、象與數合而後言易，始能無弊。朱子作《啟蒙》《本義》，其理則取之程子，其數則取之邵子，其象則取之周濂溪之太極與陳圖南之先天，可謂集易之成矣。夫漢始披《本義》所列八卦與六十四卦諸圖，謂立象之妙無出於此矣。及按之夫子《繫辭》，則惟文王八卦次序方位二圖與《繫辭》合，其伏羲先天四圖皆不合也，是象與理不合也。又按伏羲先天四圖與河圖洛書絕不相蒙，所謂則圖、則書之意，率皆牽合，是數與象不合也。夫既數與象不合、象與理不合，則其言易豈能無弊哉？以是耿耿於懷，必欲求其理與象數之合。自壬子至戊午凡七載，而始悟參天兩地而倚數之一語，遂手定圖書方圓平直之體而立規矩準繩四圖，由是則圖、則書之法以明，

而觀象繫辭之意自見。乃取《本義》而清之，更名曰《周易清本》，蓋清易之本，而即以《本義》為原本也。《本義》謂易之圖九，有天地自然之易、有伏羲之易、有文王周公之易、有孔子之易，似乎易之不一也。予謂易之圖四圖書與則圖、則書而已，若夫孔子之易即文王、周公之易，文王、周公之易即伏羲之易，伏羲之易即天地自然之易，蓋天垂象，伏羲畫之，文王繫卦辭，周公繫爻辭，孔則釋象與卦爻之辭者也。後之解易者但當就孔子所釋之辭而詳解於其下，不當於孔子釋辭之上而更為釋辭也。考亭嘗曰：「某作《本義》，欲將文王卦辭只大綱依文王卦辭畧說，至其所以然之故，卻於孔子彖辭中發之，爻象亦然，如此則不失文王本意，又可見孔子之意。但而今未暇整頓耳。」觀斯言也，予取《本義》而清之，政合考亭整頓之意。而文王卦辭之下竟不為畧說大綱者，又欲使文、周、孔子之意合而為一也。抑考亭作《本義》專以卜筮為主，故於卦爻之辭必以其象其占分釋之。予謂象即所以占，占即在於象，第言「象曰」，而占在其中矣。如必欲分別某句為象、某句為占，則有言其象而無占者，有言其占而無象者，經文反為不全，而注釋未免蛇足也。況聖人作易，原不專為卜筮，而卜筮之理自無不該。《繫辭傳》曰：「以言者尚其辭，以動者尚其變，以制器者尚其象，以卜筮者尚其占。」象者卦爻之象也，辭者卦爻之辭也，變即象之變也，占即辭之占也。象與辭一定者也，變與占無定者也。畫一定之象以任無定之變，此伏羲之意也；繫一定之辭以待無定之占，此文王之意也。故孔子曰：「居則觀其象而玩其辭，動則觀其變而玩其占。」蓋以辭者據象而說，非必有期於動作；觀變之玩占者隨變而應，非可預玩於平居觀象之日也。且辭主於理，占主於數，故有以辭占者，有不以辭占者，如《左氏》所載可遞考也。予故於《本義》其占之說槩置不錄，使學易者專以義理為主。先觀伏羲之畫象，次觀文周之繫辭，次觀孔子之釋象與繫辭，而後詳觀考亭之《本義》，則先後有序而易讀注釋有條而易解。其於《本義》有刪者，有增者，有改者，有那移前後者，要必使與孔子所釋之辭相合而已。其有不合者，所望世之同志，參考而訂定之，庶幾可告無罪於先聖先儒云爾。康熙庚申孟冬。

◎《欽定四庫全書考證》卷四十六：梁氏《周易清本》，夫漢自序曰：案之夫子《繫辭》，則惟文王八卦次序方位二圖與《繫辭》合。刊本「次」訛「方」，據《皇極經世書》改。

◎梁夫漢，字子水。浙江山陰人。布衣。

梁夫漢 周易清本圖說 一卷 佚

◎嘉慶《山陰縣志》卷二十六《書籍》:《周易清本圖說》一卷,國朝梁夫漢撰。

◎是書有濟南唐夢賚序。

梁夫漢 坐致編 十二卷 存

北大藏鈔本

梁拱宸 孔易合注 十卷 存

山東藏宣統三年(1911)速智印書館石印本

◎梁拱宸,遼東人。康熙十三年、十八年兩任盛京府尹。

梁鴻翥 梁志南先生說易 一卷 存

北大藏李梴鈔本(一冊)

◎孫葆田《山東通志》卷百二十七《藝文志》第十:梁鴻翥撰。

◎梁鴻翥,字志南。山東德州人。乾隆辛卯優貢。家貧好學,不屑屑於章句。每治一經,案上不更列他書,遇有疑義,積日累月思之,必得解而後已。

梁鴻翥 周易觀運 佚

◎孫葆田《山東通志》卷百二十七《藝文志》第十:《州志》載是書,又載其《易序說・序》略云:「先儒釋易者,皆就象釋象,就爻釋爻,不於卦序觀其運。故為《序說》一編,以參其義,俾學易者即序以推卦,據象以論爻。」考《序說》,《州志》不載。觀茲序所稱,又似《序說》即《觀運》,疑莫能明也。

◎民國《德縣志》卷九《宦績志》:所著《周易觀運》《尚書義》《書經續解》《春秋辨義》《春秋義類》及《儀禮綱目》《詩經/周官/禮記辨義》共計近百卷,皆未刻,歷城周翰林永年收藏之。

梁鴻翥 周易摘條辨義 不分卷 存

北大藏嘉慶元年(1796)李梴鈔本

梁厥悠 周易經捷 八卷 存

山東藏清刻本

梁明祥 易經博證 四卷 未見

◎民國《續修歷城縣志》卷二十二《藝文考》：梁明祥《易經博證》四卷（手稿）。

◎顏文化識：先舅父禎齋先生博極羣書，善考據，晚年嘗欲著《十三經博證》以餉後學。《詩經博證》四十八卷既脫稿，又著《易經博證》四卷；他經或成二一卷，或散寫數十條，先生遽沒。《詩經博證》，邢君九齡已錄之。《易經博證》則先生嘗命化鈔寫，十餘年來，因循苟且，手澤徒存，將致湮沒，誠余小子之咎也。

◎梁明祥《書雜卦傳後》〔註33〕：凡《易》既分為六十四卦以為上下經，天人之事各有始終，夫子又為《序卦》以明其相承受之義。然則文王、周公所遭遇之運，武王、成王所先後之政，蒼精受命短長之期，備於此矣。而夫子又重為《雜卦》，以易其次第。《雜卦》之末，又改其例，不以兩卦反覆相酌者，以示來聖後王，明道非常道、事非常事也，化而裁之存乎變，是以終之以決，言能決斷其中，唯陽德之主也。故曰易窮則變，通則久。總而觀之，伏羲、黃帝皆繫世象賢，欲使天下世有常君也。而堯、舜禪代，非黃、農之化，朱均頑也；湯、武逆取，非唐、虞之述，桀、紂之不君也；伊尹廢立，非從順之節，使太甲思愆也，周公攝政，非湯、武之典，成王幼年也。凡此，皆聖賢所遭遇異時者也。夏政尚忠，忠之弊野，故殷自野以教敬；敬之弊鬼，故周自鬼以教文；文之弊薄，故春秋閔說三代而損益之。顏回問為邦，子曰：「行夏之時，乘殷之輅，服周之冕。」弟子問政者數矣，而夫子不與言三代損益，以非其任也。回則備言王者之佐，伊尹之人也，故夫子及之焉。是以聖人之於天下也，同不是，異不非，百世以俟聖人而不惑，一以貫之矣。

◎梁明祥，字禎齊。山東歷城人。光緒庠生。

梁泉 周易集證 佚

◎《順德縣志》卷二十六《列傳六》：壬辰過夏都門，復失第，返至運河南旺閘，遭暑病。先數日，酌同舟南海霍時茂曰：「我必不起矣！君義士，當能歸我骨，無所憾。自計此生謬膺虛譽，著撰積巾箱，時復點竄，不及訂梓，手質名流，斯耿耿耳。」言已，欷歔泣下，隨卒，時茂絜柩歸。著有《讀史偶評》，皆雜書史旁，預定其目，可錄編十卷。又取五代史按易爻隸之，曰《周

〔註33〕摘自《續修歷城縣志》卷二十二《藝文考》。

易集證》六卷、《筆記》四卷。四書文率散佚，及門何鎮江校梓。別有古今體詩駢散文之在行篋者，孫高梧以索序出，沉舟牂舸，未錄副。嘉慶癸酉，國史館奉纂《儒林／文苑傳》，徵取遺書，下郡縣，尋求不獲。子姓訪輯十一，刻為《敬亭遺文》四卷。

◎咸豐《順德縣志》卷十七《藝文略》一：泉初以五代史記傳舉證《周易》，各案卦象爻象，復廣及十七史。以會試卒，未及刻。書今尚存。

◎梁泉，字崇簡，又字佩韋，晚號梔蠟道人，人稱敬亭先生。廣東順德倫教人。乾隆三十年解元。後屢試不第，抑鬱以終。精通諸史，其教人務主博通，不拘一格。又著有《四書文》、《讀史偶評》、《敬亭遺文》等。

梁少閑 易學例舉 存

廣東省中山圖書館藏光緒二十五年（1899）鈔本

梁同新 圖書奧義 四卷 存

山東藏同治八年（1869）梁氏家塾刻本

◎卷目：卷一河圖洛書先後天圖方圓圖納甲圖等。卷二順逆生克陰陽變化相交相生以五等。卷三四正四隅三合說三元運氣說等。卷四問答書函等。

◎同治《番禺縣志》卷二十六《藝文略》：《圖書奧義》（國朝梁同新撰，據采訪冊）。

◎光緒《廣州府志》卷一百三十一《列傳》二十：同新精堪輿術，晚益淡泊，講求心性，以周子主靜為宗，著有《圖書奧義》等書。

◎梁同新（1800～1860），初名綸機，中舉後改名為同新，字應辰，號矩亭。廣東番禺人。嘉慶二十三年（1818）舉人。道光十六年（1836）進士，選翰林院庶吉士，授編修。二十六年提督湖南學政。三十年（1850）補山東道御史。咸豐二年擢禮科給事中，充陝甘副考官。晉通政司參議。四年擢內閣侍讀學士。七年（1857）擢通政司副使，晉順天府尹。

梁錫璵 易經補義 佚

◎茹綸常《容齋文鈔》卷六《任西郊先生傳》：吾鄉有誦法程朱、研窮經學而尤邃於易與《春秋》者，曰確軒先生。有迫逐杜韓、沉酣典籍而工詩與古文辭者，曰西郊先生。二先生皆君子也，皆貴公子也，皆安貧樂志而無慕乎世俗之紛華者也，皆經師人師、窮年一編而終身以之者也，皆不逆詐、不億

不信、與人為善而不以不肖待人者也……確軒先生胸懷渾浩，與古為徒，鮮情慾之累，又以不諳庶務謝絕紛擾，日事編纂至忘寢食。唐宋以下書非闡發六經、有關聖賢正心誠意之學者，悉屏不觀。客至不數語即與談經藉，微言奧義間出不窮，能解者聞所未聞，如坐春風；不解者倦而思臥，如聽古樂。而先生有教無類，一任其人之自領。於是人或曰羲皇上人也，或曰兩廡中人也。是可以想見先生之為人矣。所著有《易經揆一》《易經補義》《春秋直解》《春秋廣義》若干卷，自餘諸經亦多有論著。

◎梁錫璵，字魯望，號確軒。山西介休南靳屯人。雍正二年舉人。任國子監司業，入值上書房教授皇子書，入翰林院為侍講。乾隆三十二年（1767）任國子監祭酒。

梁錫璵 易經揆一 十四卷 存

國圖藏乾隆十七年（1752）刻本

◎前有刑部左侍郎錢陳群保舉，列梁錫璵云：山西舉人，為人端謹，研深易學。

◎凡例：

一、易歷四聖：包犧觀取畫卦，文王依卦繫彖，周公旁通象之情而繫爻，孔子釋卦與辭而為傳，其揆一也。朱子云：「未可便以孔子之說為文王之說」，蓋以易為卜筮而作，孔子推言義理耳。夫文周非作也，包犧始作八卦以通神明之德，以類萬物之情，蓋明道也，豈為卜筮哉？故易有聖人之道四，而卜筮居末也。謹遵《孟子》先後揆一之旨，取以綴於經名之下，以徵四聖心源之合。

一、觀取畫卦非一，而則圖為尤著。漢儒雖有論說，後遂失傳。邵子傳自希夷，而朱子表章之。乃或疑而未信，或改易圖書。夫河出圖洛出書，《繫傳》言之，何疑之有？犧則圖畫卦以明道，禹則書敘疇以開治。道原於天，治成於皇，理一而用異，知其異，何能改易之有？

一、先後天為卦之關鍵，亦朱子取之邵子，而於後天則未詳。夫先天體也，後天用也，體用不相離，故圖書當知其所以分，先後天當求其所以合。

一、先天後天皆天也，卦有序而分上下，則《周易》本天以開人也。上篇傳云「有天地然後萬物生焉」，遡人道之始也；下篇傳云「有天地然後有夫婦」，明人道之立也。至其相受各有義，故《序卦》者易之脈絡也。李氏鼎祚摘序傳

冠各卦之首，而程子因之。今謹用其例焉。

一、依卦繫象，故曰象者材也。乃象止渾舉其理，傳始暢發其精。朱子分疏之曰：「卦德卦體卦象，皆材也。」卦六十四而德則止取八卦，乃坎險似非善，以剛中則善。蓋剛中者天一之真也。故八卦之德，所以經緯六十四卦而時措之者也，與他卦不同也。卦體分剛柔則有對待、有交錯、有消長，而上下內外具焉。重上下，宜兼內外；重內外，宜兼上下。執一而義不全矣。就上下內外分之，則有位而卑高陳，次之則有時而始終具。往復有應有比，比復有乘有承，要皆以剛柔中正而適時位之宜者為善。是剛柔中正，卦體也，亦即為卦德矣。卦象，則天下之物皆其象，隨其所舉，皆實象也。乃朱子又言卦變，變不可言材，且爻言乎變，非可釋象也。

一、旁通象之情而繫爻，故曰爻者言乎變者也。極深得材，研幾著變。變可勝窮乎？故爻不得盡同於象，而象所未言必賴爻以旁通之也。謹舉二卦以發其例：如坎下艮上為蒙，剛中為險、剛上為止，是成卦者二與上也，乃剛不可為蒙而為蒙中之先覺，是主卦者即二與上也。上已居終，二遂獨為主，故象即擬二為辭曰我；又五尊為主，乃柔不能主蒙，而為蒙主，幸其應二，象因美之曰「童蒙求我」。至於爻，五同彖象，二則重五之應，亦兼眾柔為義。蓋初居二下，不待求我，我自當教也。三四苟能求，我亦當教也。故廣其象曰包蒙。又二剛五柔，因以內外取象曰納婦。又以二主卦，復以在下取象曰子克家，蓋推包蒙之意而廣其用乎？且包蒙即統初終為義，二首包初，初則發之。教有不率，終則擊之。擊之不過，亦包之也。蓋上剛與二同德，用固相通乎？乃不率之象於何取？取於三也。三應上，又比二，然非求二也，羨其勢也。失其蒙而將陷於惡，惡未成當絕之，故曰勿用取女，蓋即不屑之教乎？惡已成當擊之，兵刑弼教之義乎？乃初邃用刑，何也？非用刑也，用刑人也。特刑不可為治，況教乎？況其初乎？況初與四尚皆為蒙而非惡乎？又兌下乾上為履，乾剛象虎，兌柔成履而德為說。故傳釋象曰：「說而應乎乾，是以履虎尾不咥人，亨。」又五尊為主，而五即乾主，故傳推言之曰「剛中正，履帝位而不疚，光明也」。至於爻成卦在三，故同彖象，乃四雖入乾，而五為乾主，四猶後也，故亦同彖象。履虎兩取其象，與彖異矣。三柔居陽，失其說而凶；四剛居陰，剛而終吉。亦與彖異矣。初二在下，五上在上，皆以自履為義。初二雖剛而遠乾，得正故无咎，得中則貞吉，知自守之道矣。三凶而四終吉，可以知事上之道矣，蓋皆欲其為下不倍乎？主卦惟五，以剛居陽，恐

未盡中正之義而厲；由五而上，以剛居陰，化其剛而元吉，亦與彖異矣。五厲而上元吉，可以知為上之道矣，蓋欲其居上不驕乎？又初往上旋，則彖言、傳言不疚，至是斯有終，故元吉也。觀此二卦，則爻象異同與旁通之故，大畧可覩矣。乃各卦各具六十三變，止以六爻發揮之，豈周於用乎？其理可窮也。蓋爻生於象者也，材包眾有而取之不盡，故曰「知者觀其彖辭，則思過半矣」。象統夫爻者也，變不離本而動即相連，故曰「觸類而長之，天下之能事畢矣。」

一、釋卦與辭而為傳，而彖象傳兩釋卦名者，彖象兼取德體象，天人參焉者也，明象所由繫。而已握爻之發揮之樞，欲以盡人事之無窮也。象傳專取象，純乎天者也。明卦所由畫，而著觀取之妙，欲以達天道之本然也，所謂「窮理盡性以至於命」也。由是說以詳之，以究卦蘊之源流，既序而分之，復雜而合之，以極卦用之變化，而卦義備矣。彖言天下之賾，傳釋之也大而精；爻效天下之動，傳釋之也微而至。由是以《文言》盡不盡之言，以《繫傳》盡不盡之意，而辭義備矣。

一、易說諸家，異同不一，備錄則簡帙浩繁。謹就所擇，以鄙見聯之，不能詳所自也。且先儒著述，表表在人，覽而自知之，惟以集傳為名，以見不敢掠美之意。

◎上諭：乾隆十四年十一月初二日，內閣奉上諭：聖賢之學，行本也，文末也，而文之中，經術其根柢也，詞章其枝葉也。翰林以文學侍從，近年來因朕每試以詩賦，頗致力於詞章。而求沈酣六籍、含英咀華、究經術之闡奧者，不少槩見，豈篤志正學者鮮歟？抑有其人而未之聞歟？夫窮經不如敦行，然知務本則於躬行為近。崇尚經術，良有關於世道人心。有若故侍郎蔡聞之、宗人府府丞任啟運研窮經術、敦僕可嘉；近者侍郎沈德潛，學有本源，雖未可遽目為鉅儒，收明經致用之效，而視獺祭為工、剪綵為麗者迥不侔矣。今海宇昇平，學士大夫舉得精研本業，其窮年矻矻、宗仰儒先者當不乏人。奈何命終老牖下而詞苑中寡經術士也？大學士九卿外，督撫其公舉所知，不拘進士、舉人、諸生以及退休閒廢人員，能潛心經學者，慎重遴訪，務擇老成敦厚、純樸淹通之士，以應精選，勿濫稱朕意焉。欽此。

◎上諭：乾隆十六年閏五月十八日奉上諭：朕前降旨令九卿督撫薦舉潛心經學之士，雖據大學士等核覆，調取來京候試，現在到部尚屬寥寥，但觀此番內外諸臣保舉，尚未能深悉朕意。蓋經術為根柢之學，原非徒以涉獵記

誦為能。朕所望於此選者，務得經明行脩、淹洽醇正之士，非徒占其工射策、廣記問、文藻詞章充翰林才華之選而已；亦非欲授以政事，則其當官之効，如從前各保一人故事。此朕下詔之本意也。在湛深經術之儒，原不必拘拘考試。若如內外所舉既有四十餘人，即云經術易明，安得如許積學未遇之宿儒？其間流品，自不無混淆。豈可使國家求賢之盛典，轉開倖進之捷徑？勢不得不慎重考試以甄別之。間有素負通經之譽，恐一經就試，偶遇僻題，必致重損夙望，因而托詞不赴，以藏拙為完名，苟如此用心，已不可為醇儒矣。其安所取之？然此中亦實有年齒衰邁、不能跋涉赴考者。伏勝年九十餘，使女孫口授遺經於鼂錯，其年豈非篤老？何害其為通儒？此所舉內果有篤學碩彥為眾所真知灼見如伏生之流者，即無庸調試，朕亦何妨降旨問難經義，或加恩授以官階示之獎勵乎？著大學士九卿將現舉人員再行虛公覈實，無拘人數，務取名實相符者確舉以聞。如果眾所共信，即可不必考試。若仍迴護前舉，及彼此瞻徇，則尤重負朕尚經學、求真才之意，獨不畏天下讀書人訾議，與後世公評耶？欽此。尋內閣等衙門謹奏為遵旨議奏事欽奉上諭：朕前降旨令九卿督撫薦舉潛心經學之士等，因欽此欽遵查績學，必本勵行而循名尤須核實。我皇上崇尚經術，特命廷臣及直省大吏保舉潛心經學之士，務得實學宿儒，以昭盛典。嗣據內外諸臣就聞見所及，擇其素行謹飭、留心學問之士，舉出彙送到部，經臣等於十五年十一月內遵旨核覆，調取來京候試共四十員，現在到部者尚屬寥寥。此等未到人員，誠有如聖訓所及，或係年齒衰邁不能跋涉赴考，或因恐損聲譽以藏拙趨為完名者。茲欽奉諭旨，令臣等再行虛公覆實，務取名實相符者確舉以聞，如果眾所共信，即可不必考試，仰見我皇上慎重遴選，尚經學、求真才之至意。臣等謹將從前內外諸臣所保人員公同會核，大半未能熟知深悉，殊少眾所共推之人。此內惟陳祖范、吳鼎、梁錫璵、顧棟高等四人，臣等彼此諮詢，多有知其平素品行端謹、留心正學者，雖未敢遽謂湛深經術，足以追蹤曩哲，上稱明詔。而就數十人中詳加較量，允屬潛心經學之士，謹遵旨據實奏聞，并將陳祖范等履歷繕寫清單進呈御覽，恭候命下施行，為此具奏，伏乞皇上睿鑒。謹奏請旨奉旨保舉經學之陳祖范、吳鼎、梁錫璵、顧棟高，既據大學士、九卿等公同覆核，眾論僉同。其平日研窮經義，必見之著述，朕將親覽之以覘實學。在京者即交送內閣進呈，其人著該部帶領引見；在籍者行文該督撫就取之。朕觀其著述，另降諭旨。或願赴部引見，或年老不能進京者，聽其著述，不必另行繕錄，致需時日啟勤襲

猝辦、贗鼎混珠之弊。欽此。內閣傳上諭，臣吳鼎恭進《象數集說》一部、《集說附錄》一部、《易問》一部、《春秋四傳選義》一部、《易堂問目》一部、《考律緒言》一部；臣梁錫璵恭進《易經揆一》一部，由閣恭呈御覽。六月初十日吏部帶領引見，二十一日奉旨吳鼎、梁錫璵俱以國子監司業用；葉酉現出學差，遇有中允贊善缺出補授；張九鎰不必署理司業，其原缺即著吳鼎補授；梁錫璵亦著授為司業。一體食俸辦事，不為定員。欽此。十五日臣吳鼎、臣梁錫璵謹奉為恭謝天恩事，本月十一日奉旨，吳鼎、梁錫璵俱以國子監司業用；葉酉現出學差，遇有中允贊善缺出補授；張九鎰不必署理司業，其原缺即著吳鼎補授；梁錫璵亦著授為司業。一體食俸辦事，不為定員。欽此。竊臣等衡茅下士、佔嗶迂生，欣遇聖朝昌明，正學沐生，成于大造，獲株守夫遺經，竊附管窺，實深蕪陋。蒙我皇上命內外大臣各舉經學，臣何人斯？仰副明詔，入廷臣之採核，覩殿陛之榮光。至抄輯陳編，僅供記誦，方深蠡測之懼，竟塵黼座之前。隕越堪虞，慄惶無地。迺更奉天恩拔擢，俾貳成均，未釋褐而驟列冠裳，甫對揚而驚聞寵命，實千載一時之恩遇，迺畢生莫報之鴻慈。伏思北雍為首善之區，司業實師儒之職，教育之關係綦重，器識之造就良難，豈臣等之愚陋所能能勝任？惟有矢竭寸忱，殫心講習，敬承聖教，時切服膺，與諸生共相砥礪，以仰報高厚於萬一。謹繕摺恭謝天恩，臣等曷勝感激悚惶之至。謹奏隨蒙恩賞臣吳鼎紗四疋、臣梁錫璵紗四疋。是日召對於勤政殿，面奉恩旨云：「你們以經學保舉，朕所以用汝等去教人。如今大學士、九卿等公保你們，這是你們積學所致，不是他途倖進。」臣吳鼎、臣梁錫璵謹奏：「臣等草茅下士，學識荒陋，蒙皇上格外天恩，授臣等司業之任，臣等惶恐之至，實在承當不起。」復奉聖訓云：「經是讀書根本，但窮經不徒在口耳，須要躬行實踐。你們自己躬行實踐，方能教人躬行實踐。」臣吳鼎、臣梁錫璵謹奏：「臣等何能教人，惟遵奉聖訓，自己勉勵，以此教人，求少報天恩於萬一。」隨叩頭謝恩而出。尋奉上諭：「吳鼎、梁錫、梁錫璵所著經學各書，著派翰林二十員、中書二十員在武英殿各謄寫一部進呈，原書給還本人。所有紙札飯食皆給之於官。著梁詩正、劉統勳董理其事。欽此。」

◎阮元《儒林傳稿》卷一：梁錫璵，介休人，字確軒，雍正二年舉人，以薦舉經學授司業，復與鼎同食俸辦事不為定員，歷官祭酒、少詹事。贗薦時以所撰《易經揆一》呈御覽。鼎錫與並蒙召對，面奉論旨云：「汝等以經學保舉，朕所以用汝等去教人；大學士九卿公保汝等，是汝等積學所致，不是他

途倖進。」鼎錫璵奏：「臣等草茅下士，學識荒陋，蒙皇上格外天恩，臣等不勝惶恐。」復奉聖訓云：「窮經為讀書根本，但窮經不徒在口耳，須要躬行實踐。汝等自己躬行實踐，方能教人躬行實踐。」鼎錫璵頓首祗謝。又奉諭：吳鼎、梁錫與梁錫璵所著經學著派翰林二十員、中書二十員在武英殿各謄寫一部進呈，原書給還本人，筆札給之於官。梁詩正、劉統勳董理其事（《詞林典故》）。

◎茹綸常《容齋文鈔》卷六《任西郊先生傳》：所著有《易經揆一》《易經補義》《春秋直解》《春秋廣義》若干卷，自餘諸經亦多有論著。

梁錫璵　易學啟蒙補　二卷　存

國圖、山東藏乾隆十七年（1752）刻本

◎目錄：卷上本圖書第一，原卦畫第二，闡卦蘊第三，立易教第四，明著錄第五，考變占第六。卷下洛書序義，連山遺義、歸藏遺義。

◎摘錄卷上首：易辭之繫，由卦而生也。易卦之畫，由俯仰遠近觀取而得也。至河圖之出，奇耦生成，尤所以發聖人之獨知矣。故《繫辭傳》曰：「河出圖，洛出書，聖人則之。」漢孔氏安國、劉氏歆皆言包犧則圖畫卦，意其時古易與河圖並存，故二家得以確有所指。迨王、韓作注，遺象數而談虛理，其傳遂泯。宋邵子河圖洛書及先後天卦圖源出希夷，而朱子表章之，因作《啟蒙》，而以本圖書、原卦畫、明著策、考變占立義，為書四篇，然後四聖本天牖民之旨，其根本次第始明。蓋河圖之數與《繫辭傳》所云天一至地十者合、先天卦與《說卦傳》所云天地定位者合、後天卦與所云帝出乎震者合，朱子又自為橫圖，言用邵子之意而摹畫之，其答袁樞諸書可見也，則又與《繫辭傳》所云大極生儀象卦者合。抉畫卦之由而得古聖心法，朱子之功於是為巨。至兩儀之前，虛而圓之以象大極，深得其旨，乃又以圖之五十為大極，豈大極而可以數求之乎？況五為生數之中、十為成數之終，其不可當大極也審矣。大極象以圓，卦圖亦宜始於圓，乃以橫居先，且云橫圖全是自然，圓圖稍涉安排。夫圓圖象天、方圖象地，安得所謂橫者而先之？以橫先圓方，自不得不中斷而安排為圖、八截而安排為方，而有乖於摩盪自然之妙。竊嘗反覆十翼，參究河圖，乃知卦始圓方，固自具大極生儀象卦之妙而與河圖合，彼橫圖似應居後耳。朱子圖之則是，第其位置亦少乖矣；至後天卦義，闕而未詳；大衍取乘數、參兩取徑圍、作易為卜筮，似又與十翼未盡合。用是不揣冒昧，

就管見之見以著其義，庶昔賢守先待後之意稍效涓埃之助云爾。

◎摘錄卷下首：天不愛道，圖書並出；聖人有作，三易垂文，尚矣。禹則書序疇，箕子衍之，而先儒闡其義幾備，第書數與圖數，其所以異同之故，猶未明也。至《連山》《歸藏》，其書既軼，元儒朱氏元昇作《三易備遺》，其約八卦為六，非《周易》要義。況易歷四聖，何容贅乎？《連山》仍用先天卦，而艮居西北，與首艮建寅之義無與；《歸藏》以六家配卦，而以納音出焉，為律呂之始，其理粹然至正，其數不假安排，洵足備《歸藏》之遺。但朱氏所論，雖大醇而未免小疵也。圖書同源而異派，三易異用而同歸。《歸藏》以納音而得，《連山》亦可以納甲而求，而《周易》之先後甲庚，其可見之緒也。爰不揣冒昧，謹以管窺之愚，附其義於後云。

梁欽辰 易解醒豁 二卷 存

國圖、上海、天津、浙江、山東藏光緒七年（1881）刻本

臺中文聽閣圖書有限公司 2010 年晚清四部叢刊第二編影印光緒七年（1881）刻本

◎梁欽辰，字小若。福建人。進士。

梁時迪 易 一卷 佚

◎民國《濟寧直隸州續志》卷十五《文苑總傳》：通羲經，得邵子先天之數，著《易》一卷，人有傳其集者。

◎梁時迪，字介祉，號常春子。山東濟寧人。增生。善書法。

梁之翰 易經旁注 佚

◎民國《重修泰安縣志‧著述》著錄作梁之瀚。

◎民國《重修泰安縣志》卷八《人物志》：著有《易經旁註》、《四書隨鈔》藏於家。

◎孫葆田《山東通志》卷百二十七《藝文志》第十：是書見《府志》。

◎梁之翰，字伯憲。山東東平人。廩生。博洽能文，讀書白雲樓，齊魯知名士皆頫首下之。

廖道稷 易經論略 六卷 佚

◎光緒《吉水縣志》卷四十八《書目》：《易經論略》六卷，廖道稷撰。

◎光緒《江西通志》卷九十九《藝文略》一《國朝》：《易經論略》六卷，廖道稷撰（《吉水縣志》）。

◎廖道稷，江西吉水人。雍正癸卯南康府訓導。又著有《書經論略》六卷、《書經存疑》三卷、《書經講義》十卷、《詩經解要》四卷、《經解》二卷、《史學管見》十二卷、《道學源流》二卷、《詩話》八卷、《文行質言》四卷、《尋樂齋文集》、《尋樂齋詩集》。

廖道稷 易經圖說 三卷 佚

◎https://www.docin.com/p-318561.html 著錄。

廖迪恂 易經要旨 佚

◎光緒《吉水縣志》卷之三十五《宦業》：所著有《北窗稿》《易經要旨》《帷園文集》《帷園詩集》藏於家。

◎光緒《吉水縣志》卷之四十八《書目》：《易經要旨》，廖迪恂撰。

◎光緒《江西通志》卷九十九《藝文略》一《國朝》：《易經要旨》，廖迪恂撰（《吉水縣志》）。

◎廖迪恂，晚號實堂。江西吉水人。廖玉仲子。張簣山入室弟子，遊學京師，與韓慕廬、金穀似友善。光緒《江西通志》卷九十九亦著錄。

廖煥光 朱子周易本義補闕 一卷 附占驗 一卷 存

鈔本

廣東人民出版社 2010 年清代稿鈔本三編影印鈔本

◎廖煥光，福建浦城人。生員。

廖平 四益易說 一卷 存

四川存古書局 1918 年刻新訂六譯館叢書本

臺灣文聽閣圖書有限公司 2009 年林慶彰主編民國時期經學叢書本

◎廖平（1852～1932），初名登廷，字旭陵，號四益；繼改字季平，改號四譯；晚年更為六譯。四川井研縣青陽鄉鹽井灣（今東林鎮小高灘）人。肄業成都尊經書院，師從張之洞、王闓運。光緒五年舉人。光緒十五年進士，欽點湖北某縣知事，以母年老請改教職，任龍安府（治今平武縣）教諭。後歷署射洪縣訓導、綏定府教授、尊經書院襄校及嘉定九峰、資州藝風、安嶽鳳山諸

書院院長，四川國學學校校長等。著有《今古學考》二卷、《穀梁集解糾謬》二卷、《公羊何氏解詁十論》、《穀梁春秋經傳古義疏》《起起穀梁廢疾》《釋範》、《傷寒雜病論古本》、《四益館經學叢書》（後增益為《六譯館叢書》）。

廖平 易經古本 一卷 存

1915 年成都存古書局刻新訂六譯館叢書本

上海古籍出版社 2015 年舒大剛、楊世文主編廖平全集本

◎《井研縣藝文志》：《易經古本》一卷坿《十翼傳》二卷，廖平編。攷易以反易、變易為主，《大傳》云：「《易》之為書也，變勤不居，周游六虛，上下無常，剛柔相易。」平因用其例，編為反復繫辭之本，其書用大傳「《易》之為書也」三節、「易之興也」二節、「書不盡言」二節為序例，錯卦八（乾坤坎離頤中孚大過小過）以三爻反復為六爻，一卦自為一圖。長少父母八卦子息三十二卦，則六爻反復，《繫辭》二卦合為一圖，所謂盍朋。此初彼上、此剛彼柔，即所謂損益，合中矯枉過正也。亦錯亦綜八卦、八中卦則各自為圖。如錯卦但仍合為一圖，一順一逆不取裁成之義。至於震艮巽兌咸恆損益八卦為長少，父母亦猶長少之例。共計三十六圖，上經十八下經十八，以符六六二九之數。十翼則分為二卷，仿吳氏《纂言》之例，署有審訂。其於義例有關者，間加案語。創始癸巳，成於戊戌，經數年之久，義例始定。體例雖新，然於經文初無變亂，反復相對，各成一解，或即知者謂知、仁者謂仁之義歟？

廖平 易經經釋 二卷 存

民國彙印新訂六譯館叢書本

廖平 易經新義疏證凡例 一卷 存

四川存古書局 1921 年刻新訂六譯館叢書本

廖平 易類生行譜 二卷 存

四川存古書局 1921 年刻新訂六譯館叢書本

◎一名《易類生行譜》。

◎光緒《井研志·藝文志一》：《易類生行譜》二卷（廖平撰），考平癸巳於九峯先成此書，為《四益易學》之初階。其書不用京氏八宮法，每卦內三爻

為生、為三爻為行，一卦生三，故八別生二十四子息，八和生二十四子息（按此說與張心言同），外卦則皆一人行三人行於內為客，故曰有不速之客三人來，因取《左氏》一爻變之例，每卦六變爻，每爻為一卦，又六變合為三十六卦，因編為圖，縱橫往復，悉有條理（按此圖與包氏《皇極經世緒言》偶同）。每卦一圖，出一圖以推三十六圖，其辭說不下十數萬言，皆關於易中義例，迥非先後天圖畫徒勞筆札之可比。

廖平　易三天考　存

四川存古書局 1921 年刻六譯館叢書本

廖平　易生行譜例言　一卷　存

四川存古書局 1921 年刻新訂六譯館叢書本

◎一名《易類生行譜例言》。

◎條目：一生行不同。一爻變。一一卦生三卦。一純錯宗朋。一六爻內外分應二卦。一卦爻以彙。一身卦六爻引申首卦二爻。一二首六身屬比。一六爻變往別卦。一宗支長少。一昏禮外男內女。一京氏八宮之誤。十有八變而成卦。二首四身。一行龍支脈。一歸盡經文。正負名義。往來。一以三輔一單重相同。一身卦伏兄弟鄰朋。上下行。主客內外。同聲相應同氣相求。不速之客三人來。得喪遇亡。鳴鶴在陰其子和之。一卦周流六爻。一卦白為祖孫例。一重卦外為主。

廖平　易學提要　二卷　存

四川存古書局 1921 年刻六譯館叢書本

廖人泰　周易尊義　佚

◎光緒《衡山縣志》卷三十九《人物‧文苑》：嘗著《周易尊義》，多所發明，書垂成而歿。

◎光緒《衡山縣志》卷四十《著述‧國朝》：廖人泰《周易尊義》。

◎廖人泰，號江東。湖南衡山人。邑諸生。湛深經術，棘闈屢薦不售，攻經益力，寒暑罔間。著有《周易尊義》。

廖尚明　讀易辯義　佚

◎廖尚明，四川什邡人。附貢生。乾隆四十二年任江西東鄉縣典史。

廖桐川 柸珓新編 佚

◎黃本驥《三長物齋文略》卷二《柸珓新編序》〔註34〕：《周易》為冒道之書，自來術數家談占候者，無不從易義中推測而出。如揚子雲之《太元經》、東方曼倩之《靈棊經》，皆言之鑿鑿確有應驗，故歷數千百傳而其書卒不可廢。近世有所謂打大筊者，其人皆游方丐食之流，其言多邨野鄙瑣之說。彼本不知易為何物道為何名，故稍諳經術者賤其人並薄其術。其實合而為一，分而為兩，參而為三，變而為千化而為萬，易中之理數精蘊，何嘗不該括於陰陽奇偶之中？況杯珓之製，其來已久。古用玉字為珓，今用竹字為筊。又《荊楚歲時記》作「教」、《朝野僉載》作「角」、宋魏野詩作「校」，皆謂今之竹筊也。其術以二筊投空擲地，睞其俯仰以斷吉凶。昌黎韓子大儒也，亦云「手持杯蛟導我擲，云此最吉餘難同」。後之學道君子，顧可賤其人薄其術耶！吾友廖君桐川，精於易義，研究玩索之餘，即物窮理，出其緒論，演為《柸珓新編》。是書既出，當與《太元》《靈棊》並傳不朽，豈僅以小道可觀、多能鄙事為無愧通明之自號也哉（桐川自號通明子）！

林伯桐 易象釋例 十二卷 佚

◎光緒《廣州府志》卷九十《藝文略》一：《易象釋例》十二卷、《易象雅訓》十二卷（國朝番禺林伯桐撰）。

◎金錫齡《劬書室遺集》卷十六《林月亭先生傳》：其著述甚富，已刊者《毛詩通攷》、《毛詩識小》、《史記蠡測》、《供冀小言》、《古諺箋》、《士民冠昏喪祭儀攷》、《公車見聞錄》、《修本堂稿》、《月亭詩鈔》，未刻者《易象釋例》、《毛詩傳例》、《春秋左傳風俗》、《三禮注疏攷異》、《禮記語小》、《說文經字本義》、《古音勸學》、《史學蠡測》、《讀史可興錄》、《兩粵水經注》、《粵風》、《日用通攷》、《性理約言》、《修本堂詩文續集》《外集》、《耕話》、《安宅規模》等稿，悉燬夷火，學者以未讀全書為憾焉。

◎林伯桐（1775～1844），字桐君，號月亭。其先由閩遷粵，世居番禺高第街，遂為番禺人。少從勞莪野潼遊，相與研究理學，得力尤深。嘉慶六年（1801）舉人。道光六年（1826）試禮部歸，父已卒，遂不復上公車，一意奉母，教授生徒百餘人。阮元延為學海堂學長，鄧廷楨聘課其二子。二十四年選授德慶州學正，閱數月而卒於官。工詩文，好為考據之學。又著有《毛詩通

〔註34〕又見於《湖南文徵》卷七十八。

考》三十卷、《毛詩識小》三十卷、《左傳風俗》二十卷、《古諺箋》十一卷、《粵風》四卷，《兩粵水經注》四卷、《供冀小言》二卷、《史學蠡測》三十卷、《史記蠡測》一卷、《冠婚喪祭儀考》十卷、《公車見聞錄》四卷、《修本堂稿》四卷、《月亭詩鈔》二卷。

林伯桐 易象雅馴 十二卷 佚

◎光緒《廣州府志》卷九十《藝文略》一著錄。

林粲予 周易與文化 四章 存

廣東省中山圖書館藏廣州先烈南路原道印刷所 1948 年鉛印本

◎目錄：第一章《周易》之來源及其作用，第二章《周易》之意義，第三章《周易》之影響，第四章《周易》之評價，附錄先考粲予府君行狀。

林昌彝 讀易寡過 佚

◎林昌彝《小石渠閣文集》卷六補遺丁杰識末：議論精實，措置咸宜，闡明易理，尤足發千古之蒙、為百王之鑑，非學窮今古、識貫天人、洞悉治亂之原者，烏能有此！欽佩無有其極。

◎林昌彝（1803～1876），字蕙常，又字薌溪，別號茶叟、硃砨山人、五虎山人。福建侯官（今閩侯）人。道光十九年（1839）舉人。嘗從何紹基學，為魏源摯友。咸豐三年（1853）進呈所著《三禮通釋》，特授教授，先後主福建建寧、邵武兩府教席。同治元年（1862）遊歷廣州，講學海門書院。晚年往來於閩粵兩地，從事著述。又著有《三禮通釋》、《詩玉尺》、《今文尚書二十九篇定本》、《左傳杜注刊訛》、《禮記簡明經注》、《說文二徐本互校辨訛》、《溫經日記》、《小石渠閣經說》、《六朝禮記集說補義》、《段氏說文注刊訛》、《衛氏禮記集說補義》、《春秋地理考辨》、《聖學傳心錄》、《士林金鑒》、《破逆志》、《射鷹樓詩話》二十四卷、《海天琴思錄》八卷、《海天琴思續錄》八卷，《小石渠閣文集》六卷《賦鈔》一卷、《衣瀍山房詩集》八卷《詩外集》一卷、《敦舊集》八十卷、《師友存知詩集》三十卷。

林長扶 易經精義彙參 四卷 存

山東藏光緒三年（1877）茶峰居刻本

林春溥 占易一得 佚

◎民國《閩侯縣志》卷七十一《文苑》上：著《禹貢河道考》《占易一得》《竹柏山房詩文鈔》。

◎林春溥，字立源，號鑑塘，又號訥溪。福建閩侯人。精醫術。又著有《禹貢河道考》。卒年八十七。

林鳳岐 周易說明 二卷 存

福建藏清鈔本

◎林鳳岐，浙江蕭山人。

林鴻藻 纂集易經源流 佚

◎民國《文昌縣志》卷十《宦績志》：著有《纂集易經源流》《四書類聯詳註》《五經白文》藏於家。

◎林鴻藻，字掞天。海南文昌（今屬廣東）東區玉山人。歲貢。選茂名訓導。

林琨 周易參變 十卷 佚

◎民國《台州府志》卷六十四《藝文略》一：《周易參變》十卷，國朝林琨撰。

◎民國《台州府志》卷一百二十《人物傳》二十一：著有《周易參變》十卷、《春秋三傳考義》十四卷。

◎林琨，字琢亭。浙江台州黃巖人。道光二年歲貢。弱冠以天文學受知阮元。晚年好著述，督學汪廷珍視學兩浙，見其書，欲調赴詁經精舍充齋長，以老病不行。又著有《春秋三傳考義》十四卷。

林謙 增輯周易觀象 四卷 圖例 一卷 佚

◎光緒重修《香山縣志》卷二十一《藝文》：《增輯周易觀象》四卷、《圖例》一卷，國朝林謙撰。

◎光緒《廣州府志》卷一百三十五《列傳》二十四：學宗李安溪、張惕菴，主講豐山書院，與生徒辨論，必求精確。年八十尚能燈下作小楷，其精力不可及云。所著有《增輯周易觀象》四卷圖一卷、《類字訓蒙》四卷、《耄覺菴筆記》一卷、《退思錄》十卷續編一卷、《國地異名錄》一卷、《退思雜文》四

卷續編四卷、《退思日覽》一卷、《聰聽堂訓言》一卷。

　　◎林謙，字德光。廣東香山縣大車鄉（今中山市南鎮大車村）人。道光八年（1828）舉人。以設館授業為生。光緒二年請祀鄉賢。著有《增訂四書匯參》二十二卷、《類字訓蒙》二卷、《國地異名錄》一卷、《節錄海國圖志》一卷、《里長札記》一卷、《革大當記》一卷、《倉團合編》一卷、《退思齋雜文》十一卷。

林清標　易解集義　七卷　附一卷　存

　　福建藏乾隆五十三年（1788）刻本

　　◎林兆鯤考訂。

　　◎民國《莆田縣志》卷二十二《藝文志》：《易解集義》六卷，林清標著。本存。林兆鯤序署云：御鑒《周易折衷》始集眾說之大成而衷於一是，昭昭乎如揭日月而行矣。元和窮鄉僻壤，不能家有其書，徒囿於見聞之陋，是可嘆也。吾叔韋亭先生，覃心研思，綜緒說而核之，簡而賅，明且易，奉《折衷》為標準，間參以己見，務與朱子《本義》相發明，使閱者了然於心目間。

　　◎林清標，字弼侯，號韋菴。乾隆六年（1741）舉人，官惠安教諭。

林慶炳　周易集解補箋　四卷　存

　　德國巴伐利亞邦立圖書館藏光緒十五年（1889）刻愛梅樓雜著本

　　山東藏臺北成文出版社 1976 年無求備齋易經集成影印光緒十一年（1885）刻本

　　◎民國《閩侯縣志》卷四十八《藝文》下：《周易集解補箋》四卷、《周易述聞》一卷、《四書注解撮要》二卷、《說文辨字》十四卷、《東關紀錄》二卷，林慶炳著。

　　◎林慶炳，字耀如。福建侯官（今閩侯）人。林昌彝子。官廣東廳知事。

林慶炳　周易述聞　一卷　存

　　建甌藏光緒八年（1882）刻本

　　續四庫影印光緒八年（1882）刻本

　　◎目錄：夕暢若厲、巛、同人于宗、先甲後甲先庚後庚、臨八月、七日來復、莧陸、樽酒簋貳用缶、睽、大衍之數五十其用四十有九、彖、來卦、

之卦、互卦、爻辰、辨周易集解、虞氏釋貞以之正不失經義、虔氏以旁通說象象。

◎沈文肅公書〔註35〕：耀如世仁兄大人左右，天暑正酷，羊城氣候向尤苦熱，想善自珍攝，眠食勝常，允符臆頌。弟扶病北上，咳喘大作，舊交贈以佛山止哮喘斷根丸，服之似頗有效。謹將原方寄呈，伏乞代購數瓶寄來。應價若干，示知為感。上游器重，當已得有優差，薪米無憂，治經益多暇日也。祇請箸安。未一一。世愚弟沈葆楨頓首，五月十六。

◎序：余獲交耀如礩尹始自壬寅，余從事於小學，欲譔《說文引經異文集證》，未及成書。而耀如獨篤志孳經，日以疑義相質。年甫弱冠，以所著《周易述聞》見示。余受而讀之，攷據明確，論斷謹嚴，益歎家學淵源，傳之有素，非特英年之士僅見，即求之前輩中亦不多得。耀如筮仕在粵十有餘年矣，其所著書尚有《說文字辨》《周易集解偶箋》《焚餘偶錄》《勸世要言》，且熟悉鹽務掌故，箸有《粵礩紀要》《礩論偶存》《東關紀畧》，皆裒然成集。謹敍數語以誌欽佩之意云爾。侯官吳種序。

◎評語：

承示《周易述聞》，精博周詳，不勝欽佩之至（世愚弟沈葆楨拜讀）。

《周易》十八則，萃會眾說，獨抒己見以折衷之，持論平正通達，直截了當，無一義牽強穿鑿，實足羽翼經傳，補漢儒之所未備。本朝諸經學家意欲勝前人，反多罅漏。大箸間有駁正，至確至當，可謂後來居上。前賢不當畏後生耶！此千秋盛業，異日必鋟板行世以惠後學，而附驥之私，尤所拳拳云（愚弟王丕釐謹序）。

◎自序：家大人精究羣經，潛心于兩漢六朝之學，尤深《三禮》。秝十五寒暑成《三禮通釋》二百卷及經說十餘種。炳秉質駑下，幼承庭訓，並從遊徐清惠公師暨趙又銘觀察師，於易義多所講授。習聞緒論，謹識之不敢忘。凡有所得，錄於篇。述平日之所聞焉耳。歲次柔兆敦牂律中夷則，值節卦三爻用事侯官林慶炳謹序。

林廷擢 義墳探賾 佚

◎乾隆《長泰縣志》卷九《人物》六：杜門著述，抉古今治亂之跡，輯為

〔註35〕下有小注云：《周易述聞》一書，沈文肅公早經閱見。此函由兩江總督任內入都回任，論及治經。謹刊於此，不禁人琴之感也。

《壽世方書》《羲墳探賾》《尚書啟筵》《周禮說永》《四書碓說》《學庸圖說》
及《明史綱目》《明史考議》《增補事類賦》《地理新解》凡百餘卷。

◎林廷㩖，字元功（公），號晉庵。福建漳州長泰縣方成里人。入清後隱
居不仕。又著有《尚書啟筵》《周禮永學》《春秋壽世》《學庸圖說》。

林廷㩖 周易探賾 佚

◎光緒《漳州府志》卷四十一《藝文》一：林廷㩖《周易探賾》《尚書啟
筵》《周禮永學》《春秋壽世》《學庸圖說》。

◎光緒《漳州府志》卷三十三《人物》六：兀兀日以著書為事，輯《易/
書/春秋/周禮/四書疏》暨《明史綱目》《地理新解》凡百餘卷。思欲闡造
化之精、析古今治亂之要，審吾身進退存亡之幾，使其書流傳不至殘缺，有
識者為之討論，未知所造與古人何如也。

林錫光 周易義例釋 八卷 附錄一卷 存

韓國國立中央圖書館、山東藏 1938 年求小得齋排印本

山東藏清刻本（1945 年文子天跋）

臺灣文聽閣圖書有限公司林慶彰主編民國時期經學叢書影民國版

◎周按：通考易例，計列八十條。或著錄林錫憲撰，誤。

林錫齡 周易審鵠要解 四卷 存

山東藏乾隆十年（1745）刻本

山東藏道光刻本

◎周按：此書荷蘭萊頓大學有藏，然未知何本。

◎馬國翰《玉函山房藏書簿錄》：《周易審鵠要解》四卷（侯官儒學藏本），
國朝侯官縣教諭漳浦林錫齡于九撰。經句下加注字以聯屬之，便於初學。說
卦辭、爻辭各還本句口氣，不便侵占象象各傳，為帖括家設。

◎林錫齡，字千九，學者稱矩園先生。福建漳浦人。性孝，敦理學，授徒
為生。有司舉孝廉，以父老辭。又著有《詩經審鵠》、《四書解》、《四書審鵠》、
《左傳紀事本末》（又名《春秋紀事本末》）二十八卷。

林霞起 易辨 佚

◎民國《連城縣志》卷第二十《藝文志》著錄。

◎林霞起，字赤章，號淑齋。福建連城人。又著有《書經約旨》《愛蓮堂集》。

林有仁 讀易日鈔 三十卷 佚

◎劉德華《林先生愛山墓誌銘》〔註36〕：早受業於曉谷黃公世喆。公夙學也，妻以女而教之曰：「四聖道原備於易，明易則羣經諸子可通。子其勉之，滄浪文章、卓峯道學屬子負荷矣。」嘗以籌演卦象錯綜指授，先生篤守師訓，潛心攻易者三十年，著《讀易日鈔》三十卷、《易原管窺》二卷、《周子圖書翼》二卷……銘曰：探道於易，精蘊獨獲。登曉谷堂，踐卓峯跡。龍洞淺徹，鬱江濯魄。立德立言，永光窀穸。

◎林有仁（1836～1920），字心甫，號愛山。四川中江銅山人。又著有《中庸求復性篇》二卷、《讀論語內省隨筆》八卷、《孔子小學》二卷、《禹貢淺說》一卷、《曾子心傳》三卷、《從祀孔庭先儒經學錄》二十卷、《終身譜》一卷、《歷代從祀聖學淵源錄》二卷、《古銅山縣志》五卷、《朱陸王合通篇》二卷、《漢宋合通篇》二卷、《孔子家人卦象傳家則》二卷、《孟子心學錄》三卷、《明本堂求是錄》一卷、《輯景賢錄》四卷、《志仁法天求合德錄》一卷、《勵志求學知本末錄》二卷、《先儒靜坐說》一卷、《治浪文社約》一卷、《龍溪詩話》五卷、《重修林氏譜》一卷、《味道齋古文》二十卷、《龍溪日錄》十二卷、《可象山館詩存》十卷。

林有仁 易原管窺 二卷 佚

◎劉德華《林先生愛山墓誌銘》著錄。

林有仁 周子圖書翼 二卷 佚

◎劉德華《林先生愛山墓誌銘》著錄。

林欲楫 易經勺解 三卷 存

國圖藏同治六年（1867）馢蘭館刻本

◎大宗伯平菴林先生易經勺解弁言：《易》之為書古奧，羲皇有畫而無辭，文周有辭而未備，我仲尼夫子十翼著而《易》始為全書。然《易》不易解也。漢儒施讐、孟喜、田何抱遺經於灰燼，有功聖學，而語皆訓詁，未免淺

〔註36〕摘自民國《中江縣志》卷二十二《文徵》四。

陋。揚子雲、何平叔、王輔嗣、衛元嵩飾艱深以文疏署，且書多謬說，不軌於
經。隋唐而後，華山陳圖南以易鳴天下，以傳穆修、伯長，三傳而至邵堯夫，
易學大著。堯夫內聖外王之學而書多主數，為涑水所詆。程朱《傳》《義》盛
行，易乃無餘蘊矣。明三百年，王、唐、瞿、薛皆范經起家，雖文章彪炳，易
義未見卓卓。即孔庭從祀四先正，亦未嘗論著羲經以垂於世。皇清肇運，人
文蔚起，而尹賁階、陳劍慈二先生《遵朱》《易說》次第刊布，戶誦家絃，斯
今古易學醇疵廢興之較也。生平渴慕閩中大宗伯平菴林先生《易經勺解》一
書，初被九有，未獲快讀以慰仰止之思。及節奉簡命督閩學，按部至漳，先生
季息孝廉華昌適司鐸郡庠，乃出先生所著以示。簡而明，詳而切，無艱深之
病，無訓詁之陋，立說則黃鐘大呂，析理則牛毛繭絲，精言秘旨直陵明宋唐
漢諸儒而上，而與羲、文、周、孔四聖人對堂嚌胾、入室授初，誠學校之師
資、後生之津梁也。先生行年八十有四，尚述《連山》《歸藏》敘說以示後人，
此與睿聖式公抑或何殊？知先生苦心此道久矣。閩有黃文明夫子以《易象正》
為中原文獻之宗。今先生此編出，與文明並驅，可稱閩中之兩矣，豈非程朱
而後俎豆千秋之業哉。亟付剞劂以廣其傳，而特抒微言弁之首帙，用志私淑
之心。先生書名《勺解》，蓋謙光自牧、觀海難水之意。予今學海而未至海，
乃因一勺而望洋以窺先生之不測矣。是為序。康熙三十六年歲在己卯仲秋之
月，閩督學使者新安後學汪薇題於三山公署。

　　◎吳焯《繡谷亭熏習錄·經部》：《易經勺解》三卷，晉江林欲楫平庵
著。明萬曆丁未進士，累遷禮部尚書，掌詹事府事。力請乞休歸，卒於康熙
壬寅。卷首有自序云：「十年八十有七譔。」歿後，歙汪薇督學閩中，為序而
刻之。

　　◎四庫提要：是書乃其子華昌所錄，其說專主人事，以發明理義為主，
不及象數。欲楫與楊瞿崍同里同年又同說易，而持論各局於一偏，豈相激而
相反歟？然瞿崍似探易之本原，實牽合於易之外，欲楫似得易之皮毛，猶尋
求於易之中也。

　　◎林欲楫（1576～1662），字仕濟，號季狲，別號平庵。福建晉江人。萬
曆丁未進士，累遷禮部尚書兼掌詹事府事。唐王入閩，召入閣，尋歸。卒於康
熙壬寅。又著有《學庸註補》一卷、《道德經註》二卷、《友濟堂文集》、《水雲
居詩草》等書。

林允昌 易史廣占 一卷 佚

◎道光《晉江縣志》卷之七十《典籍志》：林允昌《春秋總論》、《春秋易義》十二卷、《易史象解》一卷、《易史廣占》一卷、《三禮約》、《續尚書》、《續三百篇》、《續小學》二卷、《論語耨義》、《經史耨義》二十二卷、《悌經》二卷、《問問錄》一卷、《在茲堂會語》一卷、《三先生語錄》一卷、《笥堤集》四卷、《雁山集》、《泉山小志》一卷、《銓曹奏議》、《旦氣箴》、《旦氣語錄內外編》、《百夢草》、《繭草》、《戊己自鏡錄》。

◎林允昌，字為磬，號素庵。福建晉江人。萬曆乙卯舉人、壬戌進士，授南京戶部廣東司主事。與布衣黃文炤倡明旦氣之學。

林允昌 易史象解 二卷 佚

◎四庫提要：案朱彝尊《經義考》載允昌《周易耨義》六卷，稱「莆田有金石社，允昌集子弟月三會，自崇禎庚辰四月至十一月凡二十二會，門人張拱辰、何承都等輯而成編。因允昌以『請學為囿』名齋，故曰『耨義』。此書書名卷數皆不符，當各自一書，彝尊失載也。其說取易象大義，各摭史事以配之，每一卦為一解。自序為本程《傳》、朱《義》、誠齋、紫溪諸說，而參以己見，然牽合附會處頗多，所謂必求其人以實之則鑿矣。

◎道光《晉江縣志》卷之七十《典籍志》著錄一卷。

林贊龍 學易大象要參 四卷 佚

◎唐鑒《國朝學案小識》卷十三侯官林先生（贊龍）：撰《學易大象要參》四卷，發明大象為主，六十四卦各為一篇。以上下經分二卷，而冠以綱領六篇為一卷：一曰發凡、二曰象例、三曰義理象數、四曰卦爻中相錯陰陽相應、五曰憂患九德、六曰大象有通於四書。殿以附解二篇為一卷：一曰作易憂患解、二曰雜卦傳解。大旨以大象上一句為天地萬物之象，下句為人事，以天象為人事之則，不言吉凶而言理義，不言神聖而言君子，以明人人可學，故所闡發皆切日用。其綱領有曰：借易明理，自夫子已然。學以聚之、問以辨之、寬以居之、仁以行之，為乾九二而言也，而乾之九二豈有學問寬仁之義乎？日月相推而明生焉，寒暑相推而歲成焉，為咸九四而言也，而咸之九四豈有日月寒暑之義乎？是則借象立言之旨矣。

◎四庫提要：是書以發明《大象》為主，六十四卦各為一篇，以上下經

分二卷，而冠以綱領六篇為一卷：一曰發凡，二曰象例，三曰義理、象數，四曰卦爻中相錯陰陽相應，五曰憂患九德，六曰大象有通於《四書》。殿以附解二篇為一卷：一曰《作易憂患解》，二曰《雜卦傳解》。大旨以《大象》上一句為天地萬物之象，下句為人事，以天象為人事之則，不言吉凶而言理義，不言神聖而言君子，以明人人可學，故所闡發皆切日用，其綱領有曰借易明理，自夫子已然。「學以聚之，問以辨之，寬以居之，仁以行之」，為乾九二而言也，而乾之九二豈有學、問、寬仁之義乎？「日月相推而明生焉，寒暑相推而歲成焉」，為咸九四而言也，而咸之九四豈有日月、寒暑之義乎？是則借象立言之旨矣。

◎林贊龍，榜名潛龍，字雲澤。福建侯官（今閩侯）人。雍正四年（1726）舉人。又著有《吟臺詩草》。

林兆豐 學易就正草 不分卷 存

復旦藏稿本

◎林兆豐（1819～1888），字玉如。浙江慈溪人。又著有《毛鄭詩考正續》《隸經賸義》等。

林兆豐 周易輯注箋疏 十卷 附錄一卷 存

復旦藏稿本（存四卷）

◎或著錄六卷。

凌棻 周易讀本 四卷 存

浙江藏清遠書樓鈔本

凌堃 易卦候 一卷 存

山東藏道光吳興凌氏刻凌氏傳經堂叢書本（鍾奎注）

◎戴望《謫麐堂遺集》文卷二《凌教諭墓志銘》：阮文達公，兵部公座主也，君就請業，文達命治經，始辯別禮宮室服食制度，撰《尚書述》《周易翼》《學春秋理辯》數十萬言。於《書》不廢梅賾古文；於《易》兼宗孟、京、虞、鄭諸家；於《春秋》條貫《左氏》，該以《周禮》，深懲鄉壁虛造之言，而尤惡新說，謂其以禮殺人，如酷吏舞法，致人骨肉遭變，不得盡其情，聞者咸駭其言……君於望，始成僮即折節與交，後以女女焉。而望言《春秋》主公羊，數

與君乖迕。

◎凌堃（1796～1862），字厚堂，一字仲訥，自號鐵簫子。浙江烏程（今湖州）人。兵部郎中鳴喈子，世居縣之晟舍。道光二十一年中順天鄉試，阮元命治經，遂辨別禮宮室服食制度，撰《尚書述》、《周易翼》、《學春秋理辯》數十萬言。好經世之略，箸《德輿子》論時政甚具。又著《醫宗寶笈》一卷。

凌堃 易林 四卷 存

道光刻凌氏傳經堂叢書本

國圖藏道光刻本

◎總目：卷一乾坤屯蒙需訟師比小畜履泰否同人大有謙豫。卷二隨蠱臨觀噬嗑賁剝復無妄大畜頤大過坎離。卷三咸恒遯大壯晉明夷家人睽蹇解損益夬姤萃升困。卷四井革鼎震艮漸歸妹豐旅巽兌渙節中孚小過既濟未濟。

凌堃 周易翼 十卷 存

山東藏道光八年（1828）吳興凌氏刻凌氏傳經堂叢書本

◎周易翼敘：易為千古聖人傳性與天道之書，非僅卜筮而已。性具萬物，道該萬事，聖人繫辭，咸徵實象以示人，期不失近取遠取之義。學者因象以求易知易，從凡日月五星、氣候軌運、山川形埶、時物變遷以及治亂消長、日用飲食、小大精麤、從違隱見，罔不畢具於剛柔奇偶往來參乇之中。而孟主氣、焦主變、京主算、荀氏升降、鄭氏爻辰、虞氏消息，眾言淆錯，沒世罕通。然揆厥旨要，胥深契乎聖人。《傳》不云乎？「一陰一陽之謂道，繼之者善也，成之者性也。」自王、韓以無為道而聖人之傳遂絕。孔子五十學易而知天命，昔稱好學。唯顏氏子不遷怒、不貳過，所謂不遠復也。曾子守約，故曰「君子思不出其位」，蓋時怵乎不恆之戒，而日以三省自占者也。恆則可善，善則可幾於聖。故夫子詔之曰：「吾道一以貫之。」子思言天命之謂性，率性之謂道，又言君子素其位而行，君子居易以俟命，非深得孔子、曾子之傳，孰能至是？孟子道性善，言必稱堯舜。七篇中所言知天立命之故，語語與《中庸》相發明；而言政則必師文王，言學必宗孔子，蓋文王之道至孔子而乃大明於後世。孔子曰：「文王既沒，文不在茲乎！」文之文在易，文之道即在易，外易而言道，是乃道其所道，非吾所謂道也。孔子後文王數百年，而能傳其文、明具道者，則又在識大識小之人，是故聖人教人，大端在篤信好古、溫故知新，而未嘗舍文章外別與言性與天道也。凌生厚堂覃精翫易，閒與之語，

則於漢易經師之說已能通貫，集有成書。余故偉其器識不凡，少已如是也，長益擴充，見之行事，當不僅與老經生等。爰命溆書余言於簡，以副其請益之意云。乙丑季夏，知足齋主人朱珪。

◎周易翼敘：問：「有先天地而兆者乎？」曰：有。「有復天地而存者乎？」曰：有。「有天地莫能載而載之、天地莫能破而破之者乎？」曰：有。伏羲示我卦矣，文王、周公、孔子示我辭矣。卦其圖也，辭其書也。七十二子身通之，而得廣所傳唯商瞿子木、得因其說唯子夏者，秦燔之與世遠莫之逮，與夫經以卜筮存矣。其亡者，由卜筮而進諸？抑辟卜筮而棄諸？若不可燔也，若可燔也。漢重經師，故初立楊氏博士，宣帝復立施、孟、梁丘，元帝又立京氏。劉向以中古文校施、孟、梁丘三家，或脫去无咎悔亡，唯費氏與古文同。故馬、鄭、荀竝傳費氏。虞翻五世習孟氏，自謂於馬、鄭、荀、宋有過之无不及云。然自永嘉亂後，唯鄭注與王弼注盛行於世。江左中興，置王氏博士。而鄭易既詔許立博士矣，卒以王敦亂不果。則亦漢易經師之不幸也。唐初士人已罕有通漢學者，沿立王、韓學官。孔氏為之正義，陸氏為之釋文，而易道淪於老、莊、焦、京，流為術技。宋道士陳摶乘儒學衰廢，竊取九宮運行及天地生成之數，意造龍圖。其徒相黨相煽，歲增月改，而河洛太極之說遂蠱溺於人心。始滅師說，繼疑聖經，終且駕文王、周公而上之，自矜心得千古不傳，是豈不可怪與？孔子大聖，一則曰好古，再則曰好古，讀至韋編三絕、鐵撾二折而為之傳，絕不自異於文王、周公之辭，何儉甚也！田子莊淵源子木，遞相受授，以迄於孟、於京、於馬鄭荀虞，而殊涂同歸，墨守師說，要於伏羲之卦、文周孔子之辭推闡至當，大无不包小无不入，實能以文周翼羲、孔子翼文周之心，各為傳注以翼孔子者也。吳興凌君泊齋，家世經學，曩以其先人所著《四書寡過錄》及自著《讀詩蠡言》《尚書攷疑》質余，洵稱毛鄭馬王肅功臣，可傳於後。其子厚堂名堃，童年嗜古，集《易象》《春秋》古注各數十百家，高可隱身而寢饋之，觀其擇必精、語必詳，亦可謂篤且勤矣。余於易苦未有得，不能為厚堂益。第思易道甚大，歧而趨之，无所不通；約而求之，十翼而已；求之不得則徵諸傳注家之足以翼十翼者，以无悖於聖人之道，是即所以為聖人翼也。冒以大名曰《周易翼》。更敘其端，以樂其能進於是焉。嘉慶十三年正月王春日，長沙劉權之。

◎周易翼敘：烏程凌氏以經術世其家學，厚堂著《周易翼》十卷，余讀而善之。易學自王輔嗣以名理變古法，後人皋之。然輔嗣注漢法尚存其半，

不似後人並一切笙蹄盡棄也。凌氏易以漢學為本，自李鼎祚《集解》以上直至孟、費、鄭、虞，靡不兼錄，以明古法。且又明乎文字訓詁之原以發古義、以得古象，為孔沖遠所未及。唐以後之說亦擇善而從。河間所謂「修學好古、實事求是」者，是為近之，豈同鄉壁虛造者哉！阮元識。

◎周易翼自敘：庖犧氏繼天而王，仰觀俯察，遠取近取，始設八卦，兼而兩之，乃兆書契，以代結繩。神農、黃帝、堯舜以後咸用之，書逸不可得詳已。文王、周公各繫之辭，掌在官府。乃因代題周，以示別異（別於《連山/歸藏易》也。周字乃周公所加，當在既有天下之後。因代題名，與《周官/禮》同）。楚左史倚相能讀三墳五典、八索九邱，故八卦之說當不自文王始。韓宣子適魯，見《易象》與《魯春秋》，曰：「周禮盡在魯矣，吾乃今知周公之德與周之所以王也。」易因象作，故易以象名。曰周公之德，則爻辭為公所繫。而王用亨于岐山之類，為王業所由興，昭然著矣。其與《春秋》立名周禮者，蓋以紹古聖之鴻規、貽將來之法守，治亂消長於是乎別，等位是非於是乎明，禮樂兵刑於是乎出，飲食男女於是乎通，倫物性情於是乎見。其象革以革命、鼎以定鼎、井以分田、師以征伐、比以建國、觀以省方、履以制禮、豫以作樂、屯則草昧建侯周召之分陝也、蒙則文徹武徹成開教胄之大典也、需則服事、訟則質成，師則遏密伐崇、比乃六州親附也，小畜大勳未集、履乃以武誅暴也（以臣伐君，故有履虎尾之象。爻曰：武人為于大君），此干令升所為以周事釋《周易》，而得恆十之六七，職是志與？雖然，足法百王之謂聖，可守萬世之謂經，通天地人之謂儒。夫易與天地準，廣大悉備，變動不居，觀十三卦所取，引而信，觸類而長，則以一端言易，是即蔽於一端者也。易者生生之謂，卦有反復易、兩象易、對待易，爻有消息、升降、相應（初四二五三上之類）、相比（初二三四之類）、因伏（三五伏陽之類）、因窮（上窮則變），而易苟非化裁推行，孰能神明其故？孔子傳數聖設卦觀象繫辭之意，釋彖矣而又釋爻，釋爻矣而又釋《大象》，釋《文言》，釋為《上繫》《下繫》、《說卦》《序卦》《雜卦》，易至是其盡矣乎？曰易盡則窮，可盡非易。子固曰「書不盡言，言不盡意」，要令君子居則觀其象，動則觀其變，探之索之，久自得之，擬之議之，變而化之，原其始而不得形（未有天地，聖人不言，可見天極先天之謬），要其終而不可語求，其整齊畫一而无可整齊畫一（陰陽不測，无方无體，可見方位圖解之謬），所謂易也（生生不已），所謂神也（變化不測），所謂極，所謂元，所謂一陰一陽之道也。秦欲愚天下，焚古圖籍幾盡，而易以卜筮獨完，豈非數聖

人憂患知來，藉以卜筮存易道於將絕哉？其稱名也小，其取類也大，其旨遠，其辭文，其言曲而中，其事肆而隱，故爻或異於象、傳或異於經、《雜卦》或異於《序卦》。《象》兼三才，而《大象》則專人事；象主一卦，爻主一爻，而剛柔上下、陰陽合應，時中正當志願，承乘之義備詳於傳。《文言》統釋卦爻，止於乾坤。而大有、中孚及咸、困之類，分見於上下二《繫》者十有九，取象者十有三。明德者九，示學者意不得盡於言、言不得盡於書也，且示大不遺小、小可通大、遠者可近、文者可質、曲者可直、肆者可約，而天地運行、萬物推遷之故，精气游魂、始終動靜相消相息之原，彖象爻位吉凶悔吝无咎之義，昭昭乎如指諸掌矣。乃猶恐後學外陰陽而修性命者之流於釋也，忘實象而談名理者之入於老也，棄占變而新文字者之偏於史也，以象為假象、言為寓言者之等於詩也，以書可倍加（如加倍法則爻可不止於六，卦可不止六十四）、圖可意造者之趨於術與偽也，乃明大衍相生相成，乃廣卦象，或象（日月雷風之類），或形（山澤之類），乃序乃雜，有經有權。天地順軌，王道見焉。參兩生著，道德著焉。立卦生爻，性命參焉。性命理順，三才立焉。兼兩迭用，仁義盡焉。聖人所以體乾坤、昭日月、序四時、候寒暑、經八方、奠山澤、崇德廣業、開物成務，明則通乎萬類，幽則交乎鬼神。是故因可見聞，麗諸行事，上假祖廟，下會庶民。圖六十四卦分列端首，辭別三百八十四爻繫各卦象辭之下。傳又祖羲憲文，志周公所志，更申以辭，庸大顯古聖精微之盲。曰時曰中，兼天道地道人道，以考驗得失，垂法後賢，庶俾以傳翼經、述遵罔廢。孔子既沒，子夏、子木之徒遞相授受（子木授魯橋庇子庸，子庸授江東馯臂子弓，子弓授燕周醜子家，子家授東武孫虞子乘，子乘授臨淄田何子莊），至田子莊，漢初說易家竝師焉（何以齊田徙杜陵，號杜田生，授東武王同子中及洛陽周仕孫、梁人丁寬、齊服生，皆著《易傳》。漢初言易者本之田生），再傳至施讎及孟喜、梁丘賀，由是有施、孟、梁丘三家易（同授淄川楊何，寬授同邑楊田王孫，王孫授施、孟、梁丘。施字長卿，沛人，傳易授張禹及琅邪魯伯，禹授淮陽彭宣及沛戴崇，作《易傳》。伯授太山毛莫如及琅邪邴丹。後漢劉昆受施氏易於沛人戴賓，其子軼孟亦字長卿，東海蘭陵人，為《易章句》授同邑白光少子及沛翟牧子況。後漢洼丹、觟陽鴻、任安皆傳孟氏易。梁丘字長翁，琅邪諸人，先從淄川京房受易。房，揚何弟子也。後更事田王孫，傳子臨。臨傳五鹿充宗及琅邪王吉子駿，充宗授平陵士孫張及沛鄧彭祖、齊衡咸。後漢范升傳梁丘易，以授京兆楊政。又潁川張興傳梁丘易，弟子著錄且萬人，子魴傳其業），京房（字君明，東邑頓丘人。本姓李，推律自定為京氏）受易梁人焦

延壽（名贛），延壽謂嘗從孟喜問易。京與三家前後竝立博士（漢初立楊氏博士，宣帝復立施梁丘博士，元帝又立京氏）。施以前皆為《易傳》（《子夏傳》三卷，或曰韓嬰作，或曰丁寬作，或曰馯臂子弓作薛虞記，或六卷或十一卷，則唐張弧偽作也。近世傳本乃宋人偽造，并非弧作。田何、王同、周王孫、丁寬、服先、蔡公、楊何、韓嬰竝著《易傳》，又淮南王安著《九師遺訓》），以後乃為章句（施章句二篇、孟章句二篇，《七錄》《釋文序錄》《新／舊唐書志》竝云十卷，《隋書》八卷，又《周易災異》十一篇，又六十六篇蓋合京房言之也。梁丘章句二篇，五鹿充宗《略說》三篇），京氏兼為易傳（《漢志》十一篇，馬氏《通考》四卷，《通志》三卷）、章句（《隋志》十卷，《七錄》十卷錄一卷，《釋文序錄》十二卷），宗孟氏，詳災異（《隋志》：《周易錯卦》七卷，《七錄》八卷；《隋志》：《周易妖占》十一卷，《七錄》十三卷；《隋志》：《周易占事》十二卷、《周易守林》三卷、《周易飛候》九卷又六卷，《周易飛候六日七分》八卷，《周易四時候》四卷，《周易混沌》四卷，《周易委化》四卷，《周易逆刺災異》十二卷，《通考》：《易傳積算法雜占條例》一卷，《漢志》總《孟氏京房》六十六篇，又《京氏段嘉》十三篇，今存惟《易傳》三卷。吳陸績注按：傳者自為傳說，章句因文釋義而已），授其徒皆為郎博士（東海段嘉《易傳》十二篇，《漢書》作《殷嘉任良旗》七十一卷。又河東姚平、河南乘宏一作桑宏，竝受京氏學說，長於災異），由是前漢多京氏學。費直（字長翁，東萊人。治易為郎，至單父令）以古字號古文易，劉向以中古文校三家，或脫字，唯費氏為最古（《七錄》：《周易注》四卷，《釋文序錄》《新／舊唐書志》作《章句》。《七錄》：《易林》五卷，《隋志》二卷。《周易占筮林》五卷、《易內神筮》二卷。《漢書》云：「長於卦筮，亡章句。」又云：「琅邪王璜平仲能傳之。璜又傳《文尚書》）。京兆陳元（字長孫，兼傳《左氏春秋》）、扶風馬融（字季長，茂陵人。《釋文序錄》《新／舊唐書》作章句十卷，或作《易傳》，或作《周易注》。《七錄》云九卷，或作一卷，又注《尚書》《毛詩》《禮記》《論語》）、河南鄭眾（字仲師，太司農。兼傳《周禮》《左氏春秋》）、北海鄭康（名玄。高密人。《隋志》：《周易注》九卷，《七錄》十二卷，《釋文序錄》十卷錄一卷。王應麟輯錄一卷，明胡震亨附李鼎祚《集解》後，又注《尚書》《三禮》《論語》《尚書大傳》《五經中候》，箋毛氏，作《毛詩譜》《駁許慎五經異義》《鍼何休左氏膏肓》、《去公羊墨守》《起穀梁廢疾》。《後漢書》稱先通京氏易、公羊春秋，又受《周官》《禮記》《左氏春秋》《韓詩》《古文尚書》，所著更有《孝經注》《六藝論》《答林孝存周禮難》）、穎川荀爽（字慈明，一名諝。《隋志》：《周易注》十一卷，《釋文序錄》《新／舊唐書》十卷。著《禮易傳》《詩傳》《尚書正經》《春秋條例》，又作《公羊問》，及他所論敘

凡百餘篇。張璠曰：爽起自布衣，九十五日而至三公），宗其本以為說。他如劉表（字景升。山陽高平人。《隋志》《釋文序錄》：《周易章句》五卷，《中經簿錄》：《易注》十卷，《七錄》九卷目錄一卷。《漢末英雄記》：表開立學官，博求儒士，使綦毋閭、宋忠等撰定《五經章句》）、宋忠（字仲子。南陽章陵人。《七志》《七錄》：《周易注》十卷，《釋文序錄》九卷。虞翻云：忠小差玄）、王朗（字景興。東海蘭陵人。本名嚴。注《易》《春秋》《孝經》《周官傳》傳世）、虞翻（字仲翔。會稽餘姚人。《隋志》：《周易注》九卷，《釋文序錄》十卷。《隋志》：《易律曆》一卷、《周易集林》一卷。《七錄》：《周易日月變例》六卷，《隋志》注：虞翻陸績撰」，五世傳孟氏之學）、陸績（字公紀。吳邑吳人。《隋志》：周易注十五卷，《釋文序錄》《新／舊唐書》十三卷，《會通》一卷。《七志》云錄一卷，今唯《注京氏易》三卷存）、董遇（字季直。宏農華陰人。《七志》《七錄》：《周易注》十卷，《釋文序錄》作《章句》十而卷）、王肅（字子邕。朗子。年十八從宋忠讀《太元》而為之解。《隋志》：《周易注》十卷，又著《周易音》《尚書禮容》《服論語孔子家語述》《毛詩注》，作《聖證論》難鄭氏。《魏志》稱肅好賈馬之學而不好鄭氏，為《三禮》《左傳》等解，撰述父朗所作《易傳》，列於學官），今其遺言剩義散見於佗書。自子夏以下十數家，可尋繹者數家而已。古者經經緯緯，緯候所載及漢經師所傳述孔子經義，易以道陰陽為本，孟、京之學乃深得聖門心法。鄭、荀、虞、陸轉相宗尚，開雖小有異同，而大體若一（孔穎達曰：傳易者，西都則有丁、孟、京、田，東都則有荀、劉、馬、鄭，大體更相祖述，非有絕倫。按杜預序古今言《春秋》者十數家，大體轉相祖述，是漢經師之可貴也），王肅本少變所傳，好立新說（《易注》《易音》皆不傳，見於《釋文》《集解》所徵引者，與諸家多不同），猶未若王弼（字輔嗣。山陽高平人。《注易》上下經六卷《署例》一卷，又《注老子》。《七志》云《注易》十卷，何劭曰：弼為人淺而不識物情）之蔑象師心，鑿空滕口也（孫盛曰：弼序浮義則麗辭溢目，造陰陽則妙賾无聞。至於六炎變化、羣象所效，日時歲月，五气相推，弼皆濱落，多所不關）。弼取鄭本為之訓解（石介曰：王弼多取康成舊解為之訓說，今之易蓋出於費說也。金君卿曰：弼出於馬、鄭，馬、鄭出於費氏。吳仁傑曰：王弼易用康成本），後遂背棄，卒尚虛无（李石曰：弼注易，刻木偶為康成象，見其所誤輒呼叱之，年二十四卒。宋祁曰：王弼著易，直發胸臆，不知鄭康成等師承有自。黃宗炎曰：易以卜筮，不懼秦火。故漢儒易學大抵多論灾祥禍福，以象數為重。然其章句之沿習與訓詁之垂傳者未嘗廢也。乃宋人詆之，謂秦火焚書而書存、漢儒窮經而經絕，又詆王注謂崇尚虛無，襍述異端曲說，晉魏談元，自王倡始。至神州陸沉、中原魚爛，皆輔嗣

所肇。噫！亦太過矣！夫談象數則斥之如彼，詮辭理則咎之如此，為宋以前之儒者，不亦難乎？張文虎曰：晉以清談誤國，宋以理學亡天下，先後一轍。開元初詔張說舉通易、老、莊者，則易儕於老、莊矣。然何晏、王弼、阮籍、嵇康之徒，辭理邃淵，較諸佛氏語錄粗鄙，則理學不及談玄也。況著語錄輩皆闌入聖人，廟廷流禍更烈邪），河南青齊之閒喜其浮靡而競習焉。永嘉亂後，古訓益微，唯鄭氏與弼注盛行大江南北。唐太宗詔長孫无忌與諸儒刊定《義疏》，專取弼注，而兩漢經師之說，通者尠矣（《新唐書志》：國子祭酒孔穎達、顏師古、司馬才章、王恭，太學博士馬嘉運，太學助教趙乾叶、王談、于志寧等奉詔撰《五經義訓》，號《義贊》，詔改《正義》。又奉敕與四門博士蘇德融等對敕使趙宏智覆更詳審）。《正義》本《繫辭》以下韓伯所注（字康伯。潁川人。東晉太常卿。《釋文》《七錄》：謝万字万石，袁悅之字元禮，竝東晉陳邑人。桓元字敬道，偽楚皇帝。卞伯玉宋濟陰人。荀柔之宋潁川人。徐爰字季玉，朱琅邪人。顧懽字景怡，齊吳郡人。明僧紹字承烈，平原人。劉瓛字子珪，齊沛國人。竝注《繫辭》，為《易音》者三人：王肅見上；李軌字宏範，東晉江夏人；徐邈字仙民，東晉東莞人），伯學宗弼，故於傳明卦象皆不釋（伊川宗王，故不傳《繫辭》以下。《本義》亦宗王、韓，故於韓所不注曰未詳、曰多不可曉），其言序卦，所明非易之縕，遂啟後人疑經之漸，是又弼之罪人也。已時著作郎李鼎祚（《中興書目》：唐著作郎。朱睦㮮序云：資州人，仕唐為秘閣學士）思刊輔嗣之野文，補康成之逸象，集子夏、孟焦、京房、馬、鄭、荀、劉、宋、虞、陸、董、王肅、王弼、何晏、姚信（字德祐。《七錄》云：字元直，吳興人，吳太常卿。《周易注》十而卷，《隋志》作十卷）、翟子元（名玄。為《易義》。《釋文序錄》云：不詳何人）、向秀（字子期。河內懷人。晉騎常侍。為《易義》）、王廙（字世將。東晉琅邪臨沂人。《隋志》：《周易注》三卷，《七錄》十卷，《釋文序錄》十二卷）、張璠（東晉安定人。《七志》《新／舊唐書志》：《周易集解》十卷，《隋志》八卷，《釋文序錄》十二卷。《畧論》一卷集魏鍾會、晉向秀、庾運、應貞、荀煇、張煇、王宏、阮咸、阮渾、楊乂、王濟、衛瓘、樂肇、鄒湛、杜育、楊瓚、張軌、宣舒、邢融、裴藻、許適、楊藻二十二家。《七錄》云集二十八家，序云依向秀本）、干寶（字令升。東晉蔡人。《隋志》：《周易注》十卷《爻義》一卷《問難》二卷《元品》二卷，《七錄》：《周易宗塗》四卷）、蜀才（《隋志》：《周易注》十卷，《七錄》：不詳何人。《七志》云是王弼後人。按《李蜀書》云：姓范名長生，自號蜀才。李雄尊為范賢封侯）、沈驎士（字雲禎。齊吳興武康人。注《易》《春秋》《尚書》《論語》《孝經》《禮記喪服》、莊老二子，隱居餘干，屢徵不就）、伏曼容（宋平昌安邱人。字公儀。《七錄》：《周

易注》八卷,《唐志》:《周易集林》十二卷又二卷,歷仕齊梁朝)、劉瓛(詳上注)、盧氏(胡震亨云:疑即北魏國子博士盧景裕也,字仲儒,范陽涿人,注《周易》《尚書》《孝經》《論語》《禮記》)、何妥(周西城人。字棲鳳。《隋志》:《周易講疏》十三卷、《北史》三卷、《孝經義疏》二卷)、王凱沖(《唐志》:《周易注》十卷)、侯果(著《易說》)、崔憬、崔覲(震亨云:覲疑作瑾,清河人)、韓伯、孔穎達等凡三十餘家(晁公武《讀書志》止列三十家。朱睦㮮考增焦贛、伏曼容,胡震亨考增姚規、朱仰之,《經義攷》又考增蔡景君)及九家易注(《釋文序錄》:荀爽《九家集注》十卷,不知何人所集,稱爽者,以為主故也。序有荀、京、馬、鄭、宋、虞、陸、姚、翟子元九家注,內又有張氏、朱氏,惠定宇謂魏晉以後人所撰),更會通爻辰,附以己意(如謂師五為離爻、否初為巽爻之類),與《乾鑿度》諸書相印證,名為《集解》,凡十卷(《新唐志》誤十七卷)。自漢及唐,古訓之埃滅弗聞者多矣,而三十家不可磨之精意,獨賴李氏以傳(晁公武曰:《隋書經籍志》易類六十九部,今所有五部而已。關朗不載於目,《乾鑿度》自是緯書,《焦氏易林》又專卜筮,子夏書或云張弧偽為,然則所錄舍王弼書皆未得見也。獨鼎祚所集諸家之說,時可見其大旨),使千古下好學之士猶得尋其墜緒,仰測精微,是非止兩漢易師功臣也,四聖人在天之靈,殆將賴之(潘恭定序朱西亭重刻《集解》曰:有宋正叔《易傳》、晦庵《本義》皆淵源王學,而二書沛然大行,近世立於學官,凡師之所以教、弟子所肄習者,獨宗《本義》,是故童幼而顓之,白首而或未能言,蓋安於所習,毀所不見,卒以自蔽,此學者之通患也。儒先有言,隋唐以前易家諸書逸不復傳,賴李氏此書猶得見其一二。然則是編何可廢哉)。堃世守經說,幼承義方,於易則首衷《集解》中漢儒精義,會而通之。復網羅諸家注釋類集所徵引可信者,及宋元以來儒士所輯錄,益自擴充,折衷至當。自癸亥至癸酉,十閱寒暑,始得由博反約,錄為成編,名曰《周易翼》(蓋從長沙劉公所命也)。又別推易書條貫曰易象、曰易準;從易所滋,可為運候占驗卜筮用者;曰易滋、曰易運候、曰易占驗、曰易林明占,為四道之一。易書非盡卜筮用也,易之教絜靜精微,博之則兩閒所盈无有不通,約之則一陰一陽乾元資始若未有始。意絕辭荒,聖人弗尚,尚弗尚艱乎殆哉!去聖既遠,人與天違,四時五行生廢孤虛之候,卦爻分值消長順逆之幾,技者竊之以惑世,隱者假之以長生,於是流別滿九,教竝為三,道非聖人之道,傳皆二氏之傳,而自古經訓微言反斥為陰陽五行家說,若不屑道,蓋誠弗能道耳。夫既弗能道矣,而乃妄分,主卦氣者孟,主納甲者京,主爻辰者鄭,主升降者荀,主消息者虞也,不知京以下皆推孟氏之學,孟

出於田，田出於商，商親受之孔子，故孟、京皆得引孔子之言以為證。或曰：
「諸家所引皆緯候陰陽家言，托之孔子者也。一行卦議所引長卿之言與聖人
之經不相類也。」曰：以八卦四時配八方，傳固明言之矣。傳曰變通配四時，
又曰寒往則暑來、暑往則寒來，又曰數往者順、知來者逆，又曰其出入以度，
非即卦气、納甲、消息所自昉乎？曰乾坤之策當期之日，日月運行，一寒一
暑，非即分爻值日所自昉乎？若夫反復消息旁通二與四三與五之相牙也，傳
又明明言之矣。天數五、地數五，五位相得而各有合，是即五行甲子也。巽之
究為躁卦，是謂巽下有伏震也。或曰：「傳固疑非孔子作矣。」曰：古人作甲
子，原以紀陰陽、推曆律也。曆起冬至，律本黃鐘，皆謂之元，蓋法乾元。甲
子一陽起復，順行至臨也。孔子以至日傳，復彖亦曰「反復其道，七日來復」，
臨則曰「至于八月有凶」，蠱則曰「先甲三日後甲三日」，巽之五曰「先庚三日
後庚三日」，小畜上九、中孚六四竝曰「月幾望」，則卦爻之分值日月納甲消
息也。泰五曰「帝乙歸妹」，泰中牙歸妹也。小畜初二言復明，旁通豫為復初
之四陰從陽也、四五言孚上同。中孚言月幾望，以二至上牙中孚也。兌八五
言孚，以初至五牙中孚也。泰曰小往大來、否曰大往小來，明升降也。需曰
利涉大川、訟曰不利涉大川、履五曰夬履，明兩易也（晉言晝日，明夷言不明
晦，義同）。損五益二，竝言或益之十朋之龜，明反復也。泰否爻辭初二似同
而異者，明對待也。遯上之初為革，故遯二革初竝用黃牛之革；巽五變蠱，故
爻辭似蠱彖也；頤大離，故有龜象；大壯大兌，故有羊象；大畜三至上體頤，
故有不家食象。佗如半震半艮及初九為震爻、初六為巽爻之類，則又由此而
廣所謂曲成不遺者也。試觀孔子釋噬嗑曰「頤中有物」，則庖犧觀象設卦之巧，
當亦有書言所不能盡者矣（朱晦翁曰：易之有象，其取之有所從，其推之有所用，
非苟為寓言也。又曰：王弼、伊川，其意似直以易之取象无復有所自來。但如《詩》
之比興、《孟子》之譬喻而已。如此則是十翼中說卦之作為无與於易，而近取諸身遠
取諸物之說亦為賸語矣。又曰：乇體說漢儒多用之，《左傳》說占觀卦一處亦舉得分
明，看來此說亦不可廢）。堯舜治天下，取諸乾坤，授時分命，以正四時，以奠
四方，以察民物，以紀日星，以齊七政，以代天工。孔子刪《書》，斷自唐虞，
為百王法者，天人合也。刪《詩》，首《關雎》，猶上下經首乾坤咸恆也。天地
萬物之情，於六爻發揮旁通見之矣。君子之道造端乎夫婦，及其至也，察乎
天地，明道始終乎陰陽而已。舍陰陽而言道，是即道之異端也，辭而闢之可
矣。道之所以定上下、辨民志者禮，禮形於讓，自卑尊人，故履旁通謙，又與

樂相比也，故謙升為豫。子游作《禮運》，明陰陽之道（鄭注：《禮運》者，以其記五帝三王相變易及陰陽轉旋之道），喪祭射御冠昏朝聘必本於天、殽於地、列於鬼神，蓋人具天地之德、陰陽之交、鬼神之會、五行之秀氣也。故天秉陽垂日星，地秉陰竅於山川，播五行於四時，和而后月生也。是以三五而盈三五而闕，五行之動，迭相竭也。五行四時十二月還相為本也，五聲六律十二管還相為宮也，五味六和十二食還相為質也，五色六章十二衣還相為質也，孔子上《繫》首章所以明制禮作樂之原，後人即本之以為記，而漢儒經訓本之詁易，可見子游、子夏竝列文學，子木得孔子之傳，時相考證，授受十數世而不可變革者，道在然也。而說者謂漢儒專言天道、迂於人事，不亦陋與？夫《周官》所以立民極也，《春秋》所以紀人事也，而六官必以天地四時名、行事必繫元繫年繫時繫日者，豈徒飾號分編云爾哉？六官之相屬也以義（如春震主教、秋兌主刑之類），其布政、弊吏、攷工也以時，其建國、分井、徵徒、制器、興禮、設教也以象數，非馮相、保章、太史、太卜之類乃觀陰陽五行也。《春秋》之托始豕韋（隱元歲莊豕韋）也以元首（《元命苞》《乾鑿度》《命曆序》《叶圖徵》竝以甲寅為元首），其備三正也以盈乾（復子臨丑，泰寅盈乾），其備四孟也以著方伯（坎子月冬至、震卯月春分、離午月夏至、兌酉月秋分為四方伯），二百四十二年二十二門一千八百餘事，日者凡六百八十有一（文公以上書日者二百四十九，宣公以下書日者四百三十有二），以示緩急輕重得失（或時或月或日），非志災異白二十二，乃觀陰陽五行也。是故易象陰陽（從日下月），經以《易》為最大且古。如彼所疑傳非孔子，經亦非文王、周公（張芸叟輩），是六經之罪人也，何足與論？或曰：「易象无所不備，道可貫乎六經，既聞命矣，然後世陰陽家言舉足以明易道與？」曰：外可敷諸禮樂政刑，內可印諸倫常性命，曰道不然，則藝而已矣。藝，偏於一端者也。偏則非易。或占異而舍常（災異家），或迹象而遺義（司天氏測風角之類），或累數以逆億（《皇極經世》之類），或因物以測幾（壬遁之類），縱小道可觀，而原同（同出于易）流異、遷則弗良（此效彼室）。若夫可久可大，一以貫之，斯所稱至精、至變、至神者與！堃竊願學焉而未之逮也。或曰：「輔嗣說元、伊川說理、康節說數說占，兼而說之，非所謂一以貫之者與？」曰：趙宋以後，釋辭者半宗輔嗣，尚數與占者半宗希夷，而學者薴然因「罪浮桀紂」一語，謂以老、莊說易者自輔嗣始。嗚呼！輔嗣其不可追哉？然辭不卒讀，義未深通，而輒襄陳言，妄生菲薄，是亦不學之一大患也。堃幼讀王注，文華而不質，意通而不滯，超然象外，雋雅絕

倫，迥非隋唐閒人所能頡頏一二。若下視希夷之徒，輔嗣已戛乎莫可尚已。既通漢學，乃覺王之注《易》、偽孔氏之傳《書》（或出皇甫謐手）、杜范氏之解《左》《穀》，盡壞漢儒說經義例，使七十子之微言剩義蕩然无存。然彼皆深通漢學而後能去其町畦、化其艱滯，非若膚識末學不肯為漢唐人分疏，而徒腐坐尸噓，譏貶聖賢，以不學古訓為超、以師心頓悟為尚也。杜范全蒐古注，條以己意，名曰《集解》。即王與偽孔所作，亦時與馬、鄭諸家相出入，一時學者既喜其說之无背，又新其文之坦易多工，以故靡然循習，守一廢百，至于今不衰。輔嗣之言曰：「象者出意者也，言者明象者也。盡意莫若象，盡象莫若言。言生於象，故可尋言以觀象；象生於意，故可尋象以觀意。」此教人學易必先尋言、尋象，而不謂象與言之可廢也。其又曰：「意以象盡，象以言著。故言者所以明象，得象而忘言；象者所以存意，得意而忘象。猶蹄者所以在兔，得兔而忘蹄；筌者所以在魚，得魚而忘筌也。」此輔嗣妄以得意自高，思破漢儒之說而不自知其大背于道也。孟子曰：離婁之明、公輸子之巧，不以規矩，不能成方圓；師曠之聰，不以六律，不能正五音；堯舜之道，不以仁政不能平治天下。充輔嗣言，不幾器成而毀規矩、音正而捐六律、天下平治而廢仁政，可乎哉？輔嗣既為注矣，則不能忘乎言矣，言乃不能遺象而深隱夫象之所在，今人莫知所指也。甚矣哉，其自欺以欺人也！希夷之徒，且不解蹄在得兔、筌在得魚，則亦无譏焉爾。聖人四教文為首，文以載道，六經皆筌蹄也。犧之筌蹄見乎卦爻，文、周、孔之筌蹄見乎辭。十三卦所取，聖人示人以得魚兔之方也。經數聖之相承相翼而猶曰不盡言不盡意，若望後人之因隅善反、推闡无窮者，誠以道備三才，一陰一陽兩之為六。坤之理由復而窮，乾之性由夬而盡，巽之命因遘以至。消長迭運，往來周流，道不可一日不明，陰陽不可一日息也。孟、京以下若而人，皆善反聖人之一隅以翼聖人言。而既經殘闕，譬如斷港絕航，後人雖欲求通而不得者，幾二千有餘歲矣。漢懲秦敗，尊經重儒，寵榮備至，故焚坑絕滅之餘，而三古帝王聖賢之道猶得復明於後世，不然遜邈不識秦以前帝王聖賢為何如人、《詩》《書》《禮》《樂》《春秋》為何如書。易僅為卜筮存，則亦可增減淆亂，久而復亡。閒或不亡，亦祇如俗儒所謂占得此爻變者但為利見此人而已。然則漢儒傳經明道之功當不在孔孟下，而唐李氏鼎祚亦不愧為學鄭之津梁、經師之寶笈也。堅晨夕過庭，與聞斯道，庸得會通古訓，省繁補逸，歸諸易簡。意之所得，必徵於經；言之所存，必參於象。非敢問世自作筌蹄，以庶幾家世傳經之未墜云。嘉慶

二十一年丙子益候初九，堃謹識。

◎跋：漢班孟堅言六藝具五常之道，易為之原。蓋羲農以前，《詩》《書》《禮》《樂》《春秋》皆未著也，羲皇肇畫，三聖繫辭，陰陽運行之妙、天人契合之原，燦然著矣。然學者恆苦其文奇義奧，有終身誦之而莫可省了者。登幼讀程朱《傳》《義》，病其虛而求諸象，則震為龍，爻反不著于震而著于乾；乾為馬，彖反不著于乾而著于坤。如斯之類，數十年疑莫能釋。及閱王氏《畧例》云：「爻苟合順，何必坤乃為牛；義苟應健，何必乾乃為馬。」一似聖人繫辭不過如詩人因所見以起興，而孔子所傳《說卦》諸象反為贅也。戊寅始以所業請益先生門下，漸知易无不備，聖人特隅舉一端以俟人之引而伸、觸類而長耳。如龍為陽精，善變化，象乾鱗。九九八十一，以九起數，乾數也。其跡五，天數也（陰從陽，故地數亦五）。震得乾元，故為龍，青龍屬木，住東方。龍以雷動出地，象一畫始坤初也，重震則乎坎艮，故不著龍，以不純也。震一奇兩偶，數適合五，龍之五爪似之，震仰為作足也。馬蹄奇，故陽卦皆有馬象。而艮獨无者，以馬行而艮止也。坤取馬象，以能正乎震也。馬而曰牝，尚不離乎順也。且取馬之行地，猶龍之行天也，故曰利牝馬之貞。牛於坤為子，母土，母萬物能育養也。離以坤陰順乾，故曰畜牝牛吉，蓋四陽畜二陰在中，順之至也。明夷之馬取自震象，遯之牛懼消坤也。此孟東吾師初會登問，登以質諸先生，猶謂此未盡也。由是以觀易翼十篇，旨遠義博，猶是傳所謂「書不盡言，言不盡意」者耳，後之君子苟能三反是編，神明其意，是亦吾道之大幸也夫！道光二年壬午二月丁亥，同里受業門人閔登拜跋。

凌去盈 易觀 十二卷 佚

◎一名《凌氏易觀》、《凌氏易說觀》。

◎《皇朝通志》卷九十七：《易觀》十二卷（凌去盈撰）。

◎《皇朝文獻通考》卷二百十二：《易觀》十二卷，凌去盈撰。去盈號旭齋，爵里未詳。

◎張遠覽序：《易》不火於秦而為之說者倍諸經，《隋經籍志》六十餘家，《唐志》八十餘家，宋則二百餘家，至今而傳者十二三。學者敝神焦慮，氣惴惴前瞻後顧，而罕得其本根，蓋說易若是之難也。《凌氏易說》，凌先生遜益之所著也。先生學易不由師友，但敹眾議，範殊軌，暴一得，窮千年，春秋十易，草削者三，細繹鑿枘，期抵於安。故其為說也，洪榦纖支，盾扶文附，鑽

霧便淵，紛綸偉畫，必盡其知之所及而不少留餘，而其意則片言一意，上下左右必緣乎象以索其情，準乎理以觀於物。昔夫子曰：「予欲無言」，又《詩》《書》執《禮》皆雅言也而不及《易》。然於諸經無說而獨於《易》特作十翼，夫聖人心知其意可以無言，然而有不得已者焉。今先生之為《易》也，疑之久故辨之晰、慮之切故言之長，竭其力故不敢畏其難，儻亦真有不得已者乎？而先生亦老且病云。是書苟行於世，世必有好之者。顧先生授余，余德薄力弱，不能布之通邑大都，使人人知有凌氏之說，而平日用心不即表白，余何以謝先生。今為略述所以，俾學者得以考焉。先生名去盈，字遜益，河南西華人，不仕，亦不授徒，為《易說》十二卷。

◎四庫提要：是書主於即象以明理，大旨謂象有三例：有定象、有化象、有互象。一卦之定象如乾為天，坤為地是也。其化象如剝皆言第，漸皆言鴻是也。一爻之定象如陽必為九，陰必為六是也。其化象如陽動化陰，陰動化陽是也。又有中爻之互象，如二四互、三五互是也。所引多來知德、毛奇齡之說，而所重尤在化象、互象二義。謂王弼崇卦變、來氏置錯卦、毛氏主推易，以求一得之偶當，凡以不知有化象故也。其解乾之九四或躍在淵，謂「四化巽互兌，有淵象，乾化巽，風，虛薄天表，躍所自起。」解屯之初九磐桓，謂「大石曰磐，大柱曰桓，石者土之核，震九以乾陽而為坤，初索而為坎，屯鬱而互處坤下，二、四互坤，有若核然，磐之象也。柱者木之豎，震九以坤索而為天三，化天三生木而為坎，屯鬱而倔強，初下有若豎然，桓之象也。」是皆半附古義半參臆說，因互體、變爻而穿鑿之，不足為說易之准也。

◎凌去盈，字遜益，號旭齋。河南西華人。乾隆布衣。又著有《醫門法眼》《蛟情集》。《西華縣續志》《中州藝文錄》有小傳。

凌士錫　易經集講　佚

◎沈起元《敬亭文稿》卷八《候選知縣凌君行狀》（己卯）著錄。

◎凌士錫（？～1759），字綏章，號陟瞻。江蘇太倉人。雍正元年拔貢，四年舉人。屢上公車不第，自謂非用世才，遂無進取意。性寧靜，閉戶讀書，里人稱真孝廉。又著有《四書集講》《周禮輯要》。

凌允中　讀易管蠡　佚

◎光緒重修《五河縣志》卷十七《藝文志・書籍》：《論孟廣益》《讀易須知》《讀易管蠡》《易學訂譌》《拙修草堂小題草》《味餘堂詩草》（以上凌允中

著）。

◎光緒重修《五河縣志》卷十四《人物志》二《文苑》收錄有《易學訂譌》而未收此書，按同卷又載王系梁《讀易管蠡》，疑為王氏書誤植此處。

◎凌允中，號庸齋。安徽五河人。由廩生保訓導。沉默寡言，好讀書，尤邃於易。

凌允中 讀易須知 佚

◎光緒重修《五河縣志》卷十四《人物志》二《文苑》：晚年益肆力於易，著有《讀易須知》《易學訂譌》《味餘堂詩草》待梓。

凌允中 易學訂譌 佚

◎光緒重修《五河縣志》卷十七《藝文志・書籍》：《論孟廣益》《讀易須知》《讀易管蠡》《易學訂譌》《拙修草堂小題草》《味餘堂詩草》（以上凌允中著）。

凌之調 易論 佚

◎光緒《江西通志》卷九十九《藝文略》一《國朝》：《易論》，凌之調撰（《新建縣志》）。

◎凌之調，字廣心。江西新建人。著有《易論》。

劉安諟 易經辨義 佚

◎同治《江夏縣志》卷六《人物志》十一：篤學力行，動遵矩矱，終明經。著有《易經辨義》《澹定居草》。

◎同治《江夏縣志》卷八《藝文志》十二：劉安諟著有《易經辨義》《澹定居草》。

◎劉安諟，字恭己。湖北江夏（今武昌）人。

劉寶楠 易古訓 一卷 存

上海藏稿本

續四庫影印上海藏稿本

◎劉寶楠（1791～1855），字楚楨，號念樓。江蘇寶應人。又著有《論語正義》、《毛詩注疏長編》、《禮記注疏長編》、《鄭氏釋經例》、《論語注》、《經義

旁通》、《寶應人物志列傳》一卷、《道光二十年庚子科會試硃卷》一卷、《寶應
祀典紀畧》三卷、《文安隄工錄》六卷、《海口支河錄》一卷、《寶應圖經》六
卷首二卷、《愈愚錄》六卷又一卷、《愈愚續錄》不分卷、《清芬外集》八卷、
《真定集》四卷、《念樓全集》十一卷、《劉楚楨詩文稿》一卷、《念樓詩稿》
一卷、《念樓集》四卷、《象求集》五卷二集三卷三集一卷、《雜選》四卷、《劉
氏二家詩錄》六卷。

劉本烇 周易便蒙 佚

◎光緒《黃州府志》卷三十二《藝文志》：《周易便蒙》，廣濟劉本烇撰（《縣
志》）。

◎劉本烇，湖北廣濟（今武穴）人。著有《周易便蒙》。

劉畢容 易通 十卷 存

廈門藏 1921 年印本

劉伯允 周易析義 十卷 存

湖北藏同治八年（1869）刻本

◎周按：明施少谿亦著有《周易析義》。

◎劉伯允，字顯皋。湖北安陸人。

劉曾騄 周易約注 十卷 存

國圖藏光緒至民國劉遵海刻暨油印祥符劉氏叢書·五經約注本

◎劉曾騄（1845～1926），字驤臣，號新里，晚號夢園。河南祥符（今開
封）人。劉遵海子。少與同鄉邵蘭賓、沈生甫、王介艇、趙耐卿、丁濟先合稱
梁園六子，與馮伯驤、鄭廷驤並稱祥符三驤。同治三年（1864）舉人，光緒二
年（1876）進士。歷知山東鄆城、郯城、菏澤、茌平等縣。光緒十九年（1893）
致仕。光緒二十年（1894）主辦瓣香、宛南書院，繼任河南大學堂編書處總
纂。又著有《論語分編》、《論語約注》、《皇清經解通志堂經解輯要》、《五經約
解注》、《九經約解》、《列女補傳》五卷、《循吏補傳》四卷、《高風集》二卷、
《先觀察公年譜事畧》一卷、《吏覗》九卷、《夢園公牘文集》十八卷、《夢園
公牘文稿》一卷、《祥符風土記》六卷、《夢園蒙訓》十八卷、《夢園詩集》四
十六卷《文集》十二卷《詞集》一卷、《夢園二集》、《夢園律賦》一卷、《夢園

駢體文集》六卷、《夢園制藝》六卷補遺一卷、《夢園經藝》一卷《書藝》一卷《聯語》十三卷、《祥符劉氏叢書十種》、《劉氏家約》、《劉氏家禮》、《古逸民史》、《浚史》、《祥符耆舊傳》、《循吏傳》、《吏鑒》、《河洛詩則》、《文則》、《清文獻約徵》、《咸同光宣四朝文獻約徵》。

劉昌齡 周易 四卷 存

德國巴伐利亞邦立圖書館藏光緒十八年（1892）凌雲閣石印五經味根錄本

◎劉昌齡，廣東番禺人。增貢生。嘗任學海堂學長。光緒十四年學使汪鳴鑾薦舉，賞翰林院待詔銜。又輯有《策府統宗》六十五卷。

劉承幹 周易正義校勘記 二卷 存

浙江藏民國初吳興劉氏嘉業堂鈔本

民國刻嘉業堂叢書本

◎劉承幹（1881～1963），字貞一，號翰怡、求恕居士，晚自號嘉業老人。浙江吳興（今湖州）南潯人。幼就讀潯溪書院，光緒三十一年（1905）中秀才。曾任《浙江通志》分纂、清史館名譽纂修，以藏書名。

劉春榮 六爻發揮周易正解 六卷 存

四川藏光緒十八年（1892）成都文舫齋刻本

◎卷首題：及門諸子曹亮臣、鄒守謙、劉宇、韓樗、王復春、劉益校正。

◎卷目：卷一至卷三上經。卷四至卷六下經。

◎鄒放序謂是書傳之祕當與《來註》並行不朽矣。又有曹鐘彝序及自序。

◎弁言（摘錄）：

文王彖辭，孔子發揮透矣，故不必贅一辭。

全卦取象，孔子發揮矣，故不必解。

《易》之為書，微妙極矣，于六爻發揮，抑以羣言淆亂故也。上經始乾坤終坎離，此伏羲氏八卦圖中四正卦也。

下經中藏震艮巽兌，此伏羲氏八卦圖中四隅卦也。

乾南坤北、離東坎西，伏羲氏八卦圖中四正卦也，文王合之，對待者得相生矣。

震東北巽西南、艮西北兌東南，伏羲氏八卦圖中四隅卦也，文王綜之，

震綜艮、巽綜兌，對待者不相反矣。

《周易》之妙，星羅棋布。上經三十卦、下經三十四卦，多寡既不相侔，而以錯綜論之，則上經爻數陰爻、陽爻與下經爻數陰爻、陽爻多寡相符，又無毫釐之差，足見文王序卦，合同而化，錯之綜之，如五雀六燕，銖兩不差，總成一乾策二百一十有六之數，其所苞符，有扶陽抑陰之義焉。

◎劉春榮，字顯臣。四川成都人。又著有《澹溪詩集》十二卷。

劉醕驥 周易孔旨 佚

◎光緒《黃州府志》卷三十二《藝文志》：《周易孔旨》，廣濟劉醕驥撰（《通志》）。

◎劉醕驥，湖北廣濟（今武穴）人。著有《周易孔旨》。

劉次源 易通 十卷 釋例 一卷 存

山東、臺灣政治大學藏 1949 年廣西桂林鉛印本

臺灣廣文書局有限公司 1974 年排印易學叢書續編本

貴州大學中國文化書院藏臺灣文聽閣圖書有限公司 2009 年林慶彰主編民國時期經學叢書本

◎自序：自孔子贊易，傳於商瞿，至漢初田何，分為施、孟、梁邱三家。而京房、焦贛、費直亦號傳易，然無依經立解者，即有書，亦為易外別傳。其後馬、鄭、荀、虞、二王雖曰解經，要皆破碎支離，無當於聖人之意。宋之陳、邵屬於京、孟之一類，其餘解易者不下百數十家則皆馬、鄭之一類也，於孔子序易之意罕有能窺見者。蓋經秦之焚坑，已失其傳久矣。易與天地準，故能彌綸天地之道，《繫辭》明言之。豈有天地之度數與其節候，推之《序卦》而有不合者？如使不合而有待於後人之移易，則是與天地不準也。不然何以《文言》又曰「與四時合其序」，是必有道也。漢儒若知之，則京、孟之卦氣、直日可以不作。後儒多不愜於京、孟，然苟有明其故者，則揚雄之《太玄》、關朗之《洞極》、司馬光之《潛虛》、邵雍之《皇極經世》、蔡沈之範數九九，皆可以不作。後儒只知復之為冬至，而不知其逆數之道。推之未能盡通，是以各出己意，紛紛改造也。夫天左旋而地右轉，易以象天地，故建乾咸為首，乾順行而咸逆行，一經一緯。欲考天之運行，自開闢以至於末日，則由乾順數以至未濟，所謂數往者順。欲明將來之事驗，則以地為綱，由咸逆離以至於恒，所謂知來者逆。易為占來者設，是故易逆數也。恒終則復交於咸，恒之

象曰「終則有始」，其以此也。五卦二爻為一月，咸為坤包乾。天地感而萬物化生，大造肇端於此。位居坎宮為十月之卦，元氣絪縕。逆數至復為冬至，陽氣萌動，位居艮宮。艮者所以成終成始也。逆數至蠱則為歲終，故蠱之象曰「終則有始」，交隨則為歲始。隨元亨利貞。歲始乃開新元，卦為上兌下震。秋往而春來。位居震宮之首。所謂帝出乎震也。逆數至乾則為立夏，位居離宮之首，所謂南方之卦向明而治。逆數至豐則為夏至。豐之象曰「宜日中」，又曰「日中則昃」，過此則日景漸短，故又繼曰「月盈則食」，天地盈虛、與時消息也。逆數至革則為立秋。位居兌宮之首，兌者正秋。革之為卦，上兌下離。七月流火，兌出用事。物過盛則當殺，故其象曰「天地革而四時成也」。逆數至遯則為立冬。遯者退藏，冬藏之象。位居坎宮之首，正北方之卦，萬物之所歸也。逆數至於復，則又冬至。此皆易序所安排，不差累黍。故曰「與四時合其序」。而後儒無一知之者，勿惑乎互滋疑竇，咸欲為孔子彌縫其闕也。易以六位而成章，故卦有六爻。而全易則經以六元，所謂變動不居，周流六虛。後儒僅知六爻之易而不知有六元之易，是以破碎支離，不得謂為成章之易也。元亨利貞者，天之四運也。周而復始，乾之卦辭然，而坤屯隨臨無妄之卦辭亦然，各自為元，六道循環，相為經緯。而易用以神，易道乃大。革為六元之應卦，位於下經。六元行運至此而數滿，乃又開一新元，故其文曰「革：已日乃孚。元亨利貞」，與六元之元亨利貞直繫於卦名之下自為元運者，其例不同也。乾元用序卦之革，而坤屯隨臨無妄五元則用雜卦之革。有天地而後有萬物，人為其長子，代天地以行化。乾坤二元之後繼以屯元者，三才並建也。隨為時元，臨為教元，無妄為性元，易明教而作，教之大原出於天而根於性，隨時世之所趨，以範圍乎三才，使其無有過不及。六元為六龍，運行不息，而其數皆可以時推步，與天相應，故曰時乘六龍以御天。乾統諸元，故又曰以統天。初統無妄元，二統臨元，三統隨元，四統屯元，五統坤元，乾元順行，而坤領無妄臨隨屯元，逆行以承天，故乾之爻辭取象於六元之序，坤之爻辭取象於六元之雜。乾經坤緯，《文言》之作專釋斯旨。後儒不之知，乃視《文言》為常解，謂孔子僅即乾坤二卦示人以解易之法，而他卦則未遑解也。豈非臆說者乎？六元分領十八宮，乾與無妄各伍之，坤與臨各參之，屯與隨則各得其一，所領之卦有多少，而各元運行之長短即以此起例，序雜並用，錯咸綜乾，逆數順推，事變乃見，所謂參伍以變錯綜其數也。隨為時元，時乘六龍，數乃以起。隨元一爻值一年，一卦則值六年；屯元一爻值十年，一卦則

值六十年。坤元一爻當屯元之一卦，乾元一爻當坤元之一卦。臨同於坤，無妄元同於乾，乾元終於未濟，則值十三萬八千二百四十年，過此以往，陽窮陰絕，又當復開新元。舉凡世運之興替、事變之繁賾，無不隱示於其中，所謂通其變遂成天地之文、極其數遂定天下之象，此皆孔子所安排，《象》《繫》已發其凡。邵子若知此，則元會運世之說可以不作也。修道之謂教，後儒不知易，一語修道，即以為涉於道家，噤口不敢言。道失其傳，又烏知乎孔子之所謂教？易上窮天道而旁通乎鬼神，故觀之彖曰：「觀天之神道而四時不忒，聖人以神道設教而天下服矣」。可觀而後臨，惟聖人為能聰明睿知足以有臨，是故臨為教元。臨之大象曰：「君子以教思無窮，容保民無疆」，而其餘五元則無不為臨之用也。窮理盡性以至於命，盡性命則上通於天，上通於天則為乾，故六元始無妄而極於乾，性命雙修之法詳於乾。先修命後修性，則自頤以至復；先修性後修命，則自艮以至解。乾道變化，各正性命，起於初之潛，極於五之飛。潛者，隱而未見、行而未成者也。飛則與天地合其德，與日月合其明，與四時合其序，與鬼神合其吉凶，先天而天弗違，後天而奉天時。天且弗違，而況於人乎，況於鬼神乎？而況皆不過易道之一端。易道範圍天地之化而不過，曲成萬物而不遺。至於制器尚象之事名物度數之學，猶其粗焉者也。而其義例，則悉備於《象》《繫》《文言》。其經緯順逆之法、交縈互應之數，則咸詳於《說卦》《序卦》《雜卦》。上下無常，出入以度，因貳以濟民行，後儒無有知之者。至於歐陽修輩，因己之不知，遂疑《繫辭》《文言》《說卦》《雜卦》非聖人之作。竟有因其疑而遂刪去《說卦》《序卦》《雜卦》者，豈非謬妄之極者乎？佛滅度後，世只知其小乘。至於五百餘歲馬鳴龍樹出，而其大乘始顯於世。六爻之易，易之小乘者也；六元之易，易之大乘者也。自孔子以至於今二千四百餘歲矣，而其六元之易尚無有人知之者。《繫詞》之言曰：「苟非其人，道不虛行」，又曰：「神而明之，存乎其人」，嗟乎，何其人之難遇也！百世以俟聖人而不惑。天如未喪斯文，或者意在斯乎？化而裁之存乎變，推而行之存乎通，經之以序卦，而又緯之以雜卦，則所以盡其化裁變通之神者也。小子既有所窺，乃本孔子之意，詳為注釋，並作釋例十八篇，附以說卦序雜圖、六元經世圖表。夫然後經經緯緯燦然大明，範圍天地之易教，其諸由此光大矣乎。

◎劉次源，字筆春，號屯園先生。湖南永興人。光緒壬寅舉人，授戶部郎中。入民國曾任福建省長。工詩文。又著有《論語發微》《禮運發微》《中庸

發微》《孔經新義四種》《籌國芻言》《條陳要政》。

劉存仁 易學鉤元 二卷 佚

　　◎謝章鋌《賭棋山莊所著書》文續集卷一《孝廉方正劉徵君別傳》：所著書已刻者《屺雲樓文集》十二卷《詩集》二十四卷《詩餘》一卷、《勸學芻言》四卷、《詩經口義》一卷、《篤舊集》十八卷、《閩邑忠義孝弟傳》六卷，未刻者《易學鉤元》二卷、《詩經條貫口義》六卷、《課兒晬語》八卷、《屺雲樓詩話》八卷、《論文肯綮》二卷、《歸田課孫錄》四卷、《家譜》二卷、《宦海風濤集》二卷、《年譜》四卷，孝祐將陸續刊布之。

　　◎劉聲木《桐城文學撰述考》卷四「劉存仁撰述」：《勸學芻言》四卷、《詩經口義》二卷、《宦海風濤集》二卷、《劉氏家譜》二卷、《閩邑忠義孝弟傳》六卷、《屺雲樓詩話》八卷、《論文肯綮》二卷、《易學鉤玄》二卷、《詩經條貫口義》六卷、《課兒晬語》八卷、《篤舊集》十八卷、《蘭言》、《情往集》□卷、《閩中耆舊詩鈔》□卷、《屺雲樓詩餘》一卷。

　　◎劉存仁，字炯甫，又字念莪，晚號蓬園。福建閩縣人。道光丙午優貢生、己酉舉人，出編修壽祺門。曾入林文忠幕府。與張際亮、林昌彝、葉修昌、林壽圖等為莫逆交，又與王茂蔭、王拯、孫衣言、孔憲彝、葉名澧交相引重。分發甘肅，以知縣用。歷署渭源、永昌、平羅等縣，補大通縣，署莊浪茶馬廳同知、秦州直隸州知州，復以軍功獎敘知府，賞戴花翎。卒年七十六。

劉大堯 易義纂要 二卷 佚

　　◎光緒《湘潭縣志》卷十《藝文》：《易義纂要》二卷（劉大堯撰。大堯有傳）。

劉爾炘 周易授經日記 一冊 存

　　光緒三十年（1904）甘肅高等學堂鉛印本

　　光緒三十三年（1907）隴右樂善書局刻本

　　◎劉爾炘（1864～1931），字又寬，號曉嵐，又號果齋，別號五泉山人，甘肅蘭州鹽場堡人。光緒乙丑科進士，授翰林院庶吉士、翰林院編修。任京職三年，辭官歸里，主講五泉書院。復任甘肅文高等學堂總教習。辛亥革命後任甘肅省臨時議會副議長、豫陝甘及行政院賑災委員會委員。創隴右樂善書局刊隴上先賢著作。著有《尚書授經日記》、《周易授經日記》、《詩經授經

日記》、《春秋授經日記》、《果齋一隙記》、《勸學跡言》、《果齋日記》、《果齋前集》、《果齋續集》、《果齋別集》、《辛壬販災記》、《蘭州五泉山修建記》、《拙修子太平書》及《隴右鐵餘集》諸書。

劉方璿 易悟 六卷 存

嘉慶十年（1805）刻本

國圖、山東藏嘉慶二十五年（1820）聰訓堂刻本

道光七年（1827）刻本

◎卷首題：大司空熊謙山太老夫子題，嘉慶二十五年庚辰重刊。

◎周按：原名《芸莊易註》，嘉慶十年（1805）刻本改今名。卷一末題：子昀錄稿，孫祚燕、祚豐、祚梓，外孫韓作瑛校字。故有著錄為清于昀纂者，實因子予二字形近致誤也。

◎目次：卷一題辭、敘、例言、讀易粗引、說卦傳（附卦象）、下繫第八章、卦變圖說、六十四卦反對圖。卷二上經傳乾至否。卷三同人至離。卷四下經傳咸至井。卷五革至未濟。卷六繫辭上傳，繫辭下傳，序卦傳，卦互圖說，雜卦傳（附圖），筮儀、占法（附說），易韻通轉說。

◎敘〔註37〕：六經皆孔子定，而贊易獨詳，既彖《象傳》，復繫《說》《序》《雜》《文言》，蓋已橫說豎說矣。學易者不悉心孔傳而外求解，解愈繁義愈晦。老蘇謂去世儒附會之說則聖人之旨見，毋亦有激而云耶？零陵劉芸莊方璿，讀易遇有疑義，將卦畫及經傳大文比類參觀，而義例自見，往往發人所未發。即如《彖傳》言卦變，諸家率設想以求合，无怪此合彼岐。芸莊獨據《繫辭傳》上下无常剛柔相易云云，而以彖象傳反覆推勘，並悟《雜卦傳》之為變卦設，援以相質，遂得一成不易之例，作《卦變圖說》。某卦自某卦來，某位之某位一一取證彖象，持是以讀易，微特彖傳剛柔往來上下確有來歷，而名卦之義、繫卦繫爻之辭，主從向背，宛有蛛絲馬跡之可尋。舉尋常難解之辭，如蹇解西南東北利不利、井改邑不改井、旅射雉一矢亡，以卦變推之，無不迎刃而解。不寧惟是，其所發卦變大義，直扶聖人設卦憂懼深心，吉凶消長進退存亡，尋到源頭，蓋在《繫辭》之先。自來說易家見未及此，又何論

〔註37〕道光《永州府志》卷九上《藝文志》、光緒《零陵縣志》卷十三《藝文》收錄此序，又錄其《卦變圖說》《卦互圖說》《雜卦提要》《雜卦圖說》《倒卦表說》等篇及說數條。

變法之疏也？至於卦象，涉獵者囫圇吞棗，拘牽者按圖索駿，雲莊迹《說傳》而引伸觸長，遂無象不該。即蠱、巽之先後甲庚、終始有无，升革之南征巳日，訟之三百戶，震、既濟之九陵、七日，據《說傳》羲文圓圖、橫圖推之，亦皆妙義環生，確乎其不可易。夫卦變即六畫卦之象，象之大幹也；《說傳》所臚三畫卦之象，象之一節也。六畫之象明則全卦之脈絡清，三畫之象精則各爻之面目審，由是隨拈一辭，以象數為據，以義理為衷，自覺親切的當，理與趣俱人人可以共曉。太史公曰：「易本隱以之顯」，道固如是也。曩歲己酉，余視學湖南，芸莊以拔貢錄科中副車，難弟方瑚為余選拔所得士，偕謁使署，袖其《易註》見質。余受而披閱再三，備悉探索之苦貫穿之精、洗滌悠謬之快，良非偶然。並稔尊甫石峯先生，經師人師，譽重衡湘，舊德相傳有自，余固已心識之。今年夏，芸莊復手抄寄都門，屬方瑚請序梓行〔註38〕。學與年進，一歸于潔淨精微，余益把玩不置。固歎名理在故紙中，惟好學深思、不汩于眾論者獨得真。予爰著其得力之由，願汲古之士本此意以讀各經也。乾隆五十九年甲寅，仁和張姚成撰。

　　◎題辭：先儒云：「易不畫，詩不歌，無悟入處。」劉子芸莊讀易，以辭參畫，以畫勘辭，積年而義理象數一以貫之，其悟者機乎！夫讀書善悟，尤貴善疑。大疑大悟，小疑小悟，不疑不悟。余多芸莊之悟，余更多芸莊之善疑也。安得學人而胥肯疑乎？是編原名《易註》，芸莊會試禮部，就質余，余竊以悟更之。嘉慶十年乙丑夏，鉛山熊枚。

　　◎汪景望曰〔註39〕：漢儒以十二辟卦變於法，大得。今散見李鼎祚《集解》。芸莊於漢儒變法初未之見，苦繹彖象傳，作為此圖，將信將疑，切切然未敢示人，亦無人語此也。一日商之余，余曰：此古法也。索圖案之，蓋奄有漢儒之是而無其支，且於家人、睽、蹇、解、頤、中孚、大小過定為六子，續變通辟卦之窮（艮續變解、蹇震續變蹇、坎續變頤、小過巽續變夬、兌續變家人），補漢儒之遺，厥功偉矣。因檢行笥中各書相證，意始釋然，乃知說經固有得力於無書者。

　　◎例言（摘錄）：

　　一、卦象易之形容，卦變易之結撰。象不明无以別各爻面目，變不明无以識全卦脈絡。《說卦傳》一篇詳說八卦體例，謬為類舉若干。下繫第八章揭

〔註38〕光緒《零陵縣志》卷十三《藝文》無「梓行」二字。
〔註39〕錄自光緒《零陵縣志》卷十三《藝文》。

卦變之法，謬推為圖，倣朱子《啟蒙》。摘錄《繫傳》例均登卷首，讀者先熟卦象，再譜卦變，其于易思過半矣。

一、朱子云：「看易若靠定象去看，便滋味長」，又云：「須先見象數的當下落，方說理不走作。不然，事無實證則虛理易差」，又云：「互卦之卦不可廢」，旨哉言也。是編以象數為骨、義理為肉，肉之紋理隨骨之縱橫。互體變體，胥資證發，稍非緊要，則不之及。凡義循常解及專引儒先外，管見另窺，不識別亦不駁辨，期于簡明親切。

◎宗績辰曰〔註40〕：案方璿由《繫辭傳》第八章入悟，信孔子已開卦變之緘；又悟《雜卦傳》主於著爻動而不主發卦義，乃專為卦變設，已極貫串之妙。晚年又因周世金所疑，悟徹倒卦變法，更無所不通，似秦漢以前孔門授受之易確有此理，專精之至，神秘畢宣，非先儒所能抑矣。方璿號芸莊，父烺，郡中稱石峰先生。方璿易學，得之庭授。五十始舉於鄉，而《易悟》已成。後任桂東教諭，歸主講濂溪、羣玉諸書院，年八十餘，見人尚諄諄談易，終日不倦。天蓋留其人以昌易學焉。

◎劉方璿，字芸莊。湖南永州零陵人。乾隆五十四年（1789）登鄉試副榜，曾任桂東縣教諭，後主講濂溪、群玉等書院。通經學，尤精於易。又著有《周官說約》六卷。

劉方璿 易韻通轉說 一卷 存

山東藏嘉慶二十五（1820）年聰訓堂刻易悟本

◎宗績辰序謂是書擴融安溪、峋嶁之論例，就今韻以麗古音，通四聲而綜四部，周流不滯，循環無端，舉乾坤屯蒙以示大凡。

劉方璿 芸莊易註 不分卷 存

乾隆五十九年（1794）初刻本

山東藏嘉慶七年（1802）聰訓堂刻本

劉芳 易學入門 佚

◎民國《南宮縣志》卷十八《文獻志》：著有《易學入門》《左傳提綱》《駢字類編》，俱若干卷待梓。

〔註40〕錄自光緒《零陵縣志》卷十三《藝文》。

◎劉芳，字信庵。河北南宮縣人。歲貢生。四赴京兆試，三薦不售。尤邃於易，旁通六壬奇門之學。卒年八十三。

劉逢祿 卦象觀變表 未見

◎光緒《武進陽湖縣志》卷二十八《藝文》：劉逢祿《易言補》一卷、《易虞氏變動表》《彖象觀變表》《六爻發揮旁通表》《卦象觀變表》《卦象陰陽大義》（並存）。

◎劉逢祿《劉禮部集》卷一有《易象賦》（自注）、《卦氣頌》（自注），卷二有《易言篇》可參。

◎劉逢祿（1776～1829），字申受，號申甫，別號思誤居士。江蘇武進（今常州）人。少從外祖父莊存與、舅父莊述祖學，盡傳其學。嘉慶十九年（1814）進士，改庶吉士，授禮部主事。精《春秋公羊傳》。龔自珍、魏源皆從其學。著有《尚書今古文集解》三十卷、《書序述聞》一卷、《左氏春秋考證》二卷、《公羊春秋何氏解詁箋》一卷、《春秋公羊經何氏釋例》十卷《後錄》六卷、《穀梁廢疾申何》二卷、《論語述何》二卷、《四書是訓》十五卷、《箴膏肓評》一卷、《發墨守評》、《詩聲衍》無卷數、《劉禮部集》十二卷、《易虞氏變動表》一卷、《六爻發揮旁通表》一卷、《卦象陰陽大義》一卷、《虞氏易言補》一卷、《庚申大禮記注長編》十二卷、《春闈雜錄》一卷、《東陵勘地圖說》一卷、《石渠禮論》一卷、《說文衍聲記》、《五經考異》，又輯有《八代文苑》四十卷、《唐詩選》四十卷、《絕妙好辭》二十卷、《詞雅》四卷。

劉逢祿 六爻發揮旁通表 一卷 未見

◎光緒《武進陽湖縣志》卷二十八《藝文》：劉逢祿《易言補》一卷、《易虞氏變動表》《彖象觀變表》《六爻發揮旁通表》《卦象觀變表》《卦象陰陽大義》（並存）。

◎戴望《謫麐堂遺集》文卷一《故禮部儀制司主事劉先生行狀》：先生於易主虞氏，《變動表》《六爻發揮旁通表》《卦象陰陽大義》《虞氏易言補》各一卷，又為《易象賦》《卦氣頌》撮其旨要，文絲不載。

劉逢祿 卦象陰陽大義 一卷 未見

◎劉逢祿《劉禮部集》卷九《易虞氏五述序》：

余既補成張皋文先生《易言》二卷，蓋先生思學虞氏者執象變而失旨

歸、參天象而疏人事，故取以言尚辭之義捄其失也。而虞氏之易究以象變為宗，學易亦必從象變而入，義例糾錯，不其望洋？爰表五端，用資詔相。其敘曰：

在陽稱變，乾二之坤；在陰稱話，坤五之乾（《津逮秘書》、雅雨堂刊《李氏易解》俱誤作乾五之坤二、坤二之乾五，今据朱睦㮮本《秘册彙函》本訂），不遠之復。用脩厥身，成既濟定，知變化神。述虞氏變動表第一。

陽居大夏，陰積盧空。陽推五福以類升，陰幽六極以類降。剝窮反下，與復同功（張皋文云：當爻交錯謂之發揮）。巽究為躁，與震旁通（張皋文云：全卦對易謂之旁通）。之正得位，乃可以化邦。述六爻發揮旁通表第二。

一陰一陽始遘復（剝夬放此），三陰三陽始泰否。臨遯壯觀，二爻始起。著其形埒，毫釐千里。故觀其彖辭則思過半矣。述《彖象觀變表》第三。

善言人者必有徵於天，善言天者必有驗於人。六十四以象與天言，君子以純終令聞，先王以君國子民。述《卦象陰陽大義》第四。

總六爻之義，《大象》以明。彌綸天地，亦有主常。提要鉤元，視脩悖之方。述《虞氏卦象觀變表》第五。

◎光緒《武進陽湖縣志》卷二十八《藝文》：劉逢祿《易言補》一卷、《易虞氏變動表》《彖象觀變表》《六爻發揮旁通表》《卦象觀變表》《卦象陰陽大義》（並存）。

◎光緒《武陽志餘》卷七《經籍》：《易虞氏變動表》《彖象觀變表》《六爻發揮旁通表》《卦象陰陽大義》《卦象觀變表》，劉逢祿撰。《經籍錄》：右書養一齋刊本，俱無序目、無卷數，先生《行略》稱《虞氏變動表》一卷、《六爻發揮旁通表》一卷，而無《彖象》《卦象》二表，未知何故。又《禮部集》有虞氏五述序，是本無之。先生之子子豫云集中五述序，他人所撰也，茲故不復錄入云。

劉逢祿　彖象觀變表　未見

◎光緒《武進陽湖縣志》卷二十八《藝文》：劉逢祿《易言補》一卷、《易虞氏變動表》《彖象觀變表》《六爻發揮旁通表》《卦象觀變表》《卦象陰陽大義》（並存）。

劉逢祿　易言補　一卷　未見

◎光緒《武進陽湖縣志》卷二十八《藝文》：劉逢祿《易言補》一卷、《易

虞氏變動表》《彖象觀變表》《六爻發揮旁通表》《卦象觀變表》《卦象陰陽大義》（並存）。

劉逢祿 易虞氏變動表 一卷 未見

◎光緒《武進陽湖縣志》卷二十八《藝文》：劉逢祿《易言補》一卷、《易虞氏變動表》《彖象觀變表》《六爻發揮旁通表》《卦象觀變表》《卦象陰陽大義》（並存）。

◎劉逢祿《劉禮部集》卷末附錄《先府君行述》：大抵府君于《詩》《書》大義及六書小學多出于外家莊氏，《易》《禮》多出于皋文張氏，至《春秋》則獨抱遺經自發神悟。

劉逢祿 虞氏易言補 一卷 存

北大藏清鈔本

國圖藏嘉慶十七年（1812）養心齋刻養一齋增刻皇朝經解本

◎光緒《武陽志餘》卷七《經籍》：《易言補》一卷，國朝禮部主事劉逢祿申綏撰。自識曰：初，張皋文先生述《易言》二卷，自震以下十四卦未成而先生歿。其甥董士錫學于先生，以余言易主虞仲翔氏，于先生言若合符節，屬為補完之。先生善守師法，懼言虞氏者執其象變失其指歸，故引伸文言舉隅之例，一正魏晉以後儒者望文生義之失，于諸箸述為最精。祿學識淺陋，又未嘗奉教先生，僅僅窮數日之力，以先生所為易說竟其條貫而為此，稍為疏通證明之，庶乎師法少所出入，其于先生之意有合與否則不敢信焉爾。

劉鳳翰 周易質實講義 四卷 存

遼寧藏嘉慶八年（1803）儉避齋刻本

◎民國《許昌縣志》卷十二《人物》中：著《周易質實》，傳誦四方。

◎劉鳳翰，字苞九。河南許昌人。博古通經。

劉鳳章 周易集注 四卷 首一卷 存

山東藏 1934 年鉛印本

劉廣廷 睫巢易指 六卷 佚

◎民國《平度縣續志》卷八《人物志・文學》：積學勵品，著有《睫巢易

指》六卷、《詩經正韻》四卷、《眇時淺引》一卷，惜亂後多散佚。

◎劉賡廷，字覲虞。平度西南鄉劉家小莊人。又著有《詩經正韻》四卷。

劉琯 大易闡微錄 十二卷 圖說一卷 存

清華藏乾隆二十三年（1758）木活字本

復旦藏乾隆二十三年（1758）刻同治十二年補刻本

◎一名《先後天大易闡微錄》。

◎總目：

卷一天地一體，二氣升降。卷二四遊升降變，呂氏春秋升降辨，一身升降論。卷三則五十以畫方：十分兩行中折成方式、五奇親北五偶親南式、五偶包五奇式。卷四河圖五行十數與羲圖四象八卦合一之理，五十有五與卦爻合一之理。卷五五生六成氣數分合（五氣生成各含五方氣數圖）。卷六先天諸圖會原，先天實畫員圖解。卷七先後天卦圖合一之旨。卷八圖數卦畫徵義。卷九參兩：一參為三圖、四合二偶圖、一員於外包二之陰圖、二方於外包一之陽圖，五十道德性命之原，傳義釋要。卷十五氣變合及圖數錯綜，雨澤冰雪風雷閃電之異，地勢高下天地人物修短之殊。卷十一揲蓍約法，變卦訣（一卦變六十四，六十四變四千九十六），貞悔解。卷十二說考，序跋。

伏羲畫卦，方圖在員圖之中，外內定是一個，二氣升降，自合外內言矣。乾為天，員圖象天，其中偶畫自何而來？坤為地，方圖象地，其中奇畫自何而來？二圖明是合奇偶之交而成體，察乎天地，於此求之，乃得其真。秦呂氏不韋，伊何人斯，乃集諸儒著十二月紀，號《呂氏春秋》，以名教罪人，不知聖賢道理，又何知易？徒憑想像揣摩之見，妄定二氣升降以誤後世，罪難逭矣。圖文具在，何久襲其失而未悟耶？抑河洛羲圖未易窺耶？

臨川吳氏曰：羲皇始畫八卦，因而重之，但有方員二圖而無書也。後聖因之作《連山》《歸藏》《周易》，雖一本諸羲皇之圖，而其取用又各不同焉。三易既亡其二，而《周易》獨存。世儒誦習，知有《周易》而已，羲皇畫圖鮮或傳授，而淪落於方技家。雖其說具見於《繫辭》《說卦》，而讀者莫之察也。由相沿呂氏升降之失而觀，此言豈不信哉！

◎序：易與天地準，彌綸天地之道，為五經之原。天地鬼神之奧，大無不包，微無不入，至哉天地之無疆矣。三代而下，歷漢唐迄於有宋，名賢蔚起，遞相闡發，繼以明儒之註疏，我朝之纘修，凡上下經傳卦爻象象十翼之

篇，妙義則日出日新矣。但經中卦爻雖祖羲畫，義主卜筮，與夏之《連山》、商之《歸藏》，各編次成書以次趨避。若羲圖則因龍馬天然之文，準以畫卦，乃天地真元所在，一卦一爻不可移易錯亂者也，與主占自大不同。先儒於《周易》卦爻備極發明，而諸圖源流則未也，羲皇畫卦本旨則未也。蓋無窮者聖賢之心思、有盡者人生之歲月，聖賢安能以有盡之生發天地無窮之理哉？所貴乎合古今之心思，遞為參稽，發所未發，並所欲發而未及發，斯為聖道之羽翼，亦不至虛生於兩間，徒逐逐於記誦之末，以角勝於詞章，而理道淵源，慢弗究焉，雖罄讀剞劂之刊，奚為哉？古今無自足之聖賢，言所未宣，恆望後人代言之；思所未經，恆望後人代思之，故學者能發前人之遺謂之功臣。愚感於斯，淡名利之途、祛紛營之念，定志寧神，日取羲圖而陳之，見夫卦卦反對、爻爻反對，遂將六十四卦名順逆讀去，默識胸中，以便搜閱，又加以潛思夜索之功，如是者久之，乃恍然有悟，而知羲圖外內全本河圖，原是一個。方圖就是五十，員圖就是外面八數，聖人止就八數析之以畫八卦，員布以象天，而小成之體立。重為六十四，而外內之體因以俱成，聖人畫卦，非有心止於八，亦非有心重之為六十四，蓋天道主發舒，自內生出以成於外；地道主斂合，自外生入以成於內，有始之發舒方有終之斂合，天先地後，生成自然之序也。羲圖外內合為一個，日月寒暑之相推、晝夜長短之循環，與夫風雷日月山澤六子等，所以成變化而行鬼神者，罔不由是，請試仰觀俯察，有不若合符節者乎？悟乎是，而諸圖源流舉可循。是加精研之功，自漸一一有心解神會之樂矣。皇乾隆歲次戊寅四月，棗強後學劉琯序。

◎序跋：粵自圖書出，羲畫立；羲畫立，易學開。至我夫子而大著。聖門諸賢，如顏子、曾子、子思子、孟子之徒，悉貫通易理；他若子貢、子夏輩，亦莫不與聞；外此口傳耳受，得其緒餘者類有之。故三代而上，經明學脩，圖書大訓，世世寶重。一遭秦禍，儒者悉緘口不敢言書，又孰敢言理？雖《周易》類著筮獲免，河洛大文已不得與《周易》並錄合載，雖傳說人間，而或信或疑，率無確據。遞至有宋，忽出之陳氏圖南焉。非《繫辭傳》有天一地二云云及天數五地數五云云數條聖訓，則非惟宋世諸家，並世所傳說者愈轉滋惑矣。惟取陳氏所出之圖，合康成世儒之說，一準諸聖訓之真，靡不印合，夫然後河洛大文流傳人世而未決者，始確乎有實據。第圖文雖輯，奧義晦而弗彰，終為斯道之憾。琯草茅下士，嘗思靜會粗聞其旨，入門後意甚駭，謂世儒升降之說何與圖畫相刺謬也。久而探焉，熟而味焉，乃知此中之旨，自秦漢以

來，無人發出。偶及歷代傳沿之誤，聞者反生疑搏，更危言以悚之，謂法律維嚴，彼矜才恃智以妄取禍者，未之聞，即允若是，雖見道真者，揮毫下，得不戰兢惕厲乎哉？徐思之，妄作者皆道者也，干法者也，其禍宜爾也。若虛心以觀理，正言以明道，朝廷方優禮之維殷，妄云乎哉？人同此心，心同此理。理之假者不得以為真，理之真者亦豈得以為假虎？先儒可作，或且引為同心矣。人雖罕知，世自有知；一時莫知，後且序知。理本無可疑也。疑焉者，未親閱夫著解之實，信之弗敢遽信也。因不揣愚陋，敬撰是書以質當世。然斯文之旨，精乎其精微乎其微，不可驟悟不可速期，惟優游涵泳俟其自得耳。琯以虛弱病軀，倖延七旬，尚何克久待。不為之發，又恐大易終晦。此其草創耳，薄暮纖光，豈能洞照無失，倘奕禩英流，不我鄙也，究心是書，以窮理明道為念，是者存之，未當者去之，討論脩飾，俾字字確切，則吾之師。而人人獲與于易，經明學脩，三代可復矣。將一世之學者快甚，世世之學者皆快甚，即我先師夫子與濟濟諸賢，冥知默覺之餘，諒無弗快甚，矧畫卦演易，羲皇文周在天之靈，又寧不快之甚哉。皆大清乾隆歲次戊寅四月，棗強後學劉琯獻白氏序末。

◎民國《棗強縣志》卷八《著述》：近世惟鄭端之《政學錄》《朱子學歸》、劉琯之《大易闡微錄》著錄存目於《四庫全書》。今惟鄭端之《日知堂集》、劉琯之《大易闡微錄》刊本僅存，《政學錄》《朱子學歸》已罕見矣。

◎方宗誠《大易闡微錄序》〔註41〕：《易》之為書，四聖人作之於前，以明天地人物，微顯隱費之理無所不盡。其後周子作太極圖以溯易之源，邵子衍河圖洛書、先天後天諸圖以推測易之數，程子作傳以昌明易之理，朱子合三先生之說，融會而貫通之，作《本義》《啟蒙》以究極易之占，要之無非使人為格物窮理、盡性致命之實學也。自漢以來迄於今數千年，說易之書充棟，雖純駁精粗大小偏全不一，要不能出四先生之範圍。乾隆初，棗強劉獻白先生琯，淡於名利，喜窮經，而尤深於易，著《大易闡微錄》一書，其意雖主於發羲圖之所以然，而實則仰觀俯察近取諸身遠取諸物，即天地人物之理數以明河洛先後方圓諸圖之無所不包，亦千條萬緒，無一而或有紊亂也。其言有曰：「天地者理一而已，理在而氣行焉，氣行而象呈焉，象呈而數定焉。數起於象，象原於氣，氣本於理。理寄於氣，氣寓於象，象分乎數。」又曰：「人

〔註41〕錄自民國《棗強縣志》卷八《著述》。又見於《柏堂遺書‧柏堂集後編》卷三，題《校補大易闡微錄敘》。

多輕言數，數非可鄙也，不知性命之當然而一於數，溺於利害禍福之說，乃遂可鄙耳。」然則先生之學，所自得者深矣。《欽定四庫全書》存目摘其一二命辭或未雅馴，又譏其自謂聖賢所未發為自命太過，是亦誠有然者。然先生窮鄉下邑，無所師承，獨能不囿於俗學，而潛玩四聖人之經，探賾索隱，發揮旁通，以成一家之言，亦可謂之能自樹立不因循之異士矣。先生以諸生終，名位卑微，其書未獲行遠，版已半燬，雖邑人少見其書者。宗誠令棗強，常思得窮經學古之士與之講論切磋，惜去先生之世百餘年矣。久之，始見先生是書，而又惜其不傳也，爰以貲命先生族五世孫鴻林補刻其版以行於世。學者果能讀先生之說而不局於其言，復廣求周、邵、程、朱之書而玩索之，以上窮四聖人作易之原，必思於天地人物微顯隱費之理無所不通，而又力踐於出處語默日用行習之閒，無往而非易焉，斯則先生之所望於後人者夫！同治十二年冬，桐城方宗誠謹撰。

　　◎陳澹然《方柏堂先生譜系略》同治十三年甲戌：補刊邑故儒劉茂才琯《大易闡微錄》。

　　◎四庫提要：先天之圖於《周易》之上，別尊義易，其傳出自陳摶，自《參同契》以外別無授受之確證。故邵子之學，朱子以為易外別傳，自元以來諸儒互有衍說，亦遞相攻擊，至國朝黃宗炎、胡渭諸人，始抉摘根源窮究依託，渭書考究尤詳。琯未睹黃、胡二家之書，不知其偽之已破，故又因而推衍加以穿鑿。如謂人之生虱，人止一個，而所生之虱個個有對，又謂男女雖是二個，合來仍是一個，故男鰥女寡俗稱「半個人」，其辭皆不雅馴，於《月令》天氣上升地氣下降閉塞成冬及《周髀》四遊之說，攻駁尤甚，大抵皆憑臆而談。其敘跋皆自命甚高，以為聖賢所未發，過矣。

　　◎劉琯，字獻白。河北棗強人。邑庠生。家貧嗜學，研析經義，尤精於易理。惜屢困棘闈，未遂其志。又著有《意園詩草》。

劉琯 大易闡微錄圖說 一卷 存

　　乾隆二十三年（1758）刻本

　　◎圖目：河圖。洛書。伏羲小橫圖。伏羲小員圖。伏羲大橫圖。伏羲大員圖。依伏羲橫圖實畫大員圖（另畫方圖式）。文王本乾坤生六子圖。文王八卦員圖。周易卦象歌。

　　◎卷首《圖說・讀卦圖訣》：不明易理，只是不明圖畫。圖畫不明，只是

演之不慣。學者入門，須將《周易卦歌》讀之極熟，則布卦立圖，任所畫便知為何卦。然功力所至，可以任目而不能任心，終亦不能造乎其微。惟必將六十四卦名裁剪成句，順逆讀之，爛熟於心，則全圖卦畫不待展卷，日夜之間，如常在目前，而心力可用。裁句者一卦一字，卦名三字，則省去一字，四卦取四字成句以便誦讀。如圖左方三十二卦，則乾夬有壯小需大泰履兌睽歸中節損臨同革離豐家既賁明无隨噬震益屯頤復，圖右方三十二卦，則姤大鼎恆巽井蠱升訟困未解渙坎蒙師遯咸旅小漸蹇艮謙否萃晉豫觀比剝坤，此依布圖生卦之序而讀也。或順或逆，俱倣此讀去。‖大小二字讀在圖左及方圖北半者，大畜小畜也；讀在圖右及方圖南半者，大過小過也。‖若自復頤屯益震噬隨无以至乾、自姤大鼎恆巽井蠱升以至坤，此順二氣自然之運而讀也。‖自坤剝比觀豫晉萃否以至姤、乾夬有壯小需大泰以至復，此逆讀法，與由后溯前一般，在四時則由冬及秋而溯及夏與春也。‖至裏面方圓，則自西北乾讀至東南坤，六十四卦共八行，每行八卦，各裁作兩句，皆自右內左讀之，此亦依布圖生卦之序而讀也。‖若北半四行三十二卦，左自中間復，每層皆自左向右讀之，讀至西北乾而止；右半四行三十二卦，右自中間姤，每層皆自右向左讀之，讀至東南坤而止。此亦順二氣自然之運而讀也。‖上所載讀法雖不一，然順二氣自然之運讀去為正。後面凡講二氣升降道理，悉準乎是。在小員圖則震離兌乾巽坎艮坤如此讀是也。‖如上讀法，則往復縱橫罔不如意，然後用潛思之功，夜以繼日，即員以合方，因方以究員，員圖之復與方圖之姤，方圖之姤與員圖之復、員圖之頤與方圖大過、方圖大過與員圖之頤，卦卦互參，爻爻對證，且就羲畫以察圖數，就圖數以徵羲畫，玩索之久，自豁然以悟，于古不傳之秘有不啻鬼神之來告者。此吾入門得力之處也，因不匿以公同志。

◎《方柏堂先生譜系略》同治十三年：先生年五十有七，補刊邑故儒劉茂才縉《大易闡微錄》。

劉光祚 周易會纂 三卷 佚

◎民國《續丹徒縣志》卷十八《藝文》：劉光祚《周易會纂》三卷、《四書直講》十四卷（《劉氏家譜》）。

◎民國《續丹徒縣志》卷十三《人物》五《儒林》：著《周易會纂》三卷、《四書直講》十餘卷藏於家（節《家乘》）。

◎劉光祚，字聖超。江蘇丹徒人。歲貢生。候選儒學訓導。

劉珪縉 易經遵注 佚

◎《續修歷城縣志·藝文考》據劉賜璋鄉試硃卷履歷著錄。

◎劉珪縉，字速夫。山東歷城人。劉登桂子。咸豐九年舉人，官陽信教諭。

劉合聖 周易六爻證義解 佚

◎同治《新化縣志》卷第三十三《藝文志》一：《周易六爻證義解》（邑人劉合聖撰）。

劉鶴鳴 坎卦解 一卷 佚

◎光緒《重修天津府志》卷三十七《藝文》一：《坎卦解》一卷，劉鶴鳴撰。

◎民國《滄縣志》卷之八《文獻志》二：嘗從戈濤遊，以經學稱於時。及門著錄以百數，沒後門人醵金葬之。鶴鳴於諸經皆有傳注。

◎劉鶴鳴，字皋聞。河北滄州人。乾隆二十七年舉人。又著有《詩經解》、《禮記解》、《春秋比事錄》四卷、《春秋集解》四卷。

劉鶴鳴 易經解 佚

◎光緒《重修天津府志》卷三十七《藝文》一：《易經解》，劉鶴鳴撰。

劉鶴鳴 易經史鑑 佚

◎民國《滄縣志》卷之八《文獻志》二：所著又有《易經史鑑》《坎卦解》《尚書文鏡》《詩經解》《禮記解》《春秋直解》《四書講義》《左傳文》《離騷讀法》諸書，然多佚，鮮傳世者。

劉鴻 周易吾從 十二卷 佚

◎同治《新化縣志》卷第三十三《藝文志》一：《周易吾從》十二卷（邑人劉鴻撰）。

◎劉鴻，湖南新化人。處士劉為均長子。邑庠生。

劉鴻 易說 佚

◎鄭獻甫《補學軒文集》卷四《劉處士墓誌銘》：鴻積學之士，清燈冷
蘸，不廢讀書。余曾為序其所輯《易說》，而許以善窮經者也。

劉鴻聲 周易窮源 佚

◎《中州藝文錄》卷三十、《河南通志藝文志稿》著錄。

◎劉鴻聲，河南汝陽（今汝南）人。

劉宏謨 周易集解 佚

◎民國《懷寧縣志》卷十一《文藝》：劉宏謨《周易集解》。

◎民國《懷寧縣志》卷二十《篤行》：著有《周易集解》。

◎劉宏謨，安徽懷寧人。諸生劉世蔭（字玉森）子。康熙辛酉舉人。

劉鉉 詩易會參 佚

◎康熙《安慶府志》卷十九《文學傳》、民國《太湖縣志》卷十九《人物
志》一：著有《天文明解》《詩易會參》《四書會參》。

◎劉鉉，安徽太湖人。廩膳生。好學深思，博通經史。

劉豢龍 周易過庭輯略 四卷 佚

◎光緒《江西通志》卷九十九《藝文略》一《國朝》：《周易過庭輯略》四
卷，劉豢龍撰（《都昌縣志》）。

◎劉豢龍，字輿仲。江西都昌人。

劉潢 參訂周易本義引蒙 佚

◎孫葆田《山東通志》卷百二十七《藝文志》第十：《榆園雜錄》云著有
是書，然未見傳本。

◎劉潢，字季水。山東濰縣（今濰坊）人。康熙辛酉舉人。

劉輝世 易經註解 佚

◎同治《重修嘉魚縣志》卷之五《人物志》第八：著有《易經註解》《天
祿閣制藝草》待梓。

◎劉輝世，字玉岡。湖北嘉魚人。嘉慶歲貢，選舉孝廉方正。

劉節 重卦卦辭新義的嘗試 一卷 存

武漢藏民國手稿本

◎是書以為歷代治易者眾說紛紜，愈談愈玄，愈晚愈繁。然古之先民本無如此繁復哲學觀，作易者乃一氏族領袖，卦辭乃氏族遊牧、漁獵生活之寫照，依重卦次序排列編次，「是一部史前的最早史綱」，故據卦辭之文字本義別作新解以釋卦名。

◎劉節（1901～1977），字子植。浙江永嘉人。1926 年畢業於上海國民大學哲學系，同年入清華大學國學研究院，從梁啟超、王國維、陳寅恪諸先生研習。1928 年畢業至南開大學任講師，1930 年任河南大學文學院教授。曾任北平圖書館編纂委員會金石部主任。1935 年以後歷任燕京大學、上海大夏大學、重慶中央大學、成都金陵大學、廣州中山大學執教。又著有《洪範疏證》《呂氏春秋補注》《管子中所見之宋鈃一派學說》《古史考存》《歷史論》《中國古代宗族移殖史論》等。

劉金組 易經闡題 佚

◎光緒《分水縣志》卷八《人物志》：著有《易經闡題》行世。

◎光緒《分水縣志》卷九《藝文志》：《易經闡題》，（國朝）劉金組箸。

◎光緒《嚴州府志》卷十九：著有《易經闡題》及《生生原》《四書文》行世。

◎劉金組，字鳳彥。浙江分水（今桐廬）人。雍正十年（1732）府學歲貢，舉孝廉方正。

劉錦標 孔子十傳集注 一卷 存

國圖藏 1930 年北平文嵐簃古宋印書局鉛印易理中正論附本

山東藏 1930 年瀋陽關東印書館重印易理中正論附本

臺灣文聽閣圖書有限公司 2009 年林慶彰主編民國時期經學叢書本

◎目錄：彖上傳、彖下傳、象上傳、象下傳、繫辭上傳、繫辭下傳、文言傳、說卦傳、序卦傳、雜卦傳。

◎《震宗報月刊》1938 年第 4 卷第 5～6 期：劉錦標先生，為吾教富有學識之人物，曾著有《克蘭經選本譯箋注》《易理中正論》及《說中》《天道人道》等書，曾已風行一時，不脛而走。

◎劉錦標，原籍河北安國縣，以其先德司鐸奉天，故隨遷瀋陽。劉煥章

子。1938 年創設中國回教總聯合會。

劉錦標 易理中正論 二卷 存

國圖藏 1930 年北平文嵐簃古宋印書局鉛印本

山東藏 1930 年瀋陽關東印書館重印本

臺灣文聽閣圖書有限公司 2009 年林慶彰主編民國時期經學叢書本

◎目錄：引言。第一篇總論：第一章易之意義，第二章卦之構成：第一節原卦、第二節卦名、第三節彖辭，第三章爻：第一節九六釋、第二節爻位、第三節爻辭、第四節比應、第五節中正，第四章研究易理所應注意者：第一節宜先明卦畫、第二節環境時間陰陽三者之關係、第三節爻位圖解、第四節八卦之性象、第五節卦變宜明、第六節易理縱貫萬古不受時代影響、第七節乾坤二卦不同於各卦。第二篇上經各卦分論：乾論、坤論、屯論、蒙論、需論、訟論、師論、比論、小畜論、履論、泰論、否論、同人論、大有論、謙論、豫論、隨論、蠱論、臨論、觀論、噬嗑論、賁論、剝論、復論、無妄論、大畜論、頤論、大過論、坎論、離論。第三篇下經各卦分論：咸論、恒論、遯論、大壯論、晉論、明夷論、家人論、睽論、蹇論、解論、損論、益論、夬論、姤論、萃論、升論、困論、井論、革論、鼎論、震論、艮論、漸論、歸妹經、豐論、旅論、巽論、兌論、渙論、節論、中孚論、小過論、既濟論、未濟論、第四篇結論。附錄《孔子十傳集注》。

◎蔡元培復劉錦標函（1931 年 6 月 3 日）〔註42〕：錦標先生大鑒：接讀手教，並大著《易理中正論》，知研幾玄覽，時有所會。披讀一過，殊深欽佩。專此奉復，並鳴謝悃。諸希察照。順頌著祺。蔡元培敬啟六月三日。（據蔡元培書信抄留底稿）

◎周按：共計四篇，論述易之意義、卦之構成、爻之含義，易與人生及中國文化之關係，據《易傳》論述六十四卦卦義。

劉敬亭 周易探微 八卷 佚

◎民國《壽光縣志・撰述目錄》本傳：喜讀《周易》，本來知德《講義》，參以《考證》，著《周易探微》八卷。

◎民國《壽光縣志・撰述目錄》無卷數。

〔註42〕高平叔、王世儒編注《蔡元培書信集》下，2000 年。

◎劉敬亭，字名山。山東壽光人。諸生。尤精於韻學。年八十餘卒。

劉濚 周易會通 十四卷 存

廣東藏稿本

◎卷首有道光十九年（1839）周日新序及自序。

◎光緒重修《香山縣志》卷二十一藝文：《周易會通》八卷（國朝劉濚撰。採訪冊），自序略曰：《周易》一書，義諦深遠，非他經可比。授徒之暇，閱李安溪先生《觀彖》一註，喜其博而能約、簡而易明，於是併其所著《通論》《總綱》及諸儒之說輯而編之，務使章明句解，意義條貫，而又一一以御纂《折中》《述義》二書為歸宿，俾學者知所趨向焉。名曰《會通》者，亦取所謂會眾壑以歸滄海之意云爾，非敢謂愚之學果能會而通之也。

◎周按：是書以御纂《折中》《述義》卷帙浩繁，初學難於卒業，遂採李光地《通論》《總綱》二書及諸儒之說編輯之。或取其全文，或錄其一節，或攝其數語，一歸於程朱。

◎劉濚，字文泉。廣東香山人。康熙五十四年（1715）膺鄉薦，以授徒為業。嘉道間與修《廣東通志》《香山縣志》。

劉開 周易緒言 二卷 佚

◎道光《續修桐城縣志》卷第二十一《藝文志》：《周易緒言》二卷（劉開撰）。

◎劉聲木《桐城文學撰述考》卷二「劉開撰述」：《周易緒言》二卷、《論語補注》三卷、《大學正旨》二卷、《皖齋問答》一卷、《中庸本義》三卷、《鑒物編》一卷、《孟子廣釋》一卷、《廣列女傳》二十卷、《桐城列女志》四卷、《孔城劉氏族譜》、《安陽縣志》、《亳州志》四十三卷、《素雲曲》單本、《歷代詩選節本》一卷、《傳注家》□卷、《詩經補傳》二卷。

◎劉開，字明東，一字孟塗。安徽桐城人。縣學生。年十四，姚鼐奇賞之，以為他日當以古文名家，望溪、海峯之墜緒賴以復振。年四十一，以疾卒。

劉孔懷 古易序說 佚

◎嘉慶《長山縣志》卷八《人物志》二、道光《濟南府志》卷五十五《人物》十一：所著有《四書字徵》、《范文正公流寓考》行於世，有《詩經辯韻》

《古易序說》《校正儀禮句讀》《禪服辯》《韓文辨韻》《呂氏鄉約》藏於家。

　　◎孫葆田《山東通志》卷百二十七《藝文志》第十：是書見《縣志》。

　　◎劉孔懷，字友生，號果庵，私諡文正。山東長山（今鄒平）人。劉孔中弟。順治十一年（1654）拔貢。隱居嗜學，精於考據訓詁，尤精於六書。與張爾岐善，為書《蒿菴文集》題語。又與顧炎武辯析疑義，切磋學問。又著有《詩經辯韻》、《四書字徵》、《五經字徵》。

劉紱　河圖洛書解　佚

　　◎乾隆《再續華州志》卷十二《雜志・藝文》：《河圖洛書解》（慶陽教授劉紱著）。

　　◎劉紱，陝西華州人。

劉蘭秀　劉氏周易講義五種　不分卷　存

　　山東藏稿本

　　◎子目：周易注不分卷。周易圖說象解不分卷。易圖續說不分卷。易卦全圖不分卷。易敘不分卷。

　　◎《山東圖書館館藏易學書目》：《善本書目》作「劉子周易注八種」，不確。

　　◎劉蘭秀，字芳馨。山東樂陵人。諸生。

劉蘭秀　劉子周易注八種　不分卷　存

　　山東藏稿本

　　◎子目：周易圖說象解、易敘、周易上經、周易下經、象彖上下傳、繫辭上下文言說序雜卦傳、易卦全圖、易圖續說。

劉蘭秀　一二三四五六七八九十解　不分卷　存

　　山東藏劉氏周易講義清稿本

劉蘭秀　易卦全圖　不分卷　存

　　山東藏劉氏周易講義本（稿本）

劉蘭秀　易圖續說　不分卷　存

　　山東藏劉氏周易講義本（稿本）

劉蘭秀　易敘　不分卷　存

山東藏劉氏周易講義本（稿本）

劉蘭秀　周易圖說象解　六卷　存

山東藏劉氏周易講義本（稿本。不分卷）

◎咸豐《武定府志》卷二十五《人物志》：生平精於易學，玩索六十餘年，深有會悟，著《周易圖說象解》六卷，並卦圖六幅。何仙槎尚書稱贊不置，謂其後必傳。又著《易學源流得失》一敘，非淹貫理數者未能窺各家之醇疵也，今雖未梓行，而終不可以湮沒。

◎孫葆田《山東通志》卷百二十七《藝文志》第十：《府志》載是書，又載有卦圖六幅、《易學源流得失敘》一篇，謂其書雖未梓行，而其書終不可以湮沒。

劉蘭秀　周易注　不分卷　存

山東藏劉氏周易講義本（稿本）

劉連登　易經圖　佚

◎孫葆田《山東通志》卷百二十七《藝文志》第十：劉連登撰。

◎劉連登，字獻璧。山東范縣人。諸生。

劉麟昭　易解　數十卷　佚

◎同治《金谿縣志》卷二十六《人物志》：著《易解》數十卷傳為家訓。

◎光緒《江西通志》卷九十九《藝文略》一《國朝》：《易解》，劉麟昭撰（《貴溪縣志》）。

◎劉麟昭，字公振。江西金溪流源人。康熙十一年（1672）舉人。

劉掄升　濰上易　二卷　佚

◎民國《濰縣志稿》卷三十七《藝文》：劉掄升《濰上易》二卷、《濰上詩》三卷、《濰上詞》一卷。

◎民國《濰縣志稿》卷三十《人物·文學》：有《濰上易》，縣人王壽彭提學湖北，為刻之，未幾卒於武昌辛亥革命，書甫裝校完成，因之散佚不傳。

◎劉掄升，字子秀。山東濰縣（今濰坊）人。少學詩於膠州柯蘅、李長霞夫婦，得其心傳。光緒癸巳舉人。與盛昱、王懿榮相唱和。

劉銘彝 易經句解 佚

◎民國《長清縣志·邑人著述》著錄。

◎劉銘彝，山東長清人。廩生。又著有《書經句解》《詩經課講》《四書課講》。

劉銘彝 周易課講日箋 不分卷 存

濟南藏鈔本

◎《長清縣志·邑人著述》作《易經課講》。

劉鳴珂 易圖疏義 四卷 存

康熙刻本

◎四庫提要：是書因《周易啟蒙·本圖書／原卦畫》二篇之說而疏通其義。其稍有異同者，《大傳》「河出圖，洛出書，聖人則之」，謂聖人兼指羲、文，非專云伏羲；至「則之」之義既取邵子加一倍法，則如朱子之說可自六十四而加之以至無窮矣；乃復謂六十四卦之畫限以六位為三才之義；又不知乾一兌二之數出於小橫圖，而以為邵子逐爻漸生之說與之天然吻合。皆未免彌生繳繞。其解「易逆數也」，謂自震一陽歷離、兌二陽至乾三陽，左旋而順；自兌一陰歷坎、艮二陰至坤三陰，左旋而逆。以乾一兌二之序推之，則陽進陰退皆為逆數，則較邵、朱之說頗為貫穿。然亦易外之旁義。至於本來知德之說，以羲易為錯、文易為綜，益強生區別矣。

◎《皇朝通志》卷一百十四《圖譜略》二：是書因《周易啟蒙·本圖書／原卦畫》二篇之說而疏通其義。

◎劉鳴珂，字伯容。陝西蒲城人。庠生。性孝友，好讀書，家貧刻苦自修。

劉磬漸 易學啟蒙會纂 佚

◎光緒《江西通志》卷九十九《藝文略》一《國朝》：《易學啟蒙會纂》《周易或問圖解》，劉磬漸撰（《廬陵縣志》）。

◎民國《吉安縣志》卷三十六《人物志》：學問精研，撰有《補正洪範皇極數》《易學啟蒙會纂》《周易或問圖解》。

◎《江西古今書目》著錄作《易學啟蒙會集》。

◎劉磬漸，江西吉安栗塘譙樓人。

劉磬漸 周易或問圖解 佚

◎光緒《江西通志》卷九十九《藝文略》一：《易學啟蒙會纂》《周易或問圖解》，劉磬漸撰。

劉祈穀 增訂周易本義補 四卷 圖說 一卷 存

國圖、山東、湖北、山東藏康熙三十七年（1698）揚州同文堂刻本

國圖、中科院、華東師大（清焦循批校）、南京藏康熙崔集堂刻本

上圖藏康熙維揚近思堂刻本

上海藏康熙間二酉堂刻本（佚名批點）

南京藏鈔本（佚名校）

四庫未收書輯刊影印康熙崔集堂刻本

◎蘇了心（文韓）原撰。

◎一名《增訂蘇了心周易本義補》。

◎周易本義補原序：《易》歷四聖而書始成，天地鬼神之奧犁然悉備於其中，詎易窺測？迨漢儒則註疏而傳，第四部繁而八索之淵源遂往，九師作而十翼之壼奧靡聞，剖玄抽秘，昌羽翼道真而大有功於羲、文、周、孔者，蓋無踰于朱子《本義》。奉化成君矩鑴《本義》行於世，其嘉惠後學之盛心可尚也。顧《本義》唔辟簡繪，理趣微渺，輓近士各擴底韞，而喋喋爭鳴者比肩接踵，總之，彌近是而大亂真。某慨之，竊不自揣鄙劣，按《本義》而為之補。辟如以管窺天、以蠡測海、以筳撞鍾，迹若佪迋，然實非妄增謬說也。得其義而曲暢通之，以我會意，不以意泥，謂將天地鬼神盈虛消息之理直精神會之矣。斯集也，詳而有要，簡而逼真，總歸於奧義之中，令四聖崛起當年玄解，寧有超此筌蹄？外語曰：玄黃黼黻，貴人服之，天下華貴人之衣；駃騠驊騮，貴人乘之，天下美貴人之馬。夫物有然，而況易乎？故玄詞奧義，上聖吐之，世世崇聖人之教。吁！此《本義》之有補于名教也。學易者宜日置諸座右可也。蘇了心敘。

◎劉祈穀序：丁丑春，余讀書宿雲書屋，田子商臣從余遊。余不揣其固陋，凡有所請，必盡告之然後已。一日其尊公海若謂余曰：「余家世治易，而《易》之為書也，其旨奧，其義精，常有展卷朗然、掩卷茫然之患，必合講讀為一書，幼而習其詞，長而通其義，庶乎有功後學也。」乃取了心先生《本義補》屬余增訂之。余曰：「惡，是何言也。了心先生一書，風行海內。余方誦習其書，而何敢妄有增訂為？」然余揣海若之意，蓋謂了心先生之書有講之

未詳者，且有講之極精當而與制舉未合者，增訂之說所由來也。余思《易》也者言理與數之書也，上而天地鬼神之秘，下而斯民日用之故，莫不備載以俟用之者之神明變通耳。諸家之講究不一，其說有以理而該數者，有以數而該理者，紛紛不一，各有所見。而闈中取士，不用諸書而用《本義》，蓋《本義》者言顯而理明，而了心先生則取《本義》而補之，所以代朱子而宣其義者也，而大約取之乎《衷旨》，間參以《蒙引》，此補之之義也。余非不善其書，而其講之仍有未備者，則又代了心先生更之，凡以為塌屋之利器云爾，豈敢妄於古人之書有所增訂也哉？矧聖朝取士，易則專尚《本義》，而以《衷旨》為一定之解。余則於了心之書刪其不合《衷旨》者，增其未達乎《衷旨》者，則了心之書有功於《本義》，並有功於《衷旨》。而余之增之改之者，亦竊附於《本義》《衷旨》、了心《易補》之後也。俾世之習舉子業者，各攜一編，開卷而朗然者，掩卷而不至於茫然，少之所讀者於斯，長之所講者即於斯也，讀與講合為一書，事半而功倍，豈不快哉？敢以是書為登高行遠之一助也。康熙戊寅初夏，洮村劉祈穀俶載氏書於傳經樓。

◎乾隆《江都縣志》卷二十三《人物》：至老窮經不倦，於五經皆有箋註，手自編摩，期以津逮後學，有《周易本義補》鏤行於世。

◎乾隆《江都縣志》卷三十《經籍》：《周易補註》，國朝文學江都劉祈穀著。

◎光緒《江西通志》卷九十九《藝文略》一：《周易本義補》，劉弋蘇撰（《豐城縣志》）。

◎光緒《增修甘泉縣志》卷二十三《經籍志》：劉祈穀《周易補註》。

◎吳承仕《吳檢齋遺書・檢齋讀書提要》於此書有所批評。如謂此書略依坊間通行本，非依朱子所定上下經十翼之次；抄撮原注，頗有增損。

◎劉祈穀，字俶載。其先居陝之蘭州，後徙江蘇甘泉（今揚州）。代以儒顯，多有致科第者。祈穀幼負神童之譽，年十五即受知學使張能鱗，攻苦力學，舉場屢得而屢失之，其數奇也。

劉淇 周易通說 不分卷 佚

◎《清史稿・文苑》、盧承琰《助字辨略序》著錄。

◎孫葆田《山東通志》卷百二十七《藝文志》第十：是書見《州志》。

◎錢泰吉《甘泉鄉人稿》卷七《曝書雜記》上「劉氏淇《助字辨略》」：其

書刊於康熙五十年，海城盧承琰撰序謂所著尚有《周易通說》《禹貢說》若干卷，謹檢《四庫總目》俱未著錄，則劉君所著鮮傳本矣。

◎劉淇，字武仲、衛園、龍田，號清泉、南泉。河南確山人，寓居山東濟寧。康熙諸生。又著有《禹貢說》、《堂邑縣志》等書。

劉琦正 易經附義 四卷 存

山西藏稿本（二卷）

山西藏道光二十九年（1849）程汝鴻鈔本（二卷。圖說一卷）

天津藏清鈔本

◎周按：此書較《本義》增補五圖，於朱子未盡之旨多所發明。

◎劉琦正，字待聘。山西渾源人。究心經學，尤精於易。又著有《韻法入門》（或題《韻學入門》）。

劉謙 牧亭易解 十二卷 圖說一卷 存

臺灣藏傳鈔本

◎同治《新建縣志》卷之九十五《藝文》：劉謙《牧亭易解》。

◎同治《南昌府志》卷六十二《藝文》：劉謙（《牧亭易解》。《縣志》）。

◎光緒《江西通志》卷九十九《藝文略》一：《牧亭易解》，劉謙撰（《新建縣志》）。

劉青藜 周易詳解 佚

◎民國《遼陽縣志》二編《人物・文學》：工詩能文，尤深研易學，著有《周易詳解》，大旨主穆修之先天圖，推衍六十四卦錯綜參伍之說，暨吉凶悔吝天人相應之理。解說詳明，惜未付梓。原稿及《詩草》並因光緒三十年日俄之役燬於兵燹。

◎劉青藜，字乙蓮。遼寧遼陽城西南方家屯人。道光歲貢生。候選訓導，家居不仕，教授生徒。

劉銓錄 易經直解 佚

◎道光《章邱縣志》卷十三《藝文志》：《易經直解》，劉銓錄著。

◎光緒《濟南府志》卷六十四《經籍》：《易經直解》，章邱人劉銓錄撰。

◎孫葆田《山東通志》卷百二十七《藝文志》第十：是書見《縣志》。

◎劉銓錄，山東章邱人。雍正七年拔貢。

劉森 易訂 佚

◎同治《永新縣志》：《易訂》，劉森撰（見乾隆志）。

◎光緒《江西通志》卷九十九《藝文略》一《國朝》：《易訂》，劉森撰（《永新縣志》）。

◎劉森（1654～1730），字一棣。江西永新人。又著有《四書訂》。

劉善群 易學真諦 十一卷 首一卷 存

四川藏 1948 年四川劉善群成都刻本

劉紹攽 周易觀象 二卷 存

乾隆十二年（1747）劉紹攽稿本

◎徐鼎一《跋清乾隆十二年劉紹攽稿本〈周易觀象二卷〉後》：然上卷缺咸、恒、遯、大壯、晉、明夷、家人、睽、蹇、解、損、益、夬、姤、萃、升、困、井、革、鼎共二十卦，當另有中冊。

◎劉氏《周易觀象・凡例》云：「易之所重，辭、象、變、占。近世如《周易折中》《周易觀象》《周易通論》，所以玩辭者無遺蘊矣。惟略於言象，故余是編，專主觀象，期於羽翼《觀象》諸書。」其書主於言象，六十四卦皆舉象而考之。又云：「此書專以明象，凡十翼之無關於象者概不復舉。」

◎劉紹攽，字繼貢，號九畹。陝西三原人。雍正十三（1735）年拔貢。舉博學鴻詞，授什邡知縣。調南充縣巡撫，保舉御史，又轉陽曲，以病告歸，主蘭山書院。工詩古文，博通經史，喜講古韻及方程勾股。又著有《春秋通論》、《經餘集》六卷、《二南遺音》四卷續集一卷、《學韻紀要》、《衛道編》二卷、《皇極經世書發明》十二卷、《九畹古文》十卷、《九畹續集》二卷、《握奇經訂本》、《三原縣志》十八卷首一卷等。

劉紹攽 周易詳說 十八卷 存

國圖藏朱格鈔本

國圖、北大、中科院藏乾隆三原劉毓英傳經堂刻本

光緒刻清麓叢書・外編本

四庫存目叢書影印乾隆刻本

續四庫影印乾隆劉氏傳經堂刻本

◎目錄：卷一論漢晉說易、論王輔嗣說易、論宋儒說易、論觀象、互象、變象、覆象、大象、論玩辭、論觀變、論玩占、論《本義》九圖。卷二論《本義》。卷三至卷十五解經傳文。卷十六至十七左氏筮法。卷十八卜筮附論、附論卜法。

◎周長發序：《易》之為書，廣大悉備。程子傳序曰：「至微者理也，至著者象也。體用一源，顯徵無間。觀會通以行其典禮，則辭无所不備。」斯已盡乎易之蘊矣。朱子易序曰：「先天下而開其物，後天下而成其務，是故極其數以定天下之象，著其象以定天下之吉凶。」斯又盡乎易之用矣。間嘗考崑山徐氏《經解》、秀水朱氏《經義考》，自漢以來如孔安國、鄭康成、王輔嗣、孔仲達，凡註易者約數百家，主數主理，言人人殊。至宋程朱二子始闡發無遺，承學之士皆灼然於陰陽奇耦卦爻象象之義，而並知其用。繼其傳者，安溪李文貞公為獨得其精粹，非余一人之私言也。三原劉君九畹，窮經續學士也。以選拔膺詞科，辟召不遇，出宰四川什祁，調南充，皆易直子諒。是時舉陽馬，君名亦在薦剡中。既居憂服闋，當事再以經舉薦，仍未得當。以君貫穿該洽，海內知與不知，交口推為說經祭酒，列薦牘至再且三，亦可謂闇然日章者矣。有其遇而終未之遇，君方處之泊如，鍵戶丹鉛，日無虛晷，而進退消長窮通得喪之旨，無不究其理兼通其數，可不謂深於易者乎？乾隆甲戌夏，余掌教鍾山，晤鳳陽太守芝庭項先生，手出君所纂《易說》索余言弁簡端。余素不解易，何能為役？然項先生生為君官蜀時僚友，心相契。而項與余復稱舊好，余不敢辭，曰受而卒讀焉。知君於承承比應之外，深探淵微，本乎《程傳》之論理，復究乎朱子《本義》之論數，舉凡河洛律呂以及納甲筮法，無不窮厥根柢，入其奧窔，而《左傳》諸書所引《周易》，疏通證明，瞭如指掌。安溪而外，得是說也，可以為羽翼矣。君所註有《書經詳說》，所作有《九畹詩古文集》余未及見，見之者自能序之。會稽學弟周長發拜手。

◎項樟敘〔註43〕：余友三原劉君九畹以所著《周易詳說》一編問序於余。

〔註43〕又見於項樟《玉山文鈔》卷一，附許陶村評曰：「曲邨著書者之意，而於易理四通八達，洞悉言之。惜不與王輔嗣諸人上下其議論也。」又附吳山夫評曰：「歐陽公云：『易理無盡，以象談易，占筮者之事也；以數談易，推算者之事；以理談易，學士大夫之事也，皆不可不兼也。』劉君之書，實本此立論。序文詳盡，能推明作者之意，以合古人作易之旨，直使虞翻、崔憬、伯陽、郎顗諸家，無處置喙。」

余展閱再四，喟然歎曰：博而精，詳而核，總括百氏，辨析微芒，此四聖之功臣而易學之全書也。惟余學識淺薄，不足以貫串註疏家言，奚克攬易道之全以推明九畹著述之意？顧即其自言者而論之。其一以為易之難明，以漢宋之異說。漢儒主數，宋儒主理。宗漢則孔子作翼多闡性命精微，程朱之說實有以探聖道之大原，而不可易；宗宋則伏羲畫卦專陳天道法象，孔子亦曰：「易者象也。」《繫辭》《說卦》曲暢著筮象數之義，而焦、京、管、郭往往神驗，二者惑焉。其一以為學易在先明卜筮。易言陰陽，卜言五行，而先天之傳則為《參同》《悟真》之秘。自漢人混卜於筮，朱子又以康節諸圖為出於伏羲，而儒者失之。《啟蒙》之作，求爻斷占諸泫又未能盡合於《左氏》之卦案，學者滋疑。夫理外無數，數外無理。離理而言數，非數也；離數而言理，非理也；知理數之合一而不能析理數中支絡者，亦非理數也。辨別卜筮，合符《左氏》，本程朱之精蘊，集諸儒之大成。合漢宋理數於一家，統象辭占變於一貫，而易盡之矣。故其為書首論歷代註疏之得失及象辭占變、《本義》九圖之旨趣以遡其源。次彙全易中各家句讀解釋之，同異而折衷己意以析其疑。然後致力於上下兩經、十翼之文，象採眾說而闢其支，理宗閩洛而闡其蘊，旁搜曲引，融會貫通以暢其義。繼乃編纂《左氏》及歷代筮泫，詳註極論以致其用。而後附以納甲、納音、五行、飛伏、易林、卦氣、龜卜、錢卜之法，使人曉然於諸術之無關於易，以清其緒而後終焉。十八卷中，天地名物之象昭，身心性命之理著，存誠主敬之體立，知來藏往之用行，辨而不支，括而不遺，其識精，其學粹。太史公曰：「易以道陰陽」，《經解》曰：「潔淨精微，易教也」，九畹之言，其契於太史公之言而潔淨精微者乎？以之脩身則寡過，以之行政則化成，以之應事接物彰往察來則靡所投而不中，豈特為經生呫嗶之具云爾哉。憶昔與君同官西蜀，雅慕清才博學，於書靡所不究。既從讀其詩古文辭，相別僅數稔，而闡發精粹，復得窺其經術如此。雖君屢膺鴻博、陽馬薦未之得當，而羽翼經傳厥功甚鉅，海內人士莫不交相推尊。方今天下治平，聖天子敦崇文學，知君必有所遇，以應側席之求，當不僅以循吏著聲已也。淮陰同學弟項樟拜撰。

◎周易詳說自序：易所以難明者，漢儒主數，宋儒主理，學者既從漢，則孔子贊易多以理言，而程朱之說且有以契乎天人性命之原；從宋則孔子曰：「易者象也。」宋儒既畧于象，朱子又以為卜筮之書，《啟蒙》所載求爻斷占之法，按之《春秋內外傳》亦有不相合，而焦、京、管、郭驗如影響，以是交

戰，互相訾謷。崑山徐氏刊有《經解》，宋元略備。紫巖、漢上採掇納甲、五行之緒以相補苴，餘雖各有發明，究未悉其會歸。近日所宗來矣鮮之錯綜，襲唐孔氏非覆即編之旨，而其取象亦未盡出自然。《折中》《觀象》《通論》諸書，博極能精，誠四聖之功臣，而後學一間未達，故略于言象。《仲氏易》專祖李鼎祚《集解》，象占一道，多所貫通；根極理要，是所闕焉。恕谷《傳註》闡《仲氏易》之緒，而終不免支離之失。可亭《傳義合參》每有心得，而偏言卦變。謝氏《易在》善言爻象，而過於儉約，且其釋爻不順初二三四五上之序，則亦瑕不可掩。讀者握其全得其分，斯善矣。何以全合？漢宋而一之，宋說具在，欲通漢學，非講明卜筮、上溯《左氏》卦案不合也。何以分？漢儒多本京氏，京學在《火珠林》，皆占卜之法，無與于筮，又何與于易義乎？此處既明，則險阻皆成坦途。然後本之程朱，參之諸儒，寡過以立體，知來以致用，辭象變占粲然明白，漢宋異論統歸一致，易道無岐趨無遺蘊矣。題曰《詳說》，孟子反約之意也。乾隆十有三年冬十一月長至後五日，九畹劉紹攽書于成都官舍。

　　◎四庫提要（題十九卷）：是書大旨以《程傳》為宗，與《本義》頗有同異，於邵子先天之說亦不謂盡然，不為無見。惟於漢儒舊訓掊擊過當，頗近於愎。其議論縱橫亦大抵隨文生義，故往往自相矛盾。如卷首論玩辭一條駁諸儒之失曰甚，有釋傳與《象傳》不合，釋象與爻不合，無以自解則藉口有伏羲之易、有文周之易、有孔子之易云云；至開卷元亨利貞一條，又主大通而利正固之說，謂王弼泥於穆姜之言，以元亨利貞為四德，後多宗之，殊不知文王有文王之易，孔子有孔子之易，《彖辭》、《象傳》不相牽合者甚多云云，是二說者使後人何所從乎？

　　◎柯劭忞：皆能化門戶之成見，非墨守一先生之說者所及。

劉紹淳　易疏　佚

　　◎道光《阜陽縣志》卷十二《人物志》二《文苑》：著有《四書／易疏》及《梅溪詩》。

　　◎劉紹淳，字躋芳。安徽阜陽人。諸生。穎悟強記，閉戶讀書，吟嘯自得。

劉士基　易經講義　佚

　　◎光緒《江西通志》卷九十九《藝文略》一《國朝》：《易經講義》，劉士基撰（《袁州府志》）。

◎劉士基，字子開。江西袁州府（今宜春袁州區）人。著有《易經講義》。

劉世讜 周易本義考 一卷 存

內蒙古自治區藏同治四年（1865）金陵書局刻本

光緒刻西京清麓叢書本

光緒刻劉氏傳經堂叢書本

上海、南京、湖北、天津藏光緒十九年（1893）江南書局重刻本

山東藏 1937 年上海商務印書館叢書集成初編據金華叢書本鉛印本

◎雷夢水《販書偶記續編》著錄乾隆三十三年（1768）獲古堂刻本。

◎劉世讜，字步辛，號餘齋。江蘇寶應人。劉家昇子。乾隆三十六年舉人。以外孫朱士彥貤贈內閣學士，兼禮部侍郎加一級。

劉世衢 洪範皇極補 六卷 佚

◎自序〔註44〕：自圖書發兩間之秘，而道原以開，聖人於是則之以畫卦敘疇。卦以象、疇以數，無異理亦無異用。顧《易》之為書，羲、文、周、孔遞衍而成，凡所以昭天理、示民彝、該物則，為君子謀者，燦然具備矣。至於範錫於神，禹訪於箕子，九疇之次，列在《周書》，而其數弗傳，以故彰往察來、微顯闡幽不若易象之著，豈非至道之精，待人而數乎？有宋大儒輩出，理學聿興。九峯蔡氏經考亭之親授，衍西山之家學，作為《皇極內篇》，列以八十一圖。倣象衍數，因數觀理。若《太元》之八十一首、《經世》之一十六變、《洞極》之二十七象、《潛虛》之五十五行，補湊牽合，舉莫之及焉。蓋是數也，始之於一，推而愈極，屈信消長，如環無端，盡天地行生之妙，統古今事物之繁。帝王以之為傳授，聖賢以之為開繼，百姓以之而利其日用。其旨近而遠，其言簡而通，其道廣大而悉備。昔人直謂與三聖之易同功，良不誣也。析其釋義未全，歷今五百餘歲，罔由發明，抑亦至道之極，待時而行耳。比居山中，撿及原本，反覆尋玩，少有所契，不揣愚蒙，竊取其意而補輯之，以質於世之君子，或免守闕抱殘之憾。乃若洩造化之蘊奧、會道法之精微、續儒先之緒言、扶弈禩之世教，必有其人，深究卦疇一理、象數同用，起任修明之責，使是書與大易並垂，願從而受學焉。

〔註44〕錄自同治《永新縣志》卷二十一《藝文志》。

◎四庫提要：是書成於康熙甲子，以蔡沈《洪範數》為未竟之書，謝無
梫之注釋亦未詳備，因補《圖數釋》二篇、《序數釋》三篇、《對數釋》一篇，
蒙數原本闕《疇傳》、豫數原本闕注釋，皆一一補之，又補繫九小數詞。凡書
中低一格者，皆世衢所續也。書本四卷，別以凡例、雜論、原序、各圖數總名
為一卷冠於首，又以五行等十二圖及其弟世履所作《五六天地之中合賦》一
篇為一卷附於末。

◎同治《永新縣志》卷二十一《藝文志》：《洪範皇極補》六卷，劉世衢撰
（見《四庫全書總目》）。

◎劉世衢，字何甫。江西永新人。又著有《邇言》二卷、《滿香齋文集》。

劉世瑞 講易要旨 佚

◎光緒《江西通志》卷九十九《藝文略》一：《周易會纂》《講易要旨》，
劉世瑞撰。

◎劉世瑞，字紹嵋。江西永豐人。貢生。選授江西上高訓導，未赴任而
病卒。又著有《墨耕堂遺稿》等。

劉世瑞 周易會纂 佚

◎光緒《江西通志》卷九十九《藝文略》一：《周易會纂》《講易要旨》，
劉世瑞撰。

劉首昂 易經臆解 佚

◎劉首昂（1622～1688），字闓客。江西安福三舍人。劉寶珩子。循例捐
歲貢生終。又著有《諏巖兵陣圖法》六卷、《古忠臣言行錄》、《諏巖集》。

劉首昂 周易講義 佚

◎光緒《江西通志》卷九十九《藝文略》一：《周易講義》，劉首昂撰（《吉
安府志》）。

◎民國《吉安縣志》卷三十五《人物志‧儒林》：力學通諸經，尤長於易，
著《周易講義》及詩文等集。

劉壽康 易義備考 五卷 圖說一卷 存

稿本

傳鈔本

◎劉壽康，湖南寧鄉人。廩貢。中書科中書銜，光緒六年特授耒陽訓導。

劉壽康 周易象義備考 存

國圖藏清鈔本

劉書孝 易象解頤 四卷 存

河南大學藏光緒元年（1875）刻本

劉思白 周易話解 四卷 存

國圖、山東藏 1935 年天津直隸書局鉛印本

臺灣弘道文化事業有限公司 1977 年排印本

臺灣博元出版社 1978 年排印本

臺灣天龍出版社 1981 年排印本

臺灣文聽閣圖書有限公司 2009 年林慶彰主編民國時期經學叢書本

上海三聯書店 2015 年龍若飛校點本

◎點校本目錄：緒言，概略，凡例，卷一上經乾至蠱，卷二上經臨至離，卷三下經咸至井，卷四下經革至未濟，卷五易傳：繫辭上傳、繫辭下傳、文言傳、說卦傳、序卦傳、雜卦傳，附錄。

◎凡例：

一、《周易》益人，遠勝他經，即偶值一時一地，均有相當的指教，然人若不解，益便無從而得，故特創為《話解》，為淺近的解釋，前後務期貫徹，程度在高小（按：六年級）以上的，就能瞭解而受益。是為編者本旨。

二、本《話解》正文次第，概依朱子《本義》舊例。

三、本《話解》採用先儒注釋的意旨，概不注先儒姓名，此非掠美，係因《話解》務在貫徹，即數句中，每至引用數家，注不勝注，是以不注。

四、原書中所有錯誤處，凡經先儒認定必須改正增刪的，如《文言傳》「九四重剛而不中」係多一重字，《話解》即直書「剛而不中」，不再寫重字，坤卦象曰「履霜堅冰」，應作「初六履霜」，《話解》即直書「初六履霜」，不再寫「履霜堅冰」，直捷了當，後依此例。

五、易書本係理數並重，恐學者多好奇異，或偏信數，故於六十四卦所有吉凶悔吝咎厲等字樣，概作立身行事當與不當的結果，均不以占斷論，即

聖人也懼學者程度不夠，若偏信數，必至誤事。故於六十四卦也不侈談占筮，至《繫辭傳》，聖人才有尚占、占事知來、幽贊神明而生著等說辭。是因學者，此時已深明易理，才敢談及易數，然星系言數，卻總不離乎理，可見理數純為實學，不可偏重，也不可偏廢。本《話解》故將著占、骰占兩法列後，希望學者先研易理，繼研易數，守經達權，洞明趨避，自能漸至可以無大過的地步了。

◎序：易學精微，天人貫焉。是作析繁抉隱，簡而賅，深而顯，博涉而約舉，後進之津梁也。文中子謂「易也者，聖人用以乘時」，茲所謂《話解》者，固亦乘時之作，而導揚聖譯，功在經苑矣。劉君思白出此見示，為識數語。乙亥秋日，水竹邨人。

◎序：易書廣大，讀者偏希，夷考其因，大抵有二。一在於先儒注釋，文言深奧，且對於河洛圖書、太極儀象及大衍占筮等學說，其講演愈益神奇而不易研求，後學不解，於是乎厭心生，而學遂輟。二在於門戶雜出，如道釋儒術各派別，互相駁詰，注釋紛歧，莫衷一是，學者以無所適從，遂竟束而置之不問。有此兩因，以我中華最精純之經學，且未遭受暴秦之劫火，而傳之今日竟至有淪為廢籍之趨勢。劉子思白嘗攻此學，而深為之懼，因見其他經史子集多有白話注解，以淺近之詞說為後學之導師，欲維經學，莫善於此。遂本其夙昔之根柢，更肆力研究數載，編為《周易話解》一書，匯諸家之精義，發揮而顯明之，其有難以貫通之處，即參以己見，俾往昔紛紜之說歸於一致，務期徹底明曉，將以上所謂兩因概行捐除。雖經過不少困難，而竟底於成。存國粹於斯學將墜之時，廣經傳於婦孺能解之地，即其六位一表，尤為苦心孤詣，發數千年不傳之秘，實足以當易學之指南，前有功於列聖，後有裨於學者。此書一出，將見不獨我國尊經之士起而歡迎，即東西洋之文學家，亦將有譯而讀之者。謂予不信，待覘異日。中華民國二十有四年歲次乙亥，中原鉅野奇叟魏大可。

◎序：自漢魏唐宋以來，注易者無慮數十百家，各本獨詣之精神，欲以餉遺後學，而遞嬗至今，終苦於索解無從焉。其故在理深辭奧，領略為難也。夫易之為字，上日下月也。人無日不在日月照離之下，即無一日不在易道範圍之中。然若不得其解，雖日手義經一編，庸有裨耶？劉君思白研究易學至四十餘載，今欲本其所得以貢獻於世人，乃著為《周易話解》，開數千年注易之新紀元，深者淺之，晦者顯之，有難言詮之處則引古人古事以比附而佐證

之，苦口婆心，務使人瞭解而後已。觀其緒言、概略，固已得其大凡。而六位一表，尤為先儒所未發明，誠易學之階梯，持身涉世之輪轂也。值此語體方興之日，亦尊古者提倡讀經之時，此編一出，有不先睹為快者哉？！中華民國二十有四年歲次乙亥中秋，玉田史菡。

◎序：易以天地、水火、雷風、山澤概括萬有，而萬事之錯綜變化亦不能出乎萬有之外。是以聖人作易，以陰陽為卦之質，以三畫為易之體。八卦既定，重之為六十四，用以究極陰陽奇偶之變，即以推附於錯綜萬事之理，而莫不相應。又各繫以彖爻諸辭，以定其吉凶。而其標準，實以仁義中正之道，播之人事繁變之中，得則為吉，失則為凶。俾一世是非，均不謬於易道，而後可以維萬世之安。然則易也者，治天地萬物人事於一爐，而以人事為歸者也。故易之作也非為卜筮而設，而卜筮適足為人事用易之階梯。夫子不云乎，加年學易，可無大過。易之切於人事也，亦彰彰矣。吾鄉劉子思白，易理深通，洞識本原，著為《話解》，先理而後數。俾世知《易》之為書，專明人事，非言天道；專為眾人言，非為聖人言。又以語錄體行之，視著述之唯恐人知者，用心公私，相去不可以道里計。凡學易者，得是書為之先導，更以比互旁通以求象數之由來，其於易也思過半矣。民國乙亥仲冬，鹽山賈恩紱序。

◎序：《易》之為書，大函天地，細入無間，而要歸於持世，其於修身寡過之道三致意焉。聖人之微意可知矣，而自來箋注者。研幾極深，然索之愈深，為說愈繁，其去人事也轉愈遠，是豈聖人持世之旨戰？劉子思白懼後學索解難而作易之旨之終晦也，本其研索所得，釋以淺近之詞，成《周易話解》，都為四卷。友生周宗堯與襄校之役，書成，丐余一言，余以其為說易簡，足以傳世行遠無疑。而當茲國家大革故習，作新斯民之會，得是以通消長之機，識進退之故，其於挽風俗正人心，所裨補不尤大乎？故樂為之序。中華民國二十三年十二月，太谷孔祥熙。

◎緒言：

《周易》一書，關係我中華古代最精純的文化，極奇奧而富於法則，韓昌黎所謂「易奇而法」是最簡當的批評。但先儒注釋都是文言，且人各一說，互相駁詰，以致後學無所適從，幾疑陰陽變化便是天書，以故易學遂日就湮沒而不彰。余恐數千年首屈一指的國粹，或消滅於無形，故特切實研究，著為《話解》。伸令融洽貫徹而歸於一致，希望學者易於了悟，為易書保存其命

脈，而不至廢絕。區區的意思在此。

但近今學者每談學術，都以科學為依歸，並將自然科學與社會科學分析研究。今閱此《話解》，見對於天地、人物混合研究，且種種解釋概沿用舊學說，或視為陳腐而不屑道，將不免又受一番重大的打擊，此不可不先為說明。余本昌明古學的主義，為此白話注解。學者應思注古人書自當以古人為主體，我但把古人的文辭講解明白，教人一看便能了然，就算達到目的。若注古書把古時的制度習俗全都撇開，強用新學說牽引附會，恐削足納履，必至越發無有頭緒。沿用舊學說一層者，是不能不望學者諒解的。

又，世人自昔即多以《周易》為卜筮之書，更因江湖術士借此糊口，遂故神其說以相誘惑。於是乎更授人以迷信的口實，以致近今學者益無人過問，此尤不可不亟為辨明而袪其疑。考易書六十四卦，純是教人因時因地立身做事的一些法子，其道無方無體，仁者見仁智者見智。然其大旨，終不外理數二字。先聖所製揲蓍求卦的方法，實為數學的鼻祖，其占筮惟以陰陽變化、盈虛消長處斷，並絲毫無有神將星煞那些事。若能明乎易數，愈可將易理追求入細。蓋聖人作易，是言人事，非言天道，是為眾人言，非為聖人言。聖人「從心所欲不逾矩」，本無疑惑，何待蓍占？惟眾人臨事難決，故聖人制為此法。以蓍數的七八九六示人事的進退存亡，教人知所趨避，安分守己，行動都無過失，犯上作亂的事更無由而起，此為聖人的本旨。可見以蓍求卦，純是理數並重，切實的學問。學者若能悉心研究，便可瞭解聖人所說學易可以無大過的旨趣。

又，前人注易，每先畫太極、兩儀、四象、河圖、洛書等於卷首，講易的也先從此入手。抑知後學對於《周易》心中早有難解的印象，若入手便講這些難解的故事，講得若稍含混便易近似神話，恐把以先難解的印象，更坐實了。本《話解》有見於此，故將以上各項統列在《繫辭上傳》「易有太極」各節以下，是因學者研究至此，已有相當的認識，此時隨畫隨講隨讀，自然就不難瞭解了。所以不列太極等項於卷首，而列於《繫辭上傳》第十章。

一卦有六爻，爻是活動的；一卦有六位，位是固定的。六十四卦每卦六爻，陰陽錯綜，變化無定，所以說爻是活動的。其固定的六位，六十四卦同是一理。特製一表，並先加以說明以餉讀者。什麼叫作六位呢？就是每卦由初至上的那六位。此六位固定的解釋，如初三五三位是單數，為陽剛位；二四上三位是雙數，為陰柔位。二在下卦位居中，為地位、臣位；五在上卦位居

中，為天位、君位。初合四、二合五、三合上，都是一陰一陽兩位相應，有交相援助的關係。二三四三位為下互卦，五四三三位為上互卦。初二三為下卦、內卦，四五上為上卦、外卦。上位乘下位，有使令的權力；下位承上位，有供奉的義務。學者務將以上六位所有固定的各解釋認定記清，再把下列六位表照抄下來擱在案頭，並備如小銅錢的東西數十枚，讀《易》時便將所讀的這一卦爻，用小銅錢按位擺上，把爻合位、對照察閱。如陽爻居在表的陽剛位上，便當位，為正；陽爻居在表的陰柔位上，便不當位，為不正。例如，需（☷☵）訟（☵☰）兩卦九五爻皆陽爻居陽剛位、當位、正位，正且合中，故爻辭皆吉，《小象》皆曰「以中正也」。履卦（☱☰）六三一爻是陰爻居陽剛位，不當位，不正，且不中，故爻辭凶，《小象》曰「位不當也」。姑舉其例，可以類推。再，六爻居於六位，其乘承、互應、剛柔、上下內外、天地君臣，位合爻均有切實關係及作用。研易明此六位表，如開鎖的鑰匙一般。此非編者信口侈談，讀者經切實研究，便知所言非虛了。表列如下〔註45〕。

◎概略：凡書內局部的組織、源流及各重要名辭、體例，若不將其概略先為述明，深慮學者讀《易》時，對於問題茫然莫解，必至輟而不讀，故特逐項述明概略如下。

第一，畫卦。伏羲氏仰觀俯察，見萬物都有單雙（奇偶），便悟出單數陽，雙數為陰。遂畫一━單畫為陽的符號，畫一╍雙畫為陰的符號。自下而上，加到三畫，象天地人三部分，名曰三才。更以陰陽符號支配為八個樣式的三畫，遂成八卦。其卦式、名稱、次序為乾一（☰）、兌二（☱）、離三（☲）、震四（☳）、巽五（☴）、坎六（☵）、艮七（☶）、坤八（☷）。其方位，為乾南、坤北、離東、坎西、東南兌、西北艮、西南巽，東北震。是為先天八卦。又在三畫八卦每卦以上各加八卦，重而為六十四卦。其時雖象外無字，然陰陽變化、消息盈虛、剛柔動靜、尊卑貴賤均寓其中而有跡可尋。後經文王、周公、孔子三聖各繫以辭，遂成為有關千秋世人立身做事精純圓到的一部大經書（按：經以《易》為大——揚子雲語）。

第二，彖辭。世謂為文王被囚於羑里時所作。當時觀玩卦象，見逐卦具有精義，便逐卦各繫以辭，名曰彖辭，又曰卦辭。每卦首一節便是。並以伏羲八卦次序方位，純是自然的對待，偏而不全，還有應該亟須發明的，遂精思深索，重定八卦的次序方位。其重定的大致，係將八卦所屬的五行——金、

〔註45〕周按：表略。

木、水、火、土，分播於春、夏、秋、冬四時。東震為首，次東南巽，均屬木，為春；次南離，屬火，為夏；次西南坤，屬土，為伏日；次西兌，次西北乾，均屬金，為秋；次北坎，屬水，為冬；次東北艮，屬土，為臘日。反為成終成始的一卦，至此一歲告終而震又開始。五行相生，四時流行，寒暑往來，無有窮期，其關於人事作用的尤多，難以盡述。此為後天八卦。八卦對於天人的關係，極為密切，無有一時、一地、一事能離開的，其擴大竟至如此（參看《繫辭上傳》第十一章及《說卦傳》第五章及十一章）。此因敘述文王彖辭的原委，遂及於後天八卦的概略。

第三，爻辭。世謂為周公東征時所作。周公玩索卦象及彖辭，見綱領雖具，若非逐爻發揮，恐後人領略為難，有用的書仍歸無用，於是逐爻繫辭，切實示人以時止則止、時行則行的一些法子，名曰爻辭。六爻的次序，第一爻為初，向上挨次為二、三、四、五，至第六爻，稱為上。陽爻都稱九，陰爻都稱六。例如乾卦六爻皆陽，便稱初九、九二、九三、九四、九五、上九，坤卦六爻皆陰，其挨次稱六，自不必覶述了。何以但稱九、六不稱七八呢？係因九為老陽、七為少陽、六為老陰、八為少陰，老變而少不變，易道重在變化，所以稱九六不稱七八。然九六又何以為老陽老陰、七八又何以為少陽少陰呢？係因易道原生乎數，一二三四五為五個生數，六七八九十為五個成數。除十為盈數不計，餘皆有當於易。如五生數內的一三五三個單數，合為九，都為陽數；五生數內的二四兩個雙數，合為六，都為陰數。例如吾人一身，衰病壯健，全在血氣。血氣便為陰陽，陰陽停勻，血氣必充，故健；陰陽偏枯，血氣必弱，故衰。九以三陽數所合而成，陽中並無一陰；六以兩陰數所合而成，陰中並無陽。陽無陰佐，陰無陽輔，毫無生機，勢將不久由衰而病而死。物至於死，還不是重大的變化麼？以九六為老陽老陰，即是此理。既明此理，七八兩數所以為少陽少陰即不難迎刃而解，蓋七以兩二、一三所合而成，八以兩三、一二所合成，陽中有陰，陰中有陽。人身陰陽停勻，血氣充足，其壯健是當然的。物既壯健，自能保持原狀，不生變化，故以七八為少陽少陰，確無疑義。凡物有變化才有作用，易書辭義全由變化而出。因九六有重大的變化，七八不生變化，所以卦爻但稱九六不稱七八。此節為研究易書最要的關鍵，學者務要格外注意。

第四，《象傳》。孔子自衛反魯，見時無可為，遂肆力著述，以傳其道於天下後世。對於易書尤特加注意，期在易道大明，於是作為十翼。此《象傳》

係解釋文王的彖辭，為一、二兩翼。原自為一編，後儒以便於誦讀講解，遂分屬於各卦，加一彖曰以志別，如乾卦彖曰大哉乾元至萬國咸寧便是，並依上下兩經，分為上下兩傳。

第五，《象傳》。此傳應別為二。例如乾卦中象曰：天行健，君子以自強不息及各卦中照樣的這一行，是為全卦象下的《象傳》，專解釋全卦象中的意義。如每卦每爻後各有「《象》曰」一節，是為爻象下的《象傳》，係解釋每爻象中的意義，也隨上下兩經分為上下兩傳，為十翼中的三、四兩翼，此《象傳》原也自為一編，後儒以便於誦讀，遂分列於《彖傳》及爻辭以後，各加「《象》曰」以志別。全卦象下的又名《大象傳》，六爻象下的又名《小象傳》。

第六，《繫辭傳》。彖辭傳文王所繫，爻辭為周公所繫，孔子以所繫各辭都有切實發揮的必要，於是作《繫辭傳》，也分為上下兩傳。此為十翼中的五、六兩翼。

第七，《文言傳》。孔子以乾坤兩卦為易書的門戶，涵蓋全書，於是作《文言傳》，反復發揮其義，不厭求詳，為十翼中的第七翼。後以另為一編不便講誦，故分別附列於乾坤兩卦以後。

第八，《說卦傳》。孔子因以蓍求卦，及重三成六的意旨，近身遠物等取象，先天後天各位次，《繫辭傳》雖曾述及，究未明顯，故作《說卦傳》備揭各說，巨細靡遺，此為十翼中的第八翼。

第九，《序卦傳》。六十四卦每卦銜接處皆有至理，故孔子本各卦象義的表裏，作《序卦傳》。前後聯串，宛如貫珠，乾坤為萬物的父母，故上經首乾坤；咸（䷞）為人類的父母，故下經首咸。乾坤便是天地，咸便是夫婦。天地為萬物本，夫婦為人倫始。相提並論，秩序緊嚴。此為十翼中的第九翼。

第十，《雜卦傳》。上篇《序卦》，是孔子依文王所列各卦的次序而明其義。此《雜卦》是孔子更以己意明兩卦相對，或錯或綜的精義而為次第，並暗藏互卦相連屬的次第，作為一傳，名為《雜卦傳》。先儒也名為《互卦傳》，此為十翼的最後一翼。表面似無甚難解，而錯綜交互等例，若不說明，恐學者不知其說，於易書終難徹底了悟。茲特將其概略說明如下。

何謂錯呢？就是兩卦顯然相反，如乾卦六爻皆陽（䷀），䷀一錯而六爻皆陰，䷁便為坤。又如中孚（䷼）上下四陽，中間兩陰，一錯而上下四陰，中

間兩陽，䷽便為小過，這是「錯」的解釋，由此可以類推。何謂綜呢？就如織機上籠著經三線，此上彼下那兩片挣一般，如水雷屯（䷂）震下坎上，一倒轉坎下艮上，䷃便為山水蒙。這是「綜」的解釋，由此可以類推。至於互卦的解釋就是一卦中間四爻，上卦從第五爻下數至第三爻，下卦從第二爻上數至第四爻。例如比卦（䷇）從五至三，便為上互艮（☶）；從二至四，便為下互坤（☷），合起來便為山地剝（䷖）。凡與比卦連屬的數卦，大概皆互剝（䷖），大畜（䷙）以後數卦，大概皆互復（䷗）。後以此類推。先儒講解《雜卦傳》，對於錯綜及互卦研究及此，其智慮何等精微，茲特撮要解釋，俾學者容易入門，入門後再把先儒各種的講解盡力討論，便可入細了。又本傳大過（䷛）以上五十六卦，或錯或綜，皆係連接的兩卦對敘。大過以下的八卦，其例全改。先儒所注此節尤好，謂為特別互卦體例，於《雜卦傳》後列具詳細圖說，茲不先錄。

第十一，名稱。以四大聖人精心創造，成此既奇且法的一部大經典。經分上下兩篇，連十傳共為十二篇，統名為《周易》。何以稱易呢？易有交易、變易兩義。以對待說，如天氣下降、地氣上騰，便是交易。以流行說，如陽極變陰、陰極變陽，便為變易。全書盡此兩義，故名為易。又以書內所有的文辭，都是周代三聖人所繫，且須與夏《連山易》、商《歸藏易》顯示區別，故名為《周易》。易卦共六十有四，上經卦三十，下經卦三十四，卦名列下：

（上經）乾為天，坤為地，水雷屯，山水蒙，水天需，天水訟，地水師，水地比，風天小畜，天澤履，地天泰，天地否，天火同人，火天大有，地山謙，雷地豫，澤雷隨，山風蠱，地澤臨，風地觀，火雷噬嗑，山火賁，山地剝，地雷復，天雷無妄，山天大畜，山雷頤，澤風大過，坎為水，離為火。

（下經）澤山咸，雷風恒，天山遯，雷天大壯，火地晉，地火明夷，風火家人，火澤睽，水山蹇，雷水解，山澤損，風雷益，澤天夬，天風姤，澤地萃，地風升，澤水困，水風井，澤火革，火風鼎，震為雷，艮為山，風山漸，雷澤歸妹，雷火豐，火山旅，巽為風，兌為澤，風水渙，水澤節，風澤中孚，雷山小過，水火既濟，火水未濟。

◎劉思白，原名庚蓮，以字行。河北滄州鹽山人。清末存世。幼受業馬鑅璘（柳亭）。

劉思問 政餘易圖說 十卷 存

中科院藏乾隆三十四年（1769）刻本

◎是書圖說僅一卷，餘皆釋經。自序謂觀象以繫辭、揲蓍以用卦，易之能事盡乎此矣，而要皆源於河圖。

◎劉思問，字裕庵。河北慶源（趙縣）人。雍正舉人。

劉斯組 周易撥易堂解 二十卷 首二卷末二卷 存

北大藏乾隆裒磐刻本

道光粵東覆刻本

四庫存目叢書影印乾隆裒磐刻本

◎卷之首上《撥易堂解紀略》、河圖、河圖解、洛書、洛書通解。卷之首下伏羲八卦方位、文王八卦方位、伏羲六十四卦方圓圖並說、約一貞八悔二十四字具六十四卦法、文王八卦重為六十四卦方圓圖、約貞悔同前法、太極儀象八卦生生對列圖與橫圖同並說、八卦變例順逆對舉圖式並說、周易象辭卦變剛柔自來圖並說、八卦陰陽老少說、八卦取象解、八卦分宮序次並說、先甲後甲圖並說、往順來逆圖並說、錄朱子五贊並說、讀易雜記、龍馬說、十翼說、初九初六說、九二六二說、九三六三說、九四六四說、九五六五說、上九上六說、魯論通易說、中庸本易說。上經卷之一乾坤，卷之二屯、蒙、需、訟。卷之三師、比、小畜、履。卷之四泰、否、同人、大有。卷之五謙、豫、隨、蠱。卷之六臨、觀、噬嗑、賁。卷之七剝、復、無妄、大畜。卷之八頤、大過、坎、離。下經卷之九咸、恒、遯、大壯。卷之十晉、明夷、家人、睽。卷之十一蹇、解、損、益。卷之十二夬、姤、萃、升。卷之十三困、井、革、鼎。卷之十四震、艮、漸、歸妹。卷之十五豐、旅、巽、兌。卷之十六渙、節、中孚、小過。卷之十七既濟（有圖）、未濟。卷之十八繫辭上傳。卷之十九繫辭下傳。卷之二十說卦傳、序卦傳、雜卦傳。卷之末上易解叩端、彙列八卦分內外二體橫次備考並說、六十四卦引伸互體備考並說、附列六十四卦爻畫橫排成卦圖備考、易卦橫縱連合圖法附列備考並說。卷之末下河圖一數函十變圖、洛書八十八變圖、洛數對十成百五圖並說、洛數方圓圍徑勾股弦三圖並說、統貫六紀五元諸法六圖並說、洛數三角積數十二圖並說、伏羲卦位斜連各十八變圖、羲畫斜連各十八變卦次、文王卦位斜連各十八變圖、文畫斜連各十八變卦次、羲文卦位縱橫反覆交合圖並說。

◎撥易堂解紀略：組質魯，束髮受經，家學並治《詩》《書》，于《周易》《春秋》《禮記》諸經雖次第成誦而非專治。年愈進，授徒愈多，涉獵愈旁紛，愛為博覽，輯史畧書紳，究于學空空無所得。甲辰以《詩》舉于鄉，舊著有《詩義小評》《硃書卷次》間補前賢所未道。無雙字襲人所著亦不持以悅人，恐著書早滋晚悔也。晚乃專志《周易》，頗悟生平讀經史諸子集，無非《周易》者。博搜前賢講易正宗，旁雜各傳，書殘缺並錄。補滲備遺，附以獨見。今《撥易堂解》之所由成也。向為諸生時肄業豫章書院中院，因理學賢祠舊堂御頒章水文淵，新額江右才雋，昔名士今名卿者多由此出。組吅丁未禮闈錄遺，鐸袁之銓陽。辛亥調粵巡課端十四學，三年舟次，批閱課藝，暇輒讀《周易》。時往來海日江風嶺雲谿雨間，襟空萬慮，日覽萬象，覺上下飛躍，趣无在不與易會。久錮詞章，似為一撥，復先後分端溪書院課席，益潛心易學，如前著《詩義》《硃書》以志經，幾寒暑赤字丹文，積帙盈篋。既乃携次男元侑候補縣職，寓羊城旅次，閉戶續加研訂。述前聞，暢以發其旨；記新得，旁以通其情。故每有一辭數義一象百占，爻下象下今昨並標以俟合訂之處。《文言傳》謂六爻發揮旁通情也，《繫辭傳》謂引而伸之觸類而長之，又參伍以變錯綜其數，志惟修辭，期于立誠信，此寸心質諸千古雷同盜襲、欺世博名，恥不敢為也。維時研硃點易，得解輒書，言有短長，詞無脩飾。日積月累，久乃成卷。庚申令西瀧，從事簿書，無暇開易。明年，長男元佶、仲姪元俶來署，尋行而手錄之，乃有墨本。又明年，受業壻賈仁緒來署，同為披覽校次，請授梓，未允。甲子，男佶復請，謂問世近于希名家藏，宜于存實，半生攻苦，志久不忘，族譜現謀重脩，此當附載。許之，乃授梓。初調粵，壻來送行，時壻佐修省志，寓賢祠，夢二童歌詩曰：「不、不、不，九六乾坤七四執，黃、農非古世非今，理數瓜分一太極。」壻家學世受易，或精神感召所致。組愛其歌，樂與言易學。又向年分課端溪書院時，席天章閣下用硃批點易卷取字，訑可墨易，亦偶因一時之便。姪元俶讀書家園，夢遊一閣，舉頭見硃題「撥易堂」三大字，占之者僉謂才華發越，取朱紫易耳。後來署，見易解皆硃字，詫然驚前兆之非偶。雲山千里，精氣遐通，縱極專研，敢憑夢幻？竊不以為信，第撥易堂名頗雅，其字文有發揮三才之義，與所謂旁通引伸合，因取之以名易解。溯易家源流，遠矣。至宋周言太極、邵言皇極、程朱傳義統彙其成。越我聖祖折中，光並日月，象無纖翳，何取乎燼火細光、一籬巖照？撥云者，祗自撥夙習之蒙障也。年十五讀書破茅齋，題句云：「屋漏時霑朱子

雨，壁穿長見孔門光」，旁人哂其寒，父兄嘉其志，今老矣，紀其晷。是解成自粵中，與分校者書名；家子弟門徒受經者眾，未來粵者不與，不列也。用存實云。

◎四庫提要：是書前有《記略》，載梓此書時，其壻夢二童歌詩曰：「不、不、不，九六乾坤七四執，黃、農非古世非今，理數瓜分一太極。」又載著是書時，其姪夢閣上有朱題「撥易閣」三字，因以為名。其事頗涉幻杳，似乎故神其說。又謂「撥」字有發揮三才之義，不知《說文》「撥」字在手部，篆作𢪙，隸省作扌，非從才也。其書首二卷皆圖說，大抵因舊解而曼衍之。又謂《論語》、《中庸》皆通於易，即陳際泰「群經輔易說」之意，夫六經一貫理無不通。至於才辨縱橫隨心牽引，如解「飛龍在天」曰：「此則唐人所謂『龍池躍龍龍已飛』矣。入天門，開黃道，艮闕亦具爻內，讀易方解詩中寫龍德特全。」是豈詁經之體耶！

◎光緒《江西通志》卷九十九《藝文略》一《國朝》：《周易撥易堂解》二十卷，劉斯組撰（《四庫全書存目提要》）。

◎劉斯組，字斗田。江西新建人。雍正甲辰舉人，官杞縣知縣。

劉台星 周易集粹 佚

◎光緒《青陽縣志》卷四《人物志》：著有《周易集粹》。

◎劉台星，安徽青陽八都人。劉一峯子。副貢。

劉斅學 易教溥春 四卷 存

山東藏 1922 年鉛印本

劉騰蛟 易經辨惑 佚

◎光緒《分水縣志》卷八《人物志》：著有《西園草》《易經辨惑》藏于家。

◎光緒《分水縣志》卷九《藝文志》：《易經辨惑》，（國朝）劉騰蛟箸。

◎劉騰蛟，字尺木。浙江分水（今桐廬）人。順治十七年舉人。任麗水教諭。

劉天真 河洛先天圖說 二卷 佚

◎或題《河洛先後天圖說》。

◎張尚瑗《瀲水志林》卷之六《文學》：天真自少時應舉，專治易，遂獨

邃於易。自周、邵、程、朱而下，無不薈萃手鈔。著《河洛先天圖說》，多先儒所未發。

◎嵇璜等《清通志‧圖譜略‧經學》：劉天真《河洛先天圖》。謹按：劉天真言易，大旨本於參天兩地而倚數之說。

◎光緒《江西通志》卷九十九《藝文略》一《國朝》：《易經輯說》十卷、《河洛先天圖說》二卷，劉天真撰（《贛州府志》。字汝迪。興國人。謹按《皇朝文獻通考》作《河洛先天》，《湖北通志藝文》載此書以天真為興國州人。考天真與張尚瑗相去不遠，尚瑗令興國，著《潋水志林》，載是書並為作序，則興國縣人也）。

◎四庫提要：其言易大旨，謂天數五地數五，五位相得而各有合。其六七八九之數，乃一二三四倚五而成，蓋即參天兩地而倚數之說，張尚瑗序之，以為後天八卦配洛書若合符契，「帝震」一章是其注腳。不知圖書之數正影附此章而作，即以配河圖亦相吻合，不僅洛書可配也。

◎劉天真，字汝迪，號去偽，私諡靜裕先生。江西興國人。由歲貢生官安仁縣訓導。

劉天真　易經輯說　十卷　佚

◎或題《易學輯說》。

◎同治《興國縣志》卷四十五《藝文》十一：劉天真《河洛先天圖說》二卷、《易經輯說》十卷。

◎同治《贛州府志》卷六十三《藝文志》：劉天真（興國人，有傳），《河洛先後天圖說》二卷、《易學輯說》十卷。

劉廷陛　御案易經要說　八卷　存

道光十五年（1835）劉際清等刻青照堂叢書‧御案七經要說本

◎是書為御纂《周易折中》二十二卷之節鈔本。

◎劉廷陛，字晉階。陝西朝邑（今大荔縣）人。

劉廷士　周易通傳補注中天　八卷　存

手鈔本

香港大象出版社 2003 年排印本

◎卷目：卷首易象圖說。卷一至三周易上經。卷四至六繫辭上傳。卷七繫辭下傳。卷八說卦傳、雜卦傳。附《大六壬銀河棹》四卷。

◎《述周易通傳序文》：天生一人，則必授之以所為之事。所謂聖賢者，明理道以教天下萬世者也。故上之興道致治，下之窮理著書，其義一也。經莫古於易，自伏羲氏一畫開天，始作八卦，重之為六十四，是曰先天。神農因是先天圖變化之，乾北坤南，乾艮相連，故曰《連山》，是為中天。黃帝又因中天而變化，乾坤退老，六子用事，名曰《歸藏》，亦謂之坤乾，是為後天。三易之興，流傳既久，至周文王，則繫卦辭，周公復繫《爻辭》，其取象不外乎此。孔子作十翼，於《繫辭》、《說卦》諸傳，專發明三易之義。蓋易萃六聖人之精蘊而始有成書，至美備也。不知何時先天、中天卦亡，非卦亡也，其圖不傳耳。有宋邵子，得先天之學於陳希夷先生，與周、程、張、朱同時間出，朱子著《周易本義》，采邵氏四圖編於卷首，則先天自此傳，獨中天卦圖尚在闕如矣。先廣文生於嘉慶八年，舉孝廉，秉教陝東，素喜易，反復玩味，恍然見中天卦象俱存於經，數千載疑義一時頓釋，不可不公之於世。於是著為《通傳》，補繪河洛八卦圖各一、先天圖二、中天圖四、後天圖四、序卦圖五、雜卦圖五、孔子易圖八，通前所傳之圖，共圖三十有八。每圖各引聖經之文以明徵其說。凡所講明，皆前此講家所未及者，且於經文詳加注釋，使人見指而知歸，是三易諸圖，誠易學中不可缺之義也。方冀茲書有成，引條理明晰，引後進之學者，人人可以知易。乃書未及竟，抱病終年，遺囑曰：「汝能卒吾業，亦不為無用之人。」今既編輯成袠，分為九卷，將付之。庶幾此傳之行，則易道復明，古聖之遺經，讀者不苦其闕略，與斯世同寡過，或文明之一會歟。因述作傳之顛末，以告同志云爾。光緒十三年歲次丁亥，劉靄如謹識於龍岡書舍。

◎刊印《周易通傳補注中天》之經歷：靜觀道人是我劉氏十七世之高祖，名廷士，字元直，號重菴。生於清嘉慶八年，卒於咸豐八年。科舉後，高挑三等即放知縣，自認為「滅門知縣」，做官不符素志，乃許樸（與我村相距七八里）劉振奎調任陝州盧氏儒學教諭。公暇潛研六壬，闡述周易，恍然省悟畫出了中天八卦圖，立志著寫《周易通傳補注中天》之書，未完篇而病篤。囑子靄如（十八世人，黌門秀才）繼志完成父業，如乏嗣無後，找不到保存人，暮年臨終交付本村弟子劉振三（十九世人），囑咐再三說：「此是吾父子兩輩人心血結晶，交你保藏，有能識玉者，並可刊印傳世者，無價與之，切莫貪高價而賣去。」只怕時變有失，皺眉沉思片刻，乃說：「可有失而復得之事，還有刊印傳世之日。」果於民國九年，河南省省長張鳳臺，差劉國恩（安陽河西村

人，距我村里餘）討去，刻版印書。不幸省長染病沉重，臨終前將刻版交校對人裴晉卿（安陽水冶人），叫到床邊，親口囑咐說：「《中天易經》，就是《周易通傳》，實係中國之粹、珍貴寶著，而是咱安陽之物，切莫丟失，務必收回安陽故里，妥藏保管。」裴遵囑帶歸安陽，存放縣志局古物保存會。為此，續縣志時刊載在《安陽縣志》第 823 頁第 8 行上有「劉廷士《周易通傳》（存）」。豈不知這個「存」字落空了，因為到了「七七」事變，安陽古物保存會奉令南遷時，會長裴公惟恐南遷有失，辜負張省長囑咐，更對不起劉老先生的企望。素知我劉洪德（崗西村人）和其子裴高洪同學，才通知我到安陽古物保存會，親手交我帶回，應驗了當年劉靄如交付劉振三時的教誡，「只怕時變有失，還有失而復得」之預測。今出版，又應驗了「刊印傳世之日」。謹此簡述。廿五世孫劉鴻德，廿一世（保存人）劉法貴（已故），廿二世玄孫天銀河、劉慶邦敬書於崗西書舍。崗西書舍就是劉廷士劉靄如的學院，舊室尚存。安陽縣許家溝鄉崗西村劉銀河、劉慶邦記。

◎後記：《周易通傳補注中天》和《大六壬銀河棹》，是安陽周易專修學院受劉重奄之玄孫劉銀河、劉慶邦之托，依據手抄珍本，由閻溫、薛源等點校而刊印成書的。《大六壬銀河棹》不知出於何時，後傳明劉伯溫之手，到了清代，又傳到劉重奄之手。劉重奄清嘉慶八年生，卒於咸豐八年。科舉後棄官教學，業餘研究《大六壬銀河棹》，一天突然省悟出了中天八卦圖。此後，他便立志著述《周易通傳補注中天》之書，未完而卒。又由其子劉靄如（秀才）接任完成。民國九年，河南省省長張鳳臺得知此書，拿到省城計畫出版，但不久病世，未能如願。後幾經周折，該書稿又返回作者故里崗西村劉銀河等之手。1994 年，崗西周圍百姓都知劉家有本「天書」，結果被盜。劉銀河、劉慶邦到安陽周易專修學院找院長段長山幫助找回。段長山與安陽縣公安局聯繫，說明此書是安陽縣文物珍寶，縣公安局非常重視，三天內破案，書歸原主。安陽是《周易》發祥地，甲骨文故鄉，也是《中天易》故鄉。《周易通傳補注中天》之書出在安陽，這是天時、地利、人和的符合邏輯的體現。此書失而復得之後，劉銀河、劉慶邦便將此書委託學院出版，又經幾年整理點校，終於在學院十年校慶之日與讀者見面了，這是一大喜事，也是對易學研究的一大貢獻。安陽周易專修學院 2003 年 3 月。

◎劉廷士（1803～1858），字元直，號重奄，別號靜觀道人。河南安陽人。揀選知縣，請改任陝州盧氏儒學教諭。

劉文龍 古易彙詮 不分卷 存

國圖、山東、中科院藏宣統二年（1910）鉛印本

國圖、上海藏 1920 年鉛印本

◎古易匯詮目錄：第一冊古易：圖一：伏羲六十四卦方圓圖；書二：上篇三十卦，下篇三十四卦；傳十：象辭、釋象上、釋象下、釋爻上、釋爻下、大傳、說卦、文言、序卦、雜卦。第二冊匯詮：上經。第三冊匯詮：下經。第四冊匯詮：象辭、大傳、說卦、文言、序卦、雜卦。

◎古易匯詮凡例：

一、古易十二篇，經傳別行。自費氏專以傳解經，漢末鄭、王之徒，為費氏學者，離傳附經，合而為一，古十二篇之序因之而亂。有宋呂汲公、晁以道、呂東萊諸儒，迭刻古易，《本義》依東萊呂氏定本，為十有二篇；《程傳》則仍輔嗣。明初修《大全書》，破析《本義》以從程傳，自後刊行《本義》者，復就《大全》中撮出，非考亭氏之原本次第矣。嘗私論之，費氏解經，一洗諸家災異禨祥紛紜之鑿，蓋深於易者也。鄭、王謂傳本釋經，宜相附近，分經合傳，使學者易於尋省，其時古經蓋未亡也，後世緣此，不復知有古經，則信從之過耳。今所定正文十二篇，一斷之古。至解說文義則法鄭、王，既便學者尋省，仍不失古人經傳別行之意云。

一、古易上下經及十翼為十二篇。十翼之目，相承為彖上下、象上下、繫辭上下、文言、說卦、序卦、雜卦。今按全卦之辭謂之彖辭，六位之辭謂之爻辭，今獨以爻辭為象，何邪？《大傳》曰：「聖人設卦觀象繫辭焉而明吉凶」，又曰：「彖者言乎象者也」，卦下之辭亦象也，原其失，蓋由鄭氏康成合彖辭於經，而冠「彖曰」二字於首。釋爻之辭即綴彖後，後儒不察，遂蒙釋爻為象，而撰大小之名。其實彖辭於經，初不相涉，而釋爻與彖辭之文又絕不相聯屬，其應別行明矣。至於《繫辭傳》，本稱《大傳》，司馬譚《論六家要旨》引「天下同歸而殊塗，一致而百慮」，謂之《易大傳》，是其證也。稱《大傳》者，以其通論大旨，圖書蓍卦、辭變象占無一不備，原只一篇，後人誤分上下耳。今更彖上下曰《釋象》上、《釋象》下，象上下曰《釋爻》上、《釋爻》下，《大象》另為一篇曰《象辭》，合上下繫為一篇曰《大傳》。篇目比舊似為更協。

一、聖人之辭，觀象而繫，辭所以明象也。《語類》亦云：「說易不先見得象數，則事无實證，虛理易差。」蓋有是象然後有是辭，有是辭然後有是斷，

不得其象則无以明其辭，不明其辭則无以喻其斷。一定理也，說理不切卦爻，則任臆牽附，豈復成理哉。惟是去古日遠，象數失傳，穿鑿傅會，轉无交涉。且隨處絮釋，觀者生厭。是集說理，亦兼說象，折中羣論，時附鄙見，間引史事借為譬喻，然亦前後間見，絕去枝蔓。閱者彙觀而統會之、推類而旁通之可也。

一、高譚性命之家，率卑訓詁章句為不足事，予謂沿訓詁章句而不能得其大意者有之矣，未有訓詁章句之不辨而能得其大意所存者也。訓詁章句，譬則門戶也；性命精蘊，譬則堂室也。入堂室必由門戶，不智者能決之。蓋字義段落不明則文理難通、精蘊晦塞。是集章句字義，比昔殊有異全。千載蠶叢，今初略闢。未知仝志之士，能不河漢否也。

一、注釋之文，本以求通經義，有經旨顯明無煩注釋者，有聖言淵深猝難曉了者，亦有本文脫誤不可強通者。顯白者不必注，難曉難通者不能注。不必注而亦注之，瀆也；不能注而強注之，罔也。是集所採，自漢迄今，必有發明經意、糾正沿誤者，量為收入，期於通經即止，痛裁繁縟，庶還潔淨舊觀。

一、經傳之文，諸家傳本各有異全。今闢為注於本文之上。至於各圖，有關經傳，亦為附載匯詮之後，使學者有所折中，不勞繙閱。冠六十四卦方圓圖於篇首者，所以明四聖之源流也。揲蓍考占，亦為易中切務，故稍為之詳其法式。

一、古人片語，必詳著其姓氏。故內中所附管見，不用更加別識。若先輩或名或號，隨見隨登，前後一本无心，覽者勿生軒輊。

一、匯詮眾說多從《大全》《折中》摘出，弗或盡見原本。其未經二書採錄者，或不及載。蓋吾寧僻處萬山，藏書實寡，兼龍伏在草莽，獨學无朋，安所得探名山之藏、抽枕中之秘而愉快乎？惟是萬古不朽之經，非一人二時之見所能盡。願通天地人之君子，矜其矇瞶，曲賜指南，俾得聞所未聞、至所可至，是區區今日災木請正之心也。質雖凡庸，志誠無已。皆雍正十二年歲在甲寅清明前三日，閩寧化劉文龍謹識。

◎丁圖南序：六經惟易書潔靜精微，未易詮解。今學者罕見古本及鄭、王諸家注疏，淺陋固滯，徒以為科舉之學。其於易也，如以蠡測海而扣槃捫燭也。自宋以來，程言理、邵言數，而朱子兼之，誠有功於易者。但《大全》諸說紛紜繁冗，莫尋其要。又其篇章次第因仍已久，未能復古，是亦經之厄也。寧化劉生體先，潛心好古，留意經學，以所纂輯《易經匯詮》見示。余見

其始錄古本，既使天下知經傳分行之舊，隨采取各家之說，去其繁蕪，歸於明潔，閒參己意，不涉穿鑿附會。仍分傳以附於經，蓋易得生詮而始有條緒頓開生面矣。有志窮經者不將奉此為暗室之一炬乎？然而生之詮，經學也，非科舉之學也。科舉之學與經學，久矣判然不相合矣。生所詮亦不全拘朱子《本義》，閒有異同而寔不謬於理。取象則兼互卦反對，各圖說亦另有發明。學者苟通於《本義》，而兼取資於是，則可萃先儒之精液，不惟令程邵之所見不墮於一偏，而費氏之學，傳之鄭、王，見於注疏者，並可識其要領矣。寧化僻在萬山中，書籍絕少，即有究心於經者，師承無自，而生能為此，生真有志之士哉！雍正戊申中穮，冶城丁圖南拜題。

◎魏元曠序：諸經易最難言。是書詮注抉擇簡當精微，克副自謂絜靜之本旨。其更改篇目、移易次序似屬臆斷，實皆有根據，非妄意鑿空者比。象辭專以人事言，為孔子之易，與文周絕不相蒙。次諸象爻之下，三聖相承，非深於易者不能。先列經文，使還古本；後從傳家，以便讀者。是書出，可與張稷若《儀禮句讀》同功。宣統二年，南昌後學魏元曠拜題。

◎民國《寧化縣志》卷十五《儒林傳》：素穎悟，讀書不依傍前人，冥搜默索，不獲不休，忽有領會，不煩言而自解。所著《古易匯詮》二卷，先列經文，使還古本。至解說文義，則鄭、王分經合傳之意，以便學者尋省。又古易上下經及十翼為十二篇，十翼之目，相承為《彖》上下、《象》上下、《繫辭》上下、《文言》、《說卦》《序卦》《雜卦》。《匯詮》凡例，全卦之辭謂之彖辭，六位之辭謂之爻辭，今獨以爻辭為象，何邪？《大傳》曰：「聖人設卦觀象，繫辭焉而明吉凶」，又曰：「彖者言乎象者也，卦下之辭大象也」，原其失蓋由鄭氏康成合彖辭於經，而冠「彖曰」二字於首，釋爻之辭即綴彖後。後儒不察，遂蒙釋爻為象而撰大小之名。其實彖辭於經初不相涉，而釋爻與彖辭之文又絕不相聯屬，其應別行明矣。至於《繫辭》，本謂文王、周公卦爻下之文，今之《繫辭傳》本稱《大傳》，司馬譚《論六經要旨》引「天下同歸而殊塗，一致而百慮」謂之《易大傳》，是其證也。稱《大傳》者，以其通論大旨，圖書蓍卦辭變象占無一不備，原只一篇，後人誤分上下耳。今更《彖》上下曰《釋彖》上《釋彖》下，《象》上下曰《釋爻》上《釋爻》下，《大象》號為一篇曰《象辭》，合上下《繫》為一篇曰《大傳》（自註又按：《大傳》分二篇，亦當於「易有聖人之道四焉」章起分為下篇，再分《象辭》為二，則不必入《序卦》《雜卦》，而傳之十篇已齊矣），是其識解獨到處。荊溪任啟運喜其書脫然訓詁外，

別具神契，爰為之序，且採其圖入自著《周易洗心》，而恨道遠莫能相見。冶城丁圖南為之序，謂易得生詮而有條緒頓開生，而有志窮經者將奉此為暗室之燈。厥後二百餘年，南昌魏元曠讀其書，猶稱其簡當精微，克副自謂絜靜之本旨，非深於易者不能，是書出，可與張稷若《儀禮句讀》同功。可以想見此書之大概矣。又著《四書質疑》《太極圖說通書註》《莊子齊物論養生主篇註》《大學摘要》《中庸餘論》《洛書說》《性理偶評》《毛詩參註》《春秋論說》《尚書質疑》，並雜著若干卷。豫章周學健嘗於雷鋐處見其所著書，後視學於閩，過訪，談竟夕。知縣李和善風雅贈以句云「獨開手眼傳經學，別有文章註子書」云。

◎劉文龍，字體先，號生明。福建寧化人。雍正諸生。又著有《大學摘要》、《中庸餘論》、《毛詩參注》、《春秋論說》、《四書質疑》、《周子注》、《莊子注》。

劉位鈞 周易正義 十卷 太極圖補遺 一卷 存

山東藏民國原稿本

◎劉位鈞講，孫巍記。

◎稿本封面題：己丑秋節記於大明湖畔萍屋南軒之下。

◎劉位鈞，山東滕縣人。

劉希向 周易識餘 一卷 存

北大藏清鈔本

山東藏臺北成文出版社 1976 年無求備齋易經集成影印乾隆二十七年（1762）刻本

◎卷端題：《三冬識餘》。

◎劉希向，字漢宗，號栢亭。奉新縣法城鄉人。雍正十二年貢生。卒年八十餘。

劉昕 盤熉易考 二卷 存

上海、山東藏光緒十四年（1888）永盛齋刻本（題：板存前門外楊梅竹斜街永盛齋刻字鋪）

山西科技學術出版社 2011 年國學論壇叢書第一輯常學剛點校本

◎劉昕，字蟾子。